中国古代名著全本译注丛书

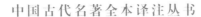

人物志

译注

[魏] 刘邵　著

伏俊琏　译注

图书在版编目（CIP）数据

人物志译注／（魏）刘邵著；伏俊琏译注. —上海：
上海古籍出版社，2018.12（2023.12重印）
（中国古代名著全本译注丛书）
ISBN 978-7-5325-9074-2

Ⅰ.①人… Ⅱ.①刘… ②伏… Ⅲ.①人才学—中国
—三国时代②《人物志》—译文③《人物志》—注释
Ⅳ.①C96-092

中国版本图书馆 CIP 数据核字（2018）第 289358 号

中国古代名著全本译注丛书

人物志译注

［魏］刘 邵 著

伏俊琏 译注

上海古籍出版社出版发行

（上海市闵行区号景路 159 弄 1-5 号 A 座 5F 邮政编码 201101）

（1）网址：www.guji.com.cn

（2）E-mail：guji1@guji.com.cn

（3）易文网网址：www.ewen.co

江阴市机关印刷服务有限公司印刷

开本 890×1240 1/32 印张 8 插页 5 字数 192,000
2018 年 12 月第 1 版 2023 年 12 月第 3 次印刷
印数：4,201—5,300

ISBN 978-7-5325-9074-2

K·2589 定价：39.00 元

如有质量问题，请与承印公司联系

前　言

一

　　《人物志》的作者刘邵，字孔才，广平邯郸（今河北邯郸）人。约生于汉灵帝光和年间（公元180年左右），卒于魏齐王曹芳正始年间（公元245年左右）。据《三国志》本传，刘邵在建安年间做了计吏，具体时间不可考，大约在建安十五年（210），邵年约三十岁左右。他当时随同广平州的州牧到首都许昌，正值元旦大朝会，太史上书说："正旦当日蚀。"人们认为，发生日蚀，是上天向人君昭示他的罪过，所以天子要静躬殿堂，不听政事，面带惧容，接受上天的惩处。因此，元旦大朝会遇到日蚀，大臣们的意见很不统一，有的说应当废朝，有的说应当改期。当时正在尚书令荀彧府中的刘邵慷慨陈辞，认为不当废朝。荀彧认为刘邵讲得有道理，就让朝会正常进行，结果日蚀也没有发生。

　　刘邵因此有了名声，御史大夫郗虑随即征召刘邵，因郗虑免职而未能成功。不久又被任命为太子舍人，之后又迁秘书郎。其时当在建安二十年（215）左右。魏文帝黄初年间（220—226），刘邵先后任尚书郎、散骑侍郎。这个时期，曾受诏集五经群书，以类相从，凡千余篇，名曰《皇览》。魏明帝即位（227），出任陈留太守。他敦崇教化，很受百姓称赞。大约在明帝太和四年（230），回到朝廷担任骑都尉。期间由他牵头删约旧科，傍采汉律，制定了魏法《新律》十八篇，并著《律略论》五卷。景初元年（237），刘邵曾受诏作《都官考课》七十二条，为朝廷制定了详细的考核官吏的条款，但当时反对的人不少，再加上不久明帝驾崩，国家多事，考课最终没有付诸实行。这个时期，刘邵写了《乐论》十四篇。齐王曹芳正始年间（240—245），他基本上退居二线，以执经讲学为主，被赐为关内侯爵。这期间，他根据自己多年来执法从政的经验，撰写了《法论》十卷、《孝经注》一卷、《人物志》三卷。

刘邵是一个很成熟的政治家。他历仕汉魏四个皇帝，始终保持着政治上的平稳，最后得以享其天年，赐爵封侯。这似乎应当归功于他的善于识人、知人。他对历代的法律制度、人才管理制度，以及法律思想和人才理论做过深入的研究，并结合丰富的实践认真地加以探讨，形成了他独具特色的吏制管理思想和人才学思想，这是值得一提的。我国古代这一部空前绝后的系统的人才学著作《人物志》撰成于他的笔下，不是偶然的。章太炎先生说："后汉诸子渐兴，讫魏初几百种。然其深达理要者，辨事不过《论衡》，议政不过《昌言》，方人不过《人物志》。此三家差可以攀晚周，其余虽娴雅，悉腐谈也。"（《国故论衡·论式篇》）这是公允之论。清人臧玉林尝以《人物志》与《文心雕龙》、《史通》并称，谓之"三刘之书"（《越缦堂读书记》引），最堪玩味。

刘邵的著述，可考者主要有：

1.《魏国爵制》，此书已佚。司马彪《续汉书·百官志》梁刘昭注有引文七百余字。

2.《皇览》，此书为我国最早的类书，刘邵参加了编撰工作。此书已佚，清人辑本有：一、嘉庆时奉天孙冯翼辑本一卷，有《问经堂丛书》本和《丛书集成初编》本。二、道光年间甘泉黄奭辑《魏皇览》一卷，有《汉学丛书》本及后来的《黄氏逸书考》本。三、王谟辑《皇览逸礼》一卷，有《汉魏遗书钞》本。

3.《新律》十八篇，刘邵为作者之一。清严可均《全三国文》辑录有《新律序略》共1 003字。据史籍，《新律》十八篇为诸儒所作，而其序则似为刘邵一人所作。

4.《律略论》，已亡。

5.《都官考课》、《说略》。《都官考课》是刘邵在景初元年（237）奉诏所作的考核百官的国家法规，《说略》当是讲说《考课》的大略。皆散佚。

6.《乐论》，亡佚。

7.《祀六宗议》，《晋书》卷十九《礼志上》有引文 40 字，馀皆亡佚。

8.《孝经注》，已佚。

9.《尔雅注》，《初学记·岁时部》引有 4 字。

10.《法论》十卷，已佚。

11.《光禄勋刘邵集》二卷、录一卷。是集大约编于南朝梁之前。早已散佚，其单篇文有残存者（也许有的文章不属于此集）：《赵都赋》，严可均《全三国文》辑得 500 余字，程章灿《先唐赋辑补》又补辑得 99 字。按《文心雕龙·事类》云："刘邵《赵都赋》云：公子之客，叱劲楚令歃盟；管库隶臣，呵强秦使击缶。用事如斯，可称理得而义要矣。"这 20 字，亦为严氏、程氏所漏。《龙瑞赋》，《艺文类聚》卷九十八、《初学记》卷三十有引文，存257 字。《嘉瑞赋》，节文见《艺文类聚》卷九十八，存 154 字。《七华》，严可均《全三国文》辑得 372 字，程章灿《先唐赋辑补》辑得 40 字。《文帝诔》，《全三国文》辑得"凤皇立翥"4字。《明帝诔》，《全三国文》辑得"先皇嘉其诞受洪允"8 字。《许都赋》《洛都赋》，二赋之名见于《三国志》本传，文不传。

《三国志·刘邵传》还录有刘邵《元会日蚀议》、《上都官考课书》两篇。《通典》卷八十四存有刘邵《皇后铭旌议》一段。

严可均《全三国文》刘邵名下的《飞白书势》，是误录的晋刘劭之文。

《人物志》是刘邵的著作中唯一完整保存下来的一部，它所以能保存到现在，同刘昞给它作注是分不开的。刘昞也是一个著作很多的人，但也只有这一部《人物志注》流传至今。邵，美也；昞，明也。刘邵的美才，只有赖刘昞才得以显明后世，这是很值得回味的。

刘昞(365?—440)，字延明，五凉时期敦煌人，出身于儒学世家。北凉时期，刘昞被征为儒林祭酒、从事中郎，同北凉公李暠一起研讨经史，评论古今。西凉时期，沮渠蒙逊对刘昞更是异常推重，拜秘书郎，专管书记。沮渠牧犍即位后，又尊刘昞为国师。北魏太武帝拓跋焘平凉州(439)，拜刘昞为"乐平王从事中郎"。这时的刘昞已年过七十，疾病缠身，思乡心切，第二年(440)，在返乡的路上去世。

《魏书》本传说："昞以三史文繁，著《略记》百三十篇，八十四卷，《凉书》十卷，《敦煌实录》二十卷，《方言》三卷，《靖恭堂铭》一卷，注《周易》、《韩子》、《人物志》、《黄石公三略》，并行于世。"其中《略记》、《凉书》、《方言》、《靖恭堂铭》早已散佚。诸书注除《人物志注》完整保留下来、《周易注》在《经典释文》中保存了一条外，其余均不存。《敦煌实录》也散佚，清人章宗源《隋书经籍志考证》辑得 14 条，张澍《续敦煌实录》辑得 17 条(其中 3 条章本未辑，章本中 3 条亦为张本所未辑)。陈寅恪《隋唐制度渊源略论稿》说："刘昞之注《人物志》，乃承曹魏才性之说者，此亦当日中州绝响之谈也。若非河西保存其说，则今日亦无以窥见其一斑矣。"可谓知言。

二

《人物志》是我国最早系统地研究人的才能和个性及政治作为的著作。它的出现，有其历史渊源、文化背景和社会环境。

我国早期文明的唐尧虞舜时代，就有了"知人难"、"智莫难于知人"的认识。《尚书·皋陶谟》记载皋陶说，重要的是"知人"和"安民"。大禹认为，完全做到知人安民，连帝尧这样的圣人都感到困难！知人善任，那才是有智慧的人，有智慧才能用人得当。《皋陶谟》还提出了"九德"之说："宽而栗，柔而立，愿而恭，乱而敬，扰而毅，直而温，简而廉，刚而塞，强而义。""宽而栗"之宽指宽宏大量，大凡这样的人遇事常犯不在乎的毛病，因而须补之以"栗"，栗是严肃庄矜之意。"柔而立"，大凡和柔之人不敢坚持意见，因而须补之以"立"，立指敢于坚持自己的主见。"愿而恭"，愿是诚实谨慎的意思，诚实谨慎的人显得迟钝，貌或不恭，所以愿而能恭乃为德。"乱而敬"，乱是治的意思，指具有排乱解纷、治理国家的才干。才高的人往往负才轻物，所以才高而能谨敬乃为德。"扰而毅"，扰是柔顺的意思，柔顺之人常常失之于优柔寡断，因此须补之以坚毅。"直而温"，正直失于太严，故要求正直而温和。"简而廉"，简是大的意思，廉是约束。简大疏放的人需要约束。"刚而塞"，刚而能断，失于空疏；一定要性刚正而内充实，才不失为美德。"强而义"，强直自立，无所屈挠，但有时却任情违理，所以要动合道义，才成为美德。"九德"之说辩证地论析人之德性中相对而相承的九对范畴，确实很深刻。《人物志》之"五德"说，正承此而来。

《皋陶谟》接着指出：具备"九德"中的"三德"者，可以为卿大夫；具备其中的"六德"者，可以为诸侯；天子则合"三德"、"六德"而并用之，并给予依据九德行事的人以合适的职务，量能授官，各司其职。《人物志》中的全才、兼才、偏才之说，也承此而来。

孔子的人才思想对《人物志》的影响，刘劭《自序》中有具体表述，此不重复。

《人物志》人才理论的直接源头应当是《文王官人》，过去人们对此注意不够，有必要作些论述。《文王官人》一文见于《大戴礼记》。《大戴礼记》的编者戴德，是西汉宣帝时期的人，但这部书所辑录的文献却大多是先秦时期的。《文王官人》一文记周文王用人的方法。《逸周书》中有《官人解》一篇，与该篇大同小异，只是《周书》说是周公向成王陈说，《大戴礼记》说是文王向吕尚陈说，这自然是传闻异词。本篇的产生时代，当在西周早期；其写定，可能已是春秋时期了。这篇著作的可贵之处是提出了一套较系统、完整的心理分析、鉴别的模式和方法。具体说，对于七类适宜担任不同官吏的人进行了分类，即所谓"七属"；提出了使用人才的九个标准，即"九用"；提出了鉴识人才的六种方法，即"六征"。从全文看来，不论人的类型划分，因才量用的实际标准，还是分析鉴别的模式，都着重人的心理，实际上是人格类型的划分和心理分析的模式。

文中提出的"七属"是：诸侯国要任用地位高的人，乡邑要任用能干事的人，官府就任用领导的长官，大学就任用师儒，家族任用宗亲，家庭任用家主，老师就任用贤德。这种分类在我们看来有很大的不合理性，但的确反映了周初诸侯国的地位、宗法家族地位的重要。

"九用"是把人划分为九种类型："一曰取平仁而有虑者，二曰取慈惠而有理者，三曰取直愍而忠正者，四曰取顺直而察听者，五曰取临事而洁正者，六曰取慎察而洁廉者，七曰取好谋而知务者，八曰取接给而广中者，九曰取猛毅而独断者。"其中有理智型的、慈惠型的、勤勉型的、直觉型的、正直型的、廉洁型的、谋略型的、广交型的、勇猛果断型的等多种多样，概括了知、情、意各方面的基本特点和言行举止、待人接物的基本品质，并根据各种类型人物的特点，量能授官，合理使用：

> 平仁而有虑者，使是治国家而长百姓；慈惠而有理者，使是长乡邑而治父子；直愍而忠正者，使是莅百官而察善否；

> 慎直而察听者，使是长民之狱讼，出纳辞令；临事而洁正者，
> 使是守内藏而治出入；慎察而洁廉者，使是分财临货主赏赐；
> 好谋而知务者，使是治壤地而长百工；接给而广中者，使是
> 治诸侯而待宾客；猛毅而独断者，使是治军事卫边境。

可见，人格类型的划分不是抽象的理论探讨，而是为了人事安排的实际需要而进行的。刘邵《人物志》中把人的性情分为十二类，才能分为十二类，并且指明每一类适合担任的官职，显然是从《文王官人》来的。

性格类型的划分是以对人的心理分析和鉴别为前提的，其基础是"六征"，因而《文王官人》对"六征"作了详细的论述。"六征"提出了心理分析的六个方面，即"观诚"、"考志"、"视中"、"观色"、"观隐"、"揆德"。

"诚"是分析人的行为的真实性。在"观诚"中，提出了多种形式的观察方法。首先是"因人而异观察法"：对"富贵者"要观察他们是否能以礼待人，对"贫穷者"要观察他们是否有德行和操守，对"嬖宠者"要观察他们是否能不骄傲浮夸，对"隐约者"（不得志者）要观察他们是否能不馁、不丧志。抓住不同地位，不同心态的人容易发生的过失进行观察分析，以便深刻地认识他们。

其次，提出了"分时段观察法"：年少时要观察他是否恭敬长上，好学敏求而能友爱兄弟。壮年时要观察他是否不贪赃枉法，努力工作而能克制私欲。年老时要观察他是否思虑慎密，行礼时惟恐不周全，但能勉强去行，不逾越规矩。通过对少年、壮年、老年各个阶段的主要任务的观察以判断其人的发展是否顺利健康，以掌握人格发展的特点和趋势。

第三，提出了"人际关系观察法"：父子之间要观察他是否能孝顺亲长、慈爱子女，兄弟之间要观察他是否能和乐友爱，君

臣之间要观察他是否仁惠和忠诚，亲戚朋友之间要观察他是否能诚实。突出了人际关系状况在性格、能力、心理发展中的作用。

第四，提出了"情境观察法"：观察个人平时居家的生活，看他待人处事的态度；观察个人居丧祭吊的情况，看他是否贞正诚信；观察个人在社会中的交际，看他交结的朋友如何；观察个人结交的朋友，看他是否以信实和廉洁待人。

最后，还提出了一种"实验性观察法"，即有意识地改变个人活动的条件环境以观察他的表现。如通过具体的事情来考验他的信用，测度他的智慧。用困难来考验他的勇气，用烦杂的工作来观察他处理事务的能力。让他和钱财打交道，看他是否贪婪；用淫靡的音乐使他陶醉，看他是否心猿意马。让他高兴，看他是否轻佻；令他激怒，看他是否能持重。喝醉酒，看他是否不失态。疏远他，看他是否忠贞不二；亲近他，看他是否不狎昵放肆。这种方法不是一般的观察方法，而是在动态中对对象主动积极的观察，具有实验性质。这种方法的运用，摆脱了纯思辨的性质，能深化对人心理的分析。

在"考志"中提出的具体模式是"类型对比分析法"，文中根据志向有无、大小、优劣和行为倾向，将人分为一一相对的七种类型，描述了每种类型的基本特征，然后将人的言行与类型进行比较以分析人的心理。

第一种对比类型是"益者"和"损者"，这是和对方谈话时观察的方法。天天进步的人（益者）是心志壮盛而深邃，他的语气舒缓而柔和，容色谦虚而不谄媚，行礼在前，言语在后，而且不掩饰自己的过错。天天退步的人（损者）恰恰相反，好用骄色对待人，用傲气来欺凌人，用言词来压倒人，掩饰自己的过错，夸大自己的能力。

第二种比较类型是"有质者"和"无质者"。容貌刚直而不倨傲，言语公正而不偏私，不增饰自己的好处，不隐瞒自己的坏处，不掩饰自己的过错，这样的人就是"有质者"。否则，外表装作逢人就讨好的样子，花言巧语，掩饰自己的浮浅，专门讲究一些小的信用，总是为自己找借口，这就成为心地空虚的"无质者"。

第三种比较类型是"平心而固守者"和"鄙心而假气者"。用外物来使他欢喜、使他恼怒，而他的容色毫不改变；用琐屑的事情来烦乱他，他的意志不为之迷惑；用财利来引诱他，他的心志不动摇；用威势来恐吓他，他的神气不屈服。这就叫平心静气而笃守有为的人。反之，喜怒以物而变易，烦乱之而意志不安定，示之以财利而心志容易改变，以威势恐吓而容易屈服，这就叫胸怀鄙陋而没有真性情的人。

第四种比较类型是"有虑者"与"愚戆者"。所谓"有虑者"，就是以外界的事物恐吓他，他能很快地下决断；以仓卒的事变震惊他，他能够应对有策；不必事事去学习，就能分辨出是非好坏。而所谓"愚戆者"，就是叫他做事很难，和他说话很难，只会固执一种看法而不知道变通，遇到困难还一味蛮干，不能分辨事物的利害得失，而只知杞人忧天。

第五种比较类型是"洁廉而果敢者"与"弱者"。用事情去困扰他而不忧虑，仓卒中侵犯他而不恐惧，站在正义立场上而不可改变，用钱财美色来引诱他而不为迷惑，这就是"洁廉而果敢者"。容易因别人的话改变自己，不能固守自己的意志，自己想答应而无法决定，这就是"弱者"。

第六种比较类型是"质静者"与"妒诬者"。顺利的给予他并不高兴，无理的抢夺他也不生气，沉静寡言，考虑很多而容貌谦卑，这是"质静"即个性内向的人。相反，说得头头是道而不坚决去做，国家政治清明而自己却还穷困，自以为是而不谦让，结党营私而又逞强，这是嫉妒诬妄的人。

最后一种比较类型是"治志者"与"以无为有者"。对于微妙而不易见的道理能够发掘，对于事情的忖度审察能够彻底，这是沉着心细的人。浮夸而诬妄，花言巧语，逢人装着亲善有脸色，对人过分地恭敬以讨人喜欢，这是无中生有的人。

应当说明，作者所说的七种比较类型的分类并不十分严密，有相互交错、相互抵牾之处。

"六征"中提出的心理分析的第三个方面是"视中"。"视中"提出的方法可称为"推测分析法"。推测分析法之所以必要和可能，是因为人的心理处于内，但表现于外，所以可以从明显处测度隐晦处，从小的地方测度出大的所在，尤其是可以从声音上判断"气"。声音是外在的，我们可以听得见，而"气"则是隐含的东西。那么，"气"到底是什么呢？"气"本指天地之气，人禀赋了天地之气，这样就可以用"气"来说明人的疾病和精神活动、思想情感。

既然声音的刚柔、浊清、好恶，都是由气产生的，那么"心气"（思想感情）浮夸诞妄的人，他的声音就显得流离散漫；心气谨密信实的人，他的声音就显得和顺有节奏；心气卑鄙乖戾的人，他的声音就显得沙哑难听；心气舒润柔和的人，他的声音显得温柔美好。信实的声气中正平易，正义的声气随时舒纵，智慧的声气完美无缺，勇猛的声气雄壮刚直。这样，心理分析就可以由声音入手，听其声，度其气，考其所为，观其所由，察其所安，由前占后，由见占隐，由小占大，达到了解人的真实内心世界的目的。

"观色"这一节中，提出了"神色分析法"，比较全面地对人的神情脸色作了分析。喜、怒、欲、惧、忧五性以五气的形式隐藏在内心，但一定会表现在神情容色上，这是不可隐瞒的。其表现于外的方式是：喜色是不知不觉表现出来的；怒色表现出来是声色俱厉，好像要伤害人的样子；欲色是苟且讨好的样子；惧色似乎是被逼迫的低声下气；忧悲之色好像很疲惫地不想讲话。所以，文中进一步分析五性和五色的关系：

真正的智慧，一定有着难于测度的神色；真正的仁爱，一定有使人景仰的神色；真正的勇敢，一定有难于屈服的神色；真正的忠诚，一定有可以亲近的神色；真正的廉洁，一定有难于污染的神色；真正的宁静，一定有令人信赖的神色。

"观隐"一节，实际上提出了"揭示伪装法"，对人的六种心理伪饰现象作了较为详细的揭露。一是故作质朴，伪装成一片爱心的人；二是以知识学理伪装门面的人；三是夸夸其谈，用言辞掩饰不足的人；四是以"廉勇"来隐藏自己真相的人；五是以"忠孝"来隐藏自己的人；六是以"交友"来隐藏自己的人。

"六征"中的最后一种心理分析法是"揆德法"，即"品德综合分析法"。这种方法将人分为积极类型和消极类型两大类。前者是有仁心者、广知者、慎谦良者、顺信者、有德者、有守者、有经正者、沉静者、忠孝者、至友者等十种。后者是有位志者、贪鄙者、伪诈者、无诚志者、华诞者、窃名者、非诚质者七种。在论述中，就人格中的言行是否一致，外表和内在是否相符，对人、对事、对物的态度，对自己的长处和短处的意识程度等诸多方面，结合起来进行分析，以获取对人的整体面貌和人格特征的认识。

通过以上介绍，可以看出《文王官人》提出的心理分析方法比较全面系统和完整。由于它是在比较长的历史时期不断增补形成的，所以存在着分类不纯、前后抵牾、互相交叉等问题。由于这些理论和观点不是纯思辨的理性的产物，而是实际中应用经验的概括，所以陈义不高，理论性不强。更由于《大戴礼记》一书在一千多年间得不到学者的重视，所以语句错简，文字讹误的情况比较严重，对我们的理解造成了较多的障碍。

刘邵《人物志》人才鉴识的方法也以心理分析为主，其内容在各篇中均有涉及，其中《接识》和《八观》两篇比较集中，其对《文王官人》的借鉴是明显的。

三

《人物志》的出现，不仅有其学术渊源，而且同汉末"清议"与魏晋时期的人才评品、三国统治者知人用人的实践和理论等有密切关系。

汉代取士主要采用"察举"和"征辟"的方法。前者是根据朝廷对人才的要求，由地方通过对人物的考察评议，自下而上地推荐人才。后者则是由朝廷或各级官府自上而下地发现和委任人才。两者的做法虽然有所不同，但人才的任用都要以对人物的德行才能的考察为依据，由此形成了由乡党到朝廷官吏品评人物的风气。

汉末"清议"的大兴，更使品评人物之风勃然兴盛。东汉桓帝、灵帝时，朝廷由外戚和宦官交替专权。外戚豪横，阉宦跋扈，政治极端黑暗。于是一批忧国忧民的知识分子慷慨激昂，批评朝政，形成了所谓"清议"。罗宗强先生说："名士和阉宦的斗争中伴随着士人的怨愤与抗争，和点缀于这怨愤与抗争中的潇洒风流与凄凉血泪。集中体现这个过程的便是党禁之祸与人物品评。"（《魏晋南北朝文学思想史》）

这样一来，使得人物品藻具有广泛的社会影响和巨大的政治意义。士人的升迁经常取决于某些有影响的名士的评论评题。在从乡党到名士的人物评论的压力下，政府对官吏的任用常常要征询名士的意见，听取他们的评论。

当时，围绕着人材鉴识和评品，产生了两个方面的讨论：一是才性的关系，二是才性的分类。

才性的关系，是一个从孔子时期就提出并作了很好回答的老问题。汉魏时期讨论这个问题，自然是当时政治文化的需要。曹操曾公开提出重才轻德的用人观。当然曹操的"唯才是举"的主张，是有"天下未定"这个前提的。当天下已定，四海皆宗曹氏之时，曹魏统治者也就随之要提倡性行第一了。这时，"性行"的核心就是对曹魏统治集团的忠心。

曹魏中后期，才性问题的讨论在这种若即若离之中逐渐深入，其最显著的标志就是钟会的"四本论"：四本，就是才性同，才性异，才性合，才性离。仁孝道德所谓性，治国用兵之术所谓才。"才性同"，大概认为才与性是一回事。"才性异"强调的重点是才和性的不同，并不强调它们之间的对立。"才性合"的观点没有保存下来，我们推测，《人物志》中强调人的性情、才能主要由于天赋，这种主张属于才性合。"才性离"，史籍中也没有留下具体论述。以我的理解，曹操求贤令中提出"有行之士，未必能进取，进取之士，未必能有行"，当是比较典型的"才性离"。

曹魏统治者在决策谋略、任用官吏时，自觉地运用着对人才性行才能的评价。曹操在东荡西杀之际，敏锐地判断当时的形势，他常常不是根据军事力量的强弱，而是对对手的才性进行分析，并判断由此带来的未来局势的变化。曹丕则更注意从理论上品评人物。建安二十三年（218），曹丕以太子身份写的《与吴质书》，对建安七子的才性、文章进行比较系统的评价。他后来写的《典论·论文》，也涉及到作家的个性和作品的风格问题，他认为"文以气为主"，而"气之清浊有体"。"清"是指才性之清，"浊"是指才性之浊。"气"决定"辞"，于是他又提出了"理"与"辞"的关系问题，"孔融体气高妙，有过人者，然不能持论，理不胜辞"。《人物志·理材篇》对这个问题的分析，显然受曹丕的影响："夫辩有理胜，有辞胜。理胜者，正白黑以广论，释微妙而通之。辞胜者，破正理以求异，求异则正失矣。"而"辞胜"的原因，是"浊气"旺盛所致。

随着社会上评品人物之风的兴盛和才性问题讨论的深入，人们更注意对人物才性的分类讨论和研究。《三国志·刘邵传》所载夏侯惠推荐刘邵的书中，将人才分为八类：性实之士、清静之士、文学之士、法理之士、意思之士、文章之士、制度之士、策谋之士。虽然分类的标准有些紊乱，但同《人物志》将人才分为"八材"、"十二类"极为相似。《三国志·王昶传》引录王昶的《戒子书》中，以伯夷、郭伯益、徐伟长、刘公幹、任昭先为代表，分析了这五类人的才性特点。其"用财"、"施舍"、"出入"、"论议"、"进仕"、"取人"、"处世"、"贫贱"、"进退"、"行事"之时所追求达到的不同目标，实际上也可以看作是对人物在不同情境、行为之下进行观察的方法。这篇《戒子书》，也可以说是一篇小"人物志"。

这个时期，还比较集中地出现了一批评论人物的专文，它们以评论历史人物为主。对古代人物的评论，或重德行，或重功业，不一而足，但这种评论加深了人们对人物性情才能的认识，则是无疑的。这里还值得一提的是陈寿的《三国志》。陈寿是由蜀入晋的人，他写《三国志》，可以说是写当代史。这部书在人物评价方面受当时品藻人物风气的影响很大，如果把每篇人物传记后的评语集合起来，几乎就是一部"三国人物志"（"人物"是人才类别的意思）。

汉魏时期的人才鉴识的方法大体由外形以推论内心，自表征以推断本质，尤其看重人物的容貌和谈论。日本学者冈崎文夫在《魏晋南北朝通史》中认为，"言"与"貌"是当时士大夫博取声誉之两种手段，这是很有见地的。我们仅从《后汉书》中摘引一些材料，就足以说明当时知识分子之重言与貌。《马融传》载马融"为人美辞貌，有俊才"。《郭太传》云郭太"善谈论，美音制"，"身长八尺，容貌魁伟"。《符融传》云李膺"每见融，辄绝他宾客，听其言论。融幅巾奋袁，谈辞如云。膺每捧手叹息"。《卢植传》记卢植"身长八尺二寸，音声如钟"。《荀淑传》载荀悦"性沉静，美姿容"。《赵壹传》记壹"体貌魁梧，身长九尺，美须豪眉，望之甚伟"。《郦炎传》记炎"言论给捷，多服其能理"。由此可见，《三国志·何晏传》注引《魏略》云"晏自喜，动静粉帛不去手，行步顾影"，当源于汉末知识界之重容与言的文化习惯。《人物志》认为人的性情总是表现在容貌和言谈上，《九征》、《接识》、《八观》等篇都涉及此问题，《材理》通篇阐述有关言谈"论难"的一些理论问题，《释争》阐述处理人际关系时必须遵循的基本原则"不伐"、"不争"，其核心还是言论问题。

<h2 style="text-align:center">四</h2>

《人物志》是刘邵晚年所著，大约成书于齐王曹芳正始年间（240—245）。此前，刘邵曾受诏作《都官考课》七十二条，这是为曹氏政权制定考核官吏的办法，同时刘氏还作了理论性的说明文字《说略》。明帝青龙年间（233—236），散骑侍郎夏侯惠上书推荐刘邵，书中说："刘邵深忠笃思，体周于数，凡所错综，源流弘远，是以群才大小，咸取所同而斟酌焉。"这说明，刘邵曾为曹魏政权作过考察官吏的实际工作，并对各类人才进行过专门深入的研究。《人物志》一书应当是在此基础上形成的。

《隋唐志》、《通志·艺文略》、晁公武《读书志》、陈振孙《书录解题》、《宋史·艺文志》均把《人物志》列入名家。宋阮逸序谓其由魏至宋，历数百载，很少有人了解。但阮氏说他得书于史部，却是一个大错误。《四库全书总目》云："所言究悉物情，而精核近理，视尹文之说兼陈黄老申韩、公孙龙之说惟析坚白同异者，迥乎不同。盖其学虽近乎名家，其理则弗乖于儒者也。"此后便一直归入杂家。我们认为，汉魏名家不同于先秦名家名学。先秦的名实论，主要讨论名实之真假。汉魏间的名家，则以识鉴人才之名实关系为主。唐长孺先生在《九品中正制度试释》一文中说："三国时期的政论家大抵属于名家，而这种政论是综合儒、法以研究名实关系的一种政治主张。"他们所讨论的"实"，主要是人的才性、行为，官吏的政绩；他们所说的"名"，主要是人的才性称号和官职号。《人物志》是汉魏间名家著作的代表，它论述人才的识鉴，以名实观念为中心。《隋志》将其列入"名家"，是根据当时文化学术的实际情况。清人将其归入"杂家"，是忽略了汉魏间名家的时代特征和内涵，并将其与先秦名家硬相比附。实际上，秦汉以后，已完全没有春秋战国时期原本意义上的名家著作了。

五

《人物志》的理论建树，主要体现在以下三个方面。

1. 通过"九质"探讨"性情"

《人物志》要解决的核心问题是人才的鉴识与任用，书名"人物"一词就是"辨析人材"的意思。《三国志·魏书·武帝纪》裴松之注引晋司马彪《续汉书》写后汉桥玄说："玄，字公祖。严明有才略，长人物。"而《世说新语·鉴识》刘孝标注引同一书而作"严明而有才略，长知人"。可见"人物"与"知人"是同义词。晋孙绰《孙绰子》："或问人物？曰：察虚实，审真伪，断成败，定终始，是谓之人物矣。"《人物志》中"人物"一词使用了六次，都应当是这个意思。

《人物志》的第一句话"盖人物之本，出乎情性"，是说鉴识人才的根本，在于了解其情性。所以，研究情性，就是本书的出发点。那么什么是性情呢？中国古人关于性情的说法很多，差异较大。刘邵以为，人"禀阴阳以立性"，"阴"、"阳"指元气所具有的两种根本属性——动与静，那么"性情"则是人由于禀赋了阴阳的兼偏而出现的拘抗、宽急、躁静等相与区别的性格特点以及心理、道德等方面的内容，包括仁、礼、信、勇、智五种永恒的道德（"五德"或"五常"），还包括正派与佞邪，聪明与愚蠢，勇敢与怯懦，刚强与软弱，焦躁与安静，伤感与愉悦，衰颓与庄重，意态与气度，缓慢与急迫等。刘邵所谓"性情"，包括了现代心理学上德性和性格两个方面。

怎样探究性情呢？《人物志》很多篇章都涉及到这个问题。刘邵认为，人的性情是可以通过五行学说探索的。这是因为人含"元一"即元气并通过五行而生成人的形体（《九征》："其在体也，木骨，金筋，火气，土肌，水血，五物之象也"）。五行之气是人的五种生理体质的本质，所以也叫"五质"；五行之气本身含有仁、义、礼、信、智五种永恒的道德属性，所以称为"五常"。它们的对应关系是：木——骨——仁，金——筋——义，火——气——礼，土——肌——信，水——血——智。由于人们对五行之气的禀受情况有差异，因而五种生理体质的完善程度也不同，仁、义、礼、信、智五种道德品质的水平也就不同。五行之气是无形的，而它们所产生的五种生理体质却是有形的。这些生理体质的发育情况是可以了解的，那么，依靠它们所形成的道德品质和性格特征（即"性情"）也就可以探求了。由于和五行对应的五质（骨、筋、气、肌、血）过于窄狭，刘邵又进一步提出了更为具体的"九质"概念：神、精、筋、骨、气、色、仪、容、言。其中肌对应神，血对应色，而精、仪、容、言四者是在五行之质基础上发展的。九质现于外表，应于内心，各显性情的特征，称为"九征"。

五行之质（骨、筋、气、肌、血）是人和动物所共有的，而"精、仪、容、言"则是人类所特有的。因此，人的性情总是表现在容止和言谈上。《九征》篇说："故其刚柔明畅贞固之征，著乎形容，见乎声色，发乎情味，各如其象。"刘邵认为，性情是通过"形容"、"声色"、"情味"表现出来的。在"形容"上表现的特征是："心质亮直，其仪劲固。心质休决，其仪进猛。心质平理，其仪安闲。""心质"这一概念，是对"质"、"性"、"形"的概括，它包含生理体质和精神本体两层含义，这里主要指精神本体，即"性情"。性情诚信耿直，仪表就稳固有力；性情宽容果断，仪表就勇猛进取；性情平静而有条理，仪表就安静悠闲。仪表的关键，是其"态度"，即神态气度，所以他又说："直容之动，矫矫行行。体容之动，业业跄跄。德容之动，颙颙卬卬。"（《九征》）"直容"即前文所说"亮直"之容，"休容"即"休决"之容，"德容"即安闲平理之容。作者用三个重叠形容词写这三种"态度"的特征，"矫矫行行"是勇武刚强的样子，"业业跄跄"是高大健壮、步趋有节奏的样子，"颙颙卬卬"是温和敬顺、志气高朗的样子。

这是性情体现在仪表态度之上。再深入一步，刘邵认为，"仪表态度"是"心气"产生的，而"心气"的表现则是声音。所以"声音"的变化和性情是密切关联的。声音产生于"气"，"气清而朗者，谓之文理"，文理指人的仪表举止，即刘邵所说的"态度"，它和性情互为表里，"声音"和"态度"就可以说融为一体，色中有声，声中有色。"夫容之动作，发乎心气，心气之征，则声变是也。夫气合成声，声应律吕。有和平之声，有清畅之声，有回衍之声。夫声畅于气，则实存貌色。故诚仁，必有温柔之色。诚勇，必有矜奋之色。诚智，必有明达之色。"（《九征》）这是他的论证过程。这里的"色"，还不同于一般的容貌脸色，而包含着人的精神气度和内在品格，所以他才说"色见于貌，所谓征神"，而征神见貌的核心，在于"眼睛"，即"情发于目"。"情"（五德）与"目"的关系是："故仁，目之精，悫然以端。勇，胆之精，晔然以强。"性情仁爱，目光就显得诚实端庄；性情勇敢，

目光就显得强烈盛明。所以，刘邵总结说："物生有形，形有神精，能知精神，则穷理尽性。"（《九征》）

容止言谈等外在的特征与性情之关系既然如此密切，那么《人物志》鉴识人材的方法就建立在此基础之上。《八观篇》是刘邵全面系统表述其人才鉴识方法的篇章。其八观之法是："一曰观其夺救，以明间杂。二曰观其感变，以审常度。三曰观其志质，以知其名。四曰观其所由，以辨依似。五曰观其爱敬，以知通塞。六曰观其情机，以辨恕惑。七曰观其所短，以知所长。八曰观其聪明，以知所达。"《效难篇》中，又提出了五视之法："居，视其所安。达，视其所举。富，视其所与。穷，视其所为。贫，视其所取。然后乃能知贤否。"八观五视，就是以对九质的观察和心理分析为主，观察一个人所具有的道德品质、智力高低和能力大小。

"九质"之中，精、仪、容、言是其关键，而"言谈"则为其核心，因为精（目光）、仪（举止）、容（神色）都是围绕着"言谈"的。因而，《人物志》讲鉴识人才的方法，除了"八观"、"五视"等一般方法外，特别强调通过言谈论难鉴识人才的重要性。

《材理篇》全面系统地阐述了有关"言谈论难"的一些理论问题。人们进行理论探讨，无非是追求四个方面的真理（"四理"）："道之理"（指自然规律）、"事之理"（指政治法律规律）、"义之理"（指道德伦理规律）、"情之理"（指心理活动规律）。由于认识"四理"的不同而形成了"四家"：道理之家（哲学家）、事理之家（政治家）、义理之家（教育家）、情理之家（心理学家）。人们讨论"四理"往往有得有失，其"失"主要表现在九个方面，而导致了"情有九偏"。而偏材之人在论辩时常常伪装成七种似是而非的假象。这七种假象经常迷惑听众，使人们不知其真实水平，这就是"流有七似"。一般人在论辩时易出现的三种失误:"辞胜"、"不善接论"、"不善喻",这就是"说有三失"。双方论辩之时,如果一方不能遵守正确的论难方法,就会引起对方六种敌对情绪,这就是"难有六构"。所以言谈论辩时要具备八种应变能力,这就是"通有八能"。本篇慷慨陈辞,应变无穷,是《人物志》中最为流畅潇洒的一篇,是中国古代清谈论辩的名篇。

《接识篇》则是论述了初次见面交谈时如何鉴别人才,并指出容易出现的失误及原因。尤其是通过言谈识别偏材之人的难处,因为偏材之人最大的缺点是"不欲知人"。由于"不欲知人",则导致多忌多疑,尤其对别人的话无不怀疑,闻法则疑其刻削,闻术则疑其诡诈。由于多疑就从心里加以抵触,心里的反感抵触必然导致口头上的责怪非难。刘邵全面而生动地描述了同偏材之人交谈的难处。

有人认为《释争篇》在《人物志》全书中显得游离,其实,本篇也是从"言谈论难"生发出来的,全篇阐述在处理人际关系,尤其是同人交谈时必须遵循的基本原则:不伐、不争。观察言谈时"争让"的情况,可以知人识人等。

2. 鉴别人才的等次类型,根据材质和能力任用官职

《人物志》全书对人才鉴识方法与等次类型的划分是交错进行的。首先为了区分人才类别,专门论述了"材"与"能"的关系问题。《材能篇》认为,"能出于材","材不同量,能各有异",能力是从材质产生的,材为源,能为流;材为本,能为用;能决定于材,材又必须通过能来表现自己。

刘邵以"材能"和"性情"作为划分人才的标准,先把人划分为五个等级:一是兼德之人即"圣人"。二是兼材之人。三是偏材之人。四是依似之人,即似是而非的伪人才。五是间杂之人,就是善恶参浑,心无定是,变化无常的人(《九征》)。这五个等级的人,兼德之人、兼材之人、偏材之人是人才,称为"三度"。

兼德之人以中庸为德，其质无名，"变化无方，以达为节"（《体别》），"总达众材而不以事自任"（《流业》），是不作为研究对象的。依似、间杂之人属于伪人才，在辨伪的时候才有参考价值，可以略而不论。因此，刘邵在进一步正面探讨人才理论时，着重论述的是兼材和偏材。

偏材性情理论是刘邵人才思想最辉煌的部分。《体别篇》中，首先分性情为十二类，并指出每类性情的优点和缺点；并把"偏材之人"也对应地分为十二种类型，分析每类人才的缺点和使用得失。这是以性情为标准划分的。

《流业篇》则侧重于以"材能"为标准划分。刘邵把人的基本材能分为德、法、术，所谓"三材"，依此为衡量的标准，把人才分为皇帝之材和大臣之材两类。皇帝之材的特点是包含了众材而表现为无具体才干，却能役使众材。大臣之材包括兼材、偏材：国体、器能为兼材，清节家、法家、术家为三材之家，臧否、伎俩、智意三家分别为德、法、术三材的流变。以上八家都可以从事政治：国体为三公之任，器能为冢宰之任，清节家为师氏之任，法家为司寇之任，术家为三孤之任，臧否为师氏之佐，伎俩为司空之佐，智意为冢宰之佐。不兼三材，而在其他方面有偏至之材者，是从事专业工作的人才。文章家为国史之任，儒学为保氏之任，口辩为行人之任，雄杰为将帅之任。这是以材质为标准划分了"十二材"。

《材能篇》把人的能力由"三材"发展为"八能"："有自任之能，有立法使人从之之能，有消息辨护之能，有德教师人之能，有行事、使人、谴让之能，有司察纠摘之能，有权奇之能，有威猛之能。"能力不同，他们各自所承担的政治职务也应当不同，各自适宜的政治对象及形成的治理局面也各异。刘邵还指出了"八能"从事政治的得与失。这是以能力为标准划分的。

我们知道，曹魏中后期，总结汉末以来才性问题的讨论，有才性同（才和性是一回事）、才性异（才和性不一样）、才性合（才性不同但有密切关系）、才性离（二者不同且没有关系）"四本论"。《人物志》中强调人的性情、才能主要由于天赋，论述中有时混淆，有时区别，这种主张属于"才性合"。

刘邵把"五行"、"五体"、"五德"、"五性"等对应起来，在此基础上，提出"九征"学说，通过外征展示性情的九个方面。再进一步把人的性情分为十二种类，由材质分为"六材"、"八材"、"十二材"，由能力分为"八能"等，它们之间虽然有一定的联系，但却相对各自独立，不是一个有机的整体。

不管从哪个角度对人分类，刘邵都能指出每类人才（兼材和偏材）的优点与不足。如《体别篇》分析十二材的得失，《流业篇》指出了六种偏材的不足，《材能篇》对八种能力不适应性的分析。而《利害篇》则集中阐述了六种人才从事的事业不同程度的成功和失败。这六种人才是：清节之材、法家之材、术家之材、臧否之材、伎俩之材、智意之材，前三者是"源"，后三者是"流"。

刘邵认为，人才中的奇材最难鉴识，"观奇有二尤之失"（《七缪》），"二尤"指尤妙之人和尤虚之人，即特别优异的人才和特别虚假的伪人才。这两种人生来就与常人不同，属于人才考察中的特殊研究对象。对这种特殊人才的识别，与一般人才的识别是不同的。因而《人物志》专有《英雄篇》，集中论述"英雄"这种能拨乱反正、创造伟业的人才素质。刘邵通过对聪、明、胆、力之间错综复杂的关系进行的分析，根据英雄素质多寡，确定不同的名号，辨析其中规律，总结出了英与雄，即文、武两个系统人才的递变关系。

3. 探讨人材难知的原因

"知人难"是中国古代思想家共有的一种认识，"知人难"导致的结果是选材的失误，而对失误原因的探讨，在刘邵之前，涉及到的都很笼统。《文王官人》认为"生民有阴阳，人有多隐其情、饰其伪"，是说心理现象本身是内藏之阴，再加上人为的掩饰，因而不易从外貌看出内心的真实。刘劭则对此问题进行了深入系统的研究和论述。他认为，识人者本身的"聪明"是保证鉴识人才成功的根本，因为"一流之人，能识一流之善。二流之人，能识二流之美。尽有诸流，则亦能兼达众材"（《接识》），所以识人者最好是兼材。但兼材少而偏材多，所以知人善用就显得尤其困难。

《人物志》从七个方面比较系统地探讨了人才难知的原因（《七缪篇》）：

"察誉有偏颇之缪"，是从鉴识者的角度说的。偏材之人信耳而不信目，所以听到别人称赞某人，就附和其说，以为自己已认清了某人。听到别人指责某人，则改变自己的看法，以为某人不贤。这就导致观人识人的错误。

"接物有爱恶之惑"，是指由于爱憎情感的影响而导致鉴识人才的错误。

"度心有大小之误"，这里的"心"，是指处事心态。从"心"与"态"关系的角度，刘劭把人分为四类："心小志大者，圣贤之伦也；心大志大者，豪杰之隽也；心大志小者，傲荡之类也；心小志小者，拘懦之人也。"而一般人观察人才时，往往不作具体分析，常常鄙误小心谨慎，而欣赏志向宏大，于是，在志大和心小的问题上步入了误区。

"品质有早晚之疑"，人的材质有早智、晚智的区别，识别人才要是忽略了这一环节，也会导致失误。

"变类有同体之嫌"，一般说来，偏材之人在知人方面是"能识同体之善，而或失异量之美"（《接识》），能够识别与自己体性相同人的优点，而对于与自己体性不同者的长处却往往失察。但同一体性的人之间关系也错综复杂，体性相同而材能有大小差异的人，则会互相提携、互相荐举；体性相同而势均力敌的人，则会互相竞争、互相陷害。同时，还必须明白第三层道理：性格外向的人，喜欢别人的直率真诚，一泄无余，但却不能接受对自己的直言不讳。热衷功名的人，喜欢别人追求仕进，超越他人，但却不能甘居于他人之后。因此，同一体性的人之间关系也错综复杂，搞不清楚，易踏入误区。

"论材有申压之诡"，每个人生活的环境不同，环境对人有推扬也有压抑。鉴别人才，一定要既考虑他生活的大环境的经济状况、社会关系，也要考虑他自身的经济状况，否则，容易出现失误。

"观奇有二尤之失"，是指对特殊人才的识别中易犯的错误。

"七缪"中，既阐述了鉴识者主观方面的原因，即主观片面性，也分析了被鉴识者方面的原因；既看到了个人的经济条件对人才的影响，也看到了整个社会经济状况对人才的影响。

刘邵还从观察的角度进一步探讨知人难而导致人才埋没的原因。他认为由于是"各自立度，以相观采"，即根据各自片面的标准或角度进行观察采访，因而"其得者少，所失者多"。他还把这种片面的标准或角度归纳为八条："或相其形容，或候其动作，或揆其终始，或揆其儗象，或推其细微，或恐其过误，或循其所言，或稽其行事。"而其失误表现在七个方面："浅美扬露，则以为有异。深明沉漠，则以为空虚。分别妙理，则以为离娄。口传甲乙，则以为义理。好说是非，则以为臧否。讲目成名，则以为人物。平道政事，则以为国体。"（《效难篇》）。有的人智慧足以识别真才，但因为有所妨碍，不想举荐；有的人喜欢举荐人才，但却不能识别真材。真正识别人才的人，忧虑的是不能达到举荐的目的；不能识别人才的人，自以为没有遇到真正的人才。这就是推荐人才的困难。

应当指出，《人物志》用元气、阴阳五行强行比附人的生理体质，把人的道德品质和性格材能说成是天赋的自然本性，反映了一千八百年前人们的认识水平。同时，刘邵的人才学理论本身并不十分严密。如《九征篇》从"五行"谈到"五性"、"五德"，又提出"九质"、"九征"，"九质"与"五物"、"九征"与"五德"是如何配合的，书中没有说明。《体别篇》把"偏材之人"分为十二种类型。《流业篇》分人才十二种，其中两种是兼材，十种是偏材。这中间如何协调，他没有说明。《材能篇》讲各类人才宜任的官职，与其他各篇存在矛盾。比如说："自任之能，清节之材也。故在朝也，则冢宰之任，为国则矫直之政。"《流业篇》则说"清节之德，师氏之任也"，与此处"冢宰之任"异。《流业篇》又云："三材而微，冢宰之任也。""三材而微"指"器能之材"。《尚书·周官》："冢宰掌邦治，统百官，均四海。"所以，由器能之材担任冢宰之职是合情理的。清节之材，以德为胜，所谓"德行高妙，容止可法"，所以由他担任师氏之职是合适的。"清节之材"治理国家也只能形成"王化之政"，不应当是"矫直之政"。《材能篇》又说："行事之能，谴让之材也。故在朝也，则司寇之佐，为国则督责之政。"这句也有问题，"行事之能"出于《流业篇》所说的"器能之材"，宜任官职也应当是冢宰之任，而非司寇之佐，为国也应当是"辨护之政"，而非"督责之政"。《接识篇》云"器能之人，以辨护为度，故能识方略之规"，等等。至于刘邵在具体历史人物分类上出现的问题，前人已多所指出。

六

刘邵《人物志》问世后近二百年，五凉时期敦煌人刘昞（365？—440）为它作了注。《四库提要》说："昞注不涉训诂，惟疏通大意，文词简古，犹有魏晋之遗。"之后，在相当长的时间里，《人物志》没有得到学术界的关注。刘知几在《史通·自序》中说："五常异禀，百行殊轨。能有兼偏，知有长短。苟随才而任使，则片善不遗，必求备而后用，则举世莫可。故刘邵《人物志》生焉。"这是我们见到最早有关《人物志》的评论。在唐代，虽然有人认为《人物志》"索隐精微，研几玄妙"，但由于"品其人物，往往不伦"（李德裕《人物志论》），所以批评指责者多。李翱《答朱载言书》就认为"其理往往有是者，而词章不能工者"。宋明以来，刻本传世者增多，学者关注的也就增多，但评论只限于提要钩玄而已。

20 世纪以来，《人物志》受到了很大的重视。各种中国哲学史、中国思想史及有关魏晋清谈玄学的研究中都不同程度地涉及到《人物志》。特别要提到的是汤用彤《读刘邵〈人物志〉》（《图书季刊》2 卷 1940 年 1 月）、牟宗三《〈人物志〉之系统的解析及其论人之基本原理》（《民主评论》〔台湾〕10 卷 15 期，1959 年 8 月）、钱穆《略述刘邵〈人物志〉》（《中国学术思想史论丛》〔三〕，台北东大图书有限公司 1977 年）。尤其是汤文，从八个方面论述了《人物志》的基本理论，并论证了《人物志》在魏晋之际学术变迁中的作用和地位，开创了后来研究《人物志》的基本格局。之后，冯友兰、唐长孺、唐君毅等从才性名实、人才哲学、形知性关系方面，燕国才、李长河等从心理学角度，李泽厚、刘纲纪等从美学角度研究《人物志》，都取得可观的成就。

在文本的校勘注释方面，孙人和《刘邵〈人物志〉举证》（《北平图书馆月刊》1929 年 3 卷 1 期）、郭模《〈人物志〉及注校证》（文史哲出版社 1987 年）、李崇智《〈人物志〉校笺》（巴蜀书社 2001 年），对全书进行了校勘，李书还有系统的笺注。柏原《〈人物志〉译注》（湖南科学技术出版社 1990 年）、马骏骐、朱健华《〈人物志〉全译》（贵州人民出版社 1998 年），有简明的注释和白话译文。王晓毅《中国古代人材鉴识术——〈人物志〉

译注与研究》（吉林文史出版社 1994 年）、伏俊琏《〈人物志〉研究》（甘肃人民出版社 1999 年），则集研究、校勘、注释、白话翻译为一体。

《人物志》在国外汉学界也很受重视。在日本，著名汉学家青木正儿有《清谈》一书（岩波讲座东洋思潮，1934 年），集中就性与才的问题进行了深入讨论。他的《支那文学思想史》外篇（1934 年）也论述了才性与文学思潮的关系。黑田亮《支那心理思想史》（东京小山书店 1948 年）、佐藤幸治《人格心理学》（创元社《心理学全书》十一，1951 年）二部专著有专章分析论证了《人物志》中的心理学思想。金子泰三《论〈人物志〉》（东京文理科大学《中国文化研究会会报》十一，1955 年）、关正郎《论刘邵的〈人物志〉》（《新潟大学人文科学研究》十一，1956年）是全面论述《人物志》学术思想和学术地位的论文。此外还有清水洁《论刘邵〈人物志〉中的人物鉴识》（大阪大学教养部《研究集录》人文、社会科学一六，1968 年）等。《人物志》的日译本则有多田狷介的《人物志译稿》上下（载《史艸》二十、二一，1979 年、1980 年）。

特别要提出的是日本著名汉学家冈村繁，他从 20 世纪 50 年代初期开始研究东汉以来的人物评论，并在此后数十年间沉潜其中，发表了一批系统的成果，包括《关于〈人物志〉的流传》（广岛哲学会《哲学》三，1952 年）、《郭泰和许劭的人物评论》（《东文学》第十辑，1955 年）、《郭泰之生涯及其为人》（《支那学研究》第十三号，1955 年）、《后汉末期的评论风气》（《名古屋大学文学部研究论集》二十二辑，1960 年）、《〈人物志〉刘注校笺》（《名古屋大学文学部研究论集》二十五辑，1961 年）、《"才性四本论"之性格及其形成》（《名古屋大学文学部研究论集》二十八辑，1962 年）、《清谈的系谱与意义》（《日本中国学会报》第十五集，1963 年）、《刘邵〈人物志〉的人物论构想及其意图》（创文社刊《关于中国的人间性研究》，1983 年）、《六朝贵族文人的怯懦和虚荣——关于清谈》（《日本中国学会创立五十周年纪念文集》，1998 年）等论文。冈村繁的研究从文本校笺做起，从第一手材料的辨析入手，立论新颖，论证审慎，王元化认为"颇具中国清代乾嘉学者的遗风"。

在欧美，《人物志》一书也很早受到学者的关注。1937 年，美国心理学家施赖奥克（J. K. Shryock）把《人物志》译成英语，取名 THE STUDY OF HUMAN ABILITIES（《人类能力的研究》），由康涅狄格州美国东方学会（AMERICAN ORIENTAL SOCIETY, NEW VEN, CONNECTICUT）作为美国东方研究系列第 11 卷（AMERICAN ORIENTAL SERIES, VOLUME 11）出版，以后又多次重印，如 1966 年，纽约一家出版公司（KRAUS REPRINT CORPORATION）就重印过。美国著名的管理学家哈林·克里夫兰（Harlan Cleveland）在他 1971 年完成出版的著作《未来的行政首脑》（THE FUTURE EXECUTIVE）中就认为《人物志》是人类关于如何察访和管理人民的早期重要著作。

七

现存《人物志》正文前有宋阮逸的《序》。阮逸是北宋初期著名音乐家，大约生活在十一世纪初，与宋庠同时，比文宽夫略长。他曾任镇东军节度推官。景祐初（1035），曾与胡瑗（993—1059）一起校定钟律。庆历三年（1043），曾为武学教授。皇祐年间（1049—1054）又曾奉诏改铸钟磬。著有《易筌》六卷，《皇祐新乐图记》三卷，《文中子注》十卷。现在所传最早的《人物志》刊本和抄本前都有阮序，后有文宽夫跋、宋庠《刘邵刘昞传》。文氏（1006—1091）名彦博，宽夫是他的字，《宋史》卷三一三有传，仁宗时进士，累官到太师，与司马光关系很好。宋庠可能就是与文氏同时的郑国公宋公序（996—1066，名庠，字公序）。文氏跋说："今合官私书校之，去其重复附益之文，为定本。"则阮氏"序而传之"的《人物志》当是文氏合校的本子，其时文彦博还年轻。但文宽夫的这个校本，现在已看不到了。

现在能见的最早的《人物志》刻本是明正德本（1506—1521），现藏中国国家图书馆。傅增湘、王重民有考证。隆庆六年（1572）归德知府郑旻据正德本翻刻，此本今藏北京大学图书馆。万历十二年（1584）刘用霖又据隆庆本翻刻，此本现藏中国国家图书馆。此后，汉魏丛书本（明万历二十年［1592］程荣校刊本）、广汉魏丛书本（明万历二十年［1592］何允中刊本）、墨海金壶本（嘉庆十四年［1809］张海鹏校梓本）都据万历本翻刻。文渊阁四库全书抄本（乾隆四十一年［1776］）也是据万历本抄写的。增订汉魏丛书本（清乾隆五十六年［1791］金溪王谟刊刻）据何允中本刊刻。守山阁丛书本（清道光二十三年［1843］钱熙祚校刊本）据墨海金壶本刊刻，畿辅丛书本（清光绪五年［1879］定州王灏谦德堂刊本）和龙溪精舍丛书本（民国六年［1917］潮阳郑国勋刊本）又据守山阁丛书本刊刻。

嘉靖八年（1529）顾定芳根据从俨山伯氏处借得的抄本刊刻了《人物志》。伯氏本今不见，嘉靖本今藏南京图书馆。万历五年（1577）李芮思益轩本即据顾氏本刻成，此本今藏中国国家图书馆。两京遗编本（明万历十年［1582］胡维新刻本）异文多与李氏思益轩本同，疑胡氏本即从李氏本翻刻者，有民国二十六年（1937）上海商务印书馆据胡刻影印本。四部备要本（民国二十五年［1936］上海中华书局）据金台本校刊，金台本没有刻书年代，避清讳，当为清初刻本。其异文墨钉多与两京遗编本同，则金台本是从两京遗编本来的。

这里要特别提到作为本书底本的《四部丛刊》本，扉页称上海商务印书馆民国十年（1921）据涵芬楼藏明正德刊本影印。范希曾、傅增湘、王重民等学者考证，所据为隆庆本，不是正德本。另外，中国国家图书馆还藏有《人物志》的明抄本，没有抄写年代，但不是俨山伯氏的抄本。

　　以上两个系统的《人物志》版本，正德本系统的本子，刘邵原文、刘昞注都完整。从嘉靖本来的本子缺残多，尤其是刘昞注墨钉很多，甚至删节了刘注，所以这个系统的本子不如正德本好。

　　本书以《四部丛刊》本为底本，用来对校的本子随校注注出，此处不一一胪列。注释和译文都在我以前《人物志研究》的基础上作了较大修改，吸收了我以前没看到的日本学者冈村繁《人物志校笺》、台湾学者郭模《人物志及注校证》和李崇智《人物志校笺》的成果。上海古籍出版社的李剑雄先生有《读〈人物志研究〉札记》一文，对我1999年完成的《人物志研究》多所肯定，并补充了很好的意见。在此深表谢意，本书也吸收了李先生的成果。

目　　录

阮 逸 序

【原文】

人性为之原，而情者性之流也。性发于内，情导于外，而形色随之。故邪正态度，变露莫状，溷而莫睹其真也。惟至哲，为能以材观情索性，寻流照原，而善恶之迹判矣。圣人没，诸子之言性者各胶一见，以倡惑于后，是俾驰辨斗异者得肆其说，蔓衍天下。故学者莫要其归，而天理几乎熄矣。

予好阅古书，于史部（按阮氏误记，当从子部）中得刘邵《人物志》十二篇，极数万言。其述性品之上下，材质之兼偏，研幽摘微，一贯于道。若度之长短，权之轻重，无铢发蔽也。大抵考诸行事，而约人于中庸之域，诚一家之善志也。

由魏至宋，历数百载，其用尚晦，而鲜有知者。吁，可惜哉！矧虫篆浅技，无益于教者，犹刊镂以行于世。是书也，博而畅，辨而不肆，非众说之流也。王者得之，为知人之龟鉴；士君子得之，为治性修身之檠栝。其效不为小矣，予安得不序而传之？媲夫良金美玉，簏椟一启，而观者必知其宝也。

【译文】

性是人的本原，而情则是性的流露。性从内心生发，表现在外就是情，而形貌神色随之有所变化。情态举止的邪恶与正直，混淆参杂，变化多端，难于描写和把握，无法见其真面目。只有那些最聪明智慧的人，才能够通过材质观察探索性情，顺着流发现源头，这样，善良和邪恶的区分就清楚了。孔子去世后，那些讲性情的诸子学人各执己见，宣扬邪说，迷惑后世，让那些喜好争辩、追求奇异的人得以放纵地宣扬他们的学说，充满天下人的耳目。所以，后世的学者无法抓住性情的核心，而真理几乎湮没消失了。

我好读古书，从史部中得到了刘邵的《人物志》十二篇，有数万言之多。它以性情为标准分别人的上下等级，从材质的角度分析兼材和偏材，研究深入，挖掘细微，而用孔子之道贯穿终始。如果用它的理论权衡人的材质，分析人的性情，就没有丝毫的东西能够被遮蔽。全书大概通过考察言行举止识别人材，而认为达到中庸平淡是性情的最高境界，确实是自成系统的优秀学说。

但从曹魏到赵宋，经过了数百年，这部书少有人知道，它的用途因而隐晦埋没。真是可惜呀！况且雕虫篆刻，浅肤小技，无益于教化人心的书籍，都在世上大量刊刻印刷。《人物志》这本书，内容广博，道理通畅，语言雄辩，而又能把握分寸，不是一般的人云亦云之作。统治者读了这本书，可以作为知人的准则，识材的镜子；一般学人读了这本书，可以作为修养道德、约束性情的工具。这本书的功效真的不少，我怎么能不宣扬而刊刻行世呢？就好像良金美玉，一旦打开封存的箱匣，而观看的人就知道是珠宝了。

自　序

【题解】

　　《自序》提出并阐述了两个问题：一是"知人"是一切智慧的根本；二是对孔子的人材学说进行了较完整的概括，作为建构自己人材理论的依据和基础。

【原文】

　　夫圣贤之所美，莫美乎聪明。天以三光著其象[1]，人以聪明邵其度[2]。聪明之所贵，莫贵乎知人[3]。聪于书计者，六艺之一术[4]。明于人物者，官材之总司。知人诚智[5]，则众材得其序，而庶绩之业兴矣[6]。

　　是以圣人著爻象，则立君子小人之辞[7]。君子者，小人之师。小人者，君子之资。师资相成，其来尚矣。叙诗志，则别风俗雅正之业[8]。九土殊风，五方异俗[9]，是以圣人立其教不易其方，制其政不改其俗[10]。制礼乐[11]，则考六艺祗庸之德[12]。虽不易其方，常以诗礼为首；虽不改其俗，常以孝友为本。躬南面，则援俊逸辅相之材。皆所以达众善而成天功也[13]。继天成物[14]，其任至重，故求贤举善，常若不及。

　　天功既成，则并受名誉[15]。忠臣竭力而效能，明君得贤而高枕，上下忠爱，谤毁何从生哉！是以尧以克明俊德为称[16]，舜以登庸二八为功[17]。汤以拔有莘之贤为名[18]，文王以举渭滨之叟为贵[19]。由此论之，圣人兴德，孰不劳聪明于求人，获安逸于任使者哉！采士饭牛，秦穆所以霸西戎[20]。一相仲父，齐桓所以成九合[21]。

【注释】

〔1〕三光：日、月、星。《白虎通·封公侯》："天有三光日月星，地有三形高下平。"

〔2〕邵其度：增美其气度。

〔3〕"聪明"两句：《大戴礼记·卫将军文子》："子贡对曰：贤人无妄，知贤则难。故君子曰：智莫难于知人。此以难也。"《书·皋陶谟》："知人则哲，能官人。"

〔4〕书计：文字与筹算，六艺中六书九数之学。六艺：礼乐射御书数。

〔5〕诚：如果。《管子·幼官》："举机诚要，则敌不量。"

〔6〕庶绩：各种事业。

〔7〕爻象：指《周易》中的爻辞和象辞，泛指《周易》经传。《易·泰象辞》："内阳而外阴，内健而外顺，内君子而外小人。君子道长、小人道消也。"又《否·象辞》："内阴而外阳，内柔而外刚，内小人而外君子。小人道长，君子道消也。"

〔8〕"叙诗志"两句：《诗大序》："诗者，志之所之也。在心为志，发言为诗。……是以一国之事，系一人之本，谓之风；言天下之事，形四方之风，谓之雅。雅者，正也，言王政之所由废兴也。"《汉书·地理志下》："凡民函五常之性，而其刚柔缓急，音声不同，系水土之风气，故谓之风；好恶取舍，动静亡常，随君上之情欲，故谓之俗。"此处之风俗，指民情；雅正，指政教。

〔9〕九土：即九州。五方：东西南北中，指四面八方。

〔10〕"是以圣人"两句：《礼记·王制》："凡居民材，必因天地寒暖燥湿，广谷大川异制，民生其间者异俗，刚柔、轻重、迟速异齐，五味异和，器械异制，衣服异宜。修其教，不易其俗。齐其政，不易其宜。"郑玄注："教谓礼义，政谓刑禁。"

〔11〕礼乐：礼节和音乐。统治者常用兴礼乐为手段以求达到尊卑有序远近和合的目的。

〔12〕祗庸：敬而有常。《周礼·春官·大司农》："以乐德教国子中和祗庸孝友。"郑玄注："祗，敬。庸，有常也。"

〔13〕众善：谓各种善举。天功：伟大的功绩。

〔14〕继天成物：代表上天治理天下万物。《穀梁传·宣公十五年》："为天下主者天也，继天者君也。"

〔15〕名誉：名望与声誉。

〔16〕克明俊德：指能明察贤德之人。《书·尧典》："克明俊德，以亲九族。"郑玄注："俊德，贤才兼人也。"

〔17〕登庸：举用；庸，用。二八：八恺、八元。《左传·文公十八年》载鲁太史里克之言曰："昔高阳氏有才子八人，苍舒、隤敳、梼戭、大临、龙降、庭坚、仲容、叔达，齐、圣、广、渊、明、允、笃、诚，天下之民谓之八恺。高辛氏有才子八人，伯奋、仲堪、叔献、季仲、伯虎、仲熊、叔豹、季狸，忠、肃、共、懿、宣、慈、惠、和，天下之民谓之八元。此十六族也，世济其美，不陨其名。以至于尧，尧不能举。舜臣尧，举八恺，使主后土，以揆百事，莫不时序，地平天成。举八元，使布五教于四方，父义、母慈、兄友、弟共、子孝，内平外成。"

〔18〕有莘之贤：指伊尹。有莘，国名。《史记·殷本纪》："伊尹，名阿衡。阿衡欲干汤而无由，乃为有莘氏媵臣，负鼎俎，以滋味说汤，致于王道。或曰：伊尹处士，汤使人迎聘之，五反然后肯往从汤，言素王及九主之事。汤举，任以国政。……伊尹报，于是诸侯毕服，汤乃践天子位，平定海内。"

〔19〕渭滨之叟：指姜太公吕尚。《史记·齐太公世家》："吕尚盖尝穷困，年老矣，以渔钓奸周西伯。西伯将出猎，卜之，曰：'所获非龙非彨，非虎非罴；所获霸王之辅。'于是周西伯猎，果遇太公于渭之阳，与语大说，曰：'自吾先君太公曰：当有圣人适周，周以兴。子真是邪！吾太公望子久矣。'故号之曰太公望，载与俱归，立为师。"

〔20〕"采士"两句：采士，犹言求士。《管子·小问》："百里奚，秦国饭牛者也。秦穆公举而相之，遂霸西戎。"

〔21〕"一相"两句：仲父，即管仲。《论语·宪问》："子曰：桓公九合诸侯，不以兵车，管仲之力也。"《新序·杂事》："夫管仲能知人，桓公能任贤。所以九合诸侯，一匡天下，不用兵车，管仲之功也。"

【译文】

　　圣哲贤达最称道赞美的是明察事理，明察事理中最可贵的，就在于能够识别人材。如果能够运用聪明智慧识别人材，那么众多的人材就能有序地得到重用，各种事业就能够兴旺。

所以圣人制作卦象爻辞，就确立了君子小人的不同标准。叙述《诗经》的内容，则根据各地不同的民情风俗说明它对王政教化事业的意义。制定礼乐教育，则形成以敬而有常的品德为核心的礼、乐、射、驭、书、数六艺系统。南面称王，就能够选拔材能出众辅佐君王的人材。这些都是为了发挥众才之长，成就历史赋予的伟大功业。

大功既成，君臣可同时永垂不朽。所以帝尧以明察贤德之人而受到称赞，帝舜以举用"八元"、"八恺"杰出人材成就了功业，商汤以提拔重用伊尹而闻名于世，周文王以重用姜尚而完成了帝业。由此说来，圣人功业的兴盛，哪一位不是用明智聪察求取人材，将国家重任交给这些人以后才获得安逸的呢？

【原文】

是故仲尼不试[1]，无所援升[2]。犹序门人以为四科[3]，泛论众材以辨三等[4]。举德行为四科之首，叙生知为三等之上。明德行者道义之门，质志气者材智之根也。又叹中庸以殊圣人之德[5]。中庸之德其至矣乎，人鲜久矣，唯圣人能之也。尚德以劝庶几之论[6]。颜氏之子，其殆庶几乎，三月不违仁，乃窥德行之门[7]。若非志士仁人，希迈之性[8]，日月至焉者，岂能终之。训六蔽以戒偏材之失[9]。仁者爱物，蔽在无断[10]。信者露诚，蔽在无隐[11]。此偏材之常失也。思狂狷以通拘抗之材[12]。或进趋于道义，或洁己而无为，在上者两顺其所能，则拘抗并用。疾悾悾而无信[13]，以明为似之难保[14]。厚貌深情，圣人难之[15]，听其言而观其所为，则似托不得逃矣[16]。又曰察其所安，观其所由[17]，以知居止之行[18]。言必契始以要终[19]，行必睹初以求卒，则中外之情粗可观矣。

人物之察也，如此其详。不详察则官材失其序，而庶政之业荒矣。是以敢依圣训，志序人物，庶以补缀遗忘，惟博识君子裁览其义焉[20]。

【注释】

〔1〕仲尼不试：《论语·子罕》："牢曰：子云：吾不试，故艺。"《集解》："试，用也。"言孔子自云我不见用，故多技艺。

〔2〕援升：指提拔推荐人材。

〔3〕犹序门人以为四科：据《论语·先进》篇，孔子把他杰出的学生分成四类："德行：颜渊、闵子骞、冉伯牛、仲弓。言语：宰我、子贡。政事：冉有、季路。文学：子游、子夏。"德行，谓德行高者；言语，谓能言善辩者；政事，谓善理政事者；文学，谓熟悉古代文献者。

〔4〕泛论：广泛地论述。辨三等：分成三等。《论语·季氏》："孔子曰：生而知之者，上也；学而知之者，次也；困而学之，又其次也；困而不学，民斯为下矣。""困而不学"不在其类，所以说"三等"。

〔5〕"叹中庸"二句：中庸：孔子的最高道德标准。中，折中，无过，也无不及，调和。庸，平常。殊：区别。《论语·雍也》："子曰：中庸之为德也，其至矣乎？民鲜久矣。"《礼记·中庸》："君子依乎中庸，遁世不见知而不悔，唯圣者能之。"

〔6〕"尚德"句：劝：鼓励，赞扬。庶几：接近，古代成语，如同现在所说差不多，赞扬之词。《论语·先进》："回也其庶几乎，屡空。"《易系辞下》："子曰：颜氏之子，其殆庶几乎？有不善未尝不知，知之未尝复行也。"

〔7〕"三月"两句：《论语·雍也》："子曰：回也，其心三月不违仁，其余则日月至焉而已矣。"谓颜回的心长久不离开仁德，而别的学生，只是短时间偶尔想起一下仁德。

〔8〕希迈之性：超然不俗之性。希，罕有。迈，超越。

〔9〕"训六蔽"二句：《论语·阳货》："子曰：由也，女闻六言六蔽矣乎？对曰：未也。居，吾语女。好仁不好学，其蔽也愚；好知不好学，其蔽也荡；好信不好学，其蔽也贼；好直不好学，其蔽也绞；好勇不好学，其蔽也乱；好刚不好学，其蔽也狂。"六言，指仁、知、信、直、勇、刚，皆美德也，但徒好而不明其理，则多有所蔽。愚：愚昧无知。荡：无所适守。贼：危害自身。绞：指说话尖利，刺痛人心。乱：作乱

闯祸。狂：胆大妄为。

〔10〕"仁者"两句：本书《体别》："柔顺安舒，每在宽容，失在少决。"

〔11〕"信者"两句：本书《体别》："朴露径尽，质在中诚，失在不微。"

〔12〕"思狂狷"句：狂：不受拘束，放荡。狷：拘谨。《论语·子路》："不得中行而与之，必也狂狷乎？狂者进取，狷者有所不为。"《集解》引包咸曰："狂者进取于善道，狷者守节无为。"拘：拘谨局促。抗：抗直坦率。《易·乾文言》："亢之为言也，知进而不知退，知存而不知亡，知得而不知丧。其唯圣人乎，知进退存亡而不失其正者，其唯圣人乎！"

〔13〕疾：憎恶。悾悾：诚恳的样子。《论语·泰伯》："子曰：狂而不直，侗而不愿，悾悾而不信，吾不知之矣。"邢昺疏："悾悾，悫也。谨悫之人宜信而乃不信。"

〔14〕为似：通"伪似"，虚假。难保：难以安稳。

〔15〕"厚貌深情"两句：《庄子·列御寇》："孔子曰：凡人心险于山川，难于知天。天犹有春秋冬夏旦暮之期，人者厚貌深情。故有貌愿而益，有长若不肖，有顺懁而达，有坚而缦，有缓而钎。故其就义若渴者，其去义若热。"

〔16〕似托：似是而非者。《论语·公冶长》："子曰：始吾于人也，听其言而信其行；今吾于人也，听其言而观其行。"

〔17〕"察其"两句：安：安稳。由：经由。《论语·为政》："视其所以，观其所由，察其所安，人焉廋哉？人焉廋哉？"一个人未尝不误做一两件坏事，如果因此而心不安，仍不失为好人。

〔18〕居止：指起居行为。

〔19〕契：记。要：求。《易系辞下》："易之为书也，原始要终，以为质也。"

〔20〕裁览：鉴别、浏览。

【译文】

因此，孔子不被重用，无法提拔推荐人材。但他还是把自己的学生分为德行、言语、政事、文学四类。广泛分析众多人材，把他们分为生而知之、学而知之、困而学之三等。又赞叹中庸的难得，作为圣人区别于常人的最高道德准则。崇尚仁德，勉励像颜回那样道德修养接近完美的人。解说愚、荡、贼、绞、乱、狂六种弊端，以戒除偏材的不足。分析狂和狷的特性，使抗直和拘谨的人材都能得到合理使用。厌恶那些老实无能而不讲信用的人，说明貌似忠厚的人是靠不住的。孔子又说：观察一个人安于什么，不安于什么，了解他为达目的所采用的方式方法，就可以知道他的处世为人。

孔子对人材的辨识和观察如此详细，因而我才贸然按照圣人的教诲，分析序列人物的才性等级，希望以此补缀疏漏，以备遗忘，恳请博识君子能判断体会其中的深义。

【评析】

《自序》提出并阐述了两个重要问题：一是"知人"是一切智慧的根本，是"圣人"区别于"常人"的根本标志。二是对孔子的人材学思想进行了完整的概括，作为建构自己人材学理论的依据和基础。

《自序》一开始，作者就开宗明义地指出：

> 夫圣贤之所美，莫美乎聪明。聪明之所贵，莫贵乎知人。知人诚智，则众材得其序，而庶绩之业兴矣。

先秦时期的政治家、思想家把"知人"作为人的智慧的重要标志。《尚书·皋陶谟》中就提出了"知人则哲，能官人"的观点。当樊迟向孔子问什么是智慧的时候，孔子斩钉截铁地回答："知人！"（《论语·颜渊》）老子则明确提出"知人者智，自知者明"（《老子》三十三章），不管是对客体的他人的了解，还是对主体的自我的了解，都是一种智慧的表现。刘邵"知人为智"的观点，正是对孔子以来思想家"知人"认识的总结。圣贤和常人的区别，就在能否"知人善用"，其"知人善用"的作用，就在于成就"庶绩之业"。

> 是故仲尼不试，无所援升。犹序门人以为四科，泛论众材以辨三等。又叹中庸以殊圣人之德，尚德以劝庶几之论，

训六蔽以戒偏材之失，思狂狷以通拘抗之材，疾悾悾而无信，以明为似之难保。又曰察其所安，观其所由，以知居止之行。

"犹序门人以为四科"，见于《论语·先进》孔子的一段话："子曰：从我于陈蔡者，皆不及门也。德行：颜渊、闵子骞、冉伯牛、仲弓。言语：宰我、子贡。政事：冉有、季路。文学：子游、子夏。"宋人邢昺疏曰："孔子悯弟子之所失，言弟子从我而厄于陈蔡者，皆不及仕进之门而失其所也。"于是举弟子中才德尤高可仕进之人，"言若用德行，则有颜渊、闵子骞、冉伯牛、仲弓四人；若用其言语辩说以为行人使适四方，则有宰我、子贡二人；若治理政事，决断不疑，则有冉有、季路二人；若文章博学，则有子游、子夏二人也。"（《论语正义》卷十一）孔子四科的划分是从仕进的角度考虑的。孔子办教育主要不是为了传授知识，而是为了培养"贤才"，实现改良社会的政治理想。子夏所说"学而优则仕"（《子张》），可以看作是对孔子教育思想的归纳和总结。

"泛论众才以辨三等"，指《论语·季氏》孔子所说的"生而知之者，上也；学而知之者，次也；困而学之，又其次也；困而不学，民斯为下矣"。因为"困而不学"不属于人材的范围，所以，孔子实际将人材分为三等。但刘邵在继承孔子这一学说时则显得前后矛盾。他在《材能》篇中说："夫学所以成材也，恕所以推情也。偏材之情不可转移矣。虽教之以学，材成而随之以失。"刘邵虽然不完全排斥后天学习的意义，但是他认为偏材只能接受与其性格近似的知识，后天的学习对能力的培养是次要的。"是故守业勤学，未必及才"（《八观》）。这实际上是片面地强调了能力的先天性，否认了后天的学习和实践对能力的决定作用。

"叹中庸以殊圣人之德"，"中庸"是孔子的最高道德准则。《论语·雍也》："子曰：中庸之为德也，其至矣乎！民鲜久矣。"《礼记·中庸》也写道："君子依乎中庸，遁世不见知而悔，唯圣者能之。"圣人，就是理想君主。《人物志》中所谓"全才"，也就是圣人和理想君主。这种人物对阴阳的禀受是"阴阳清和，则中睿外明"。对五行的禀受是"五常既备，包以淡味，五质内充，五精外章，是以目彩五晖之光也"（《九征》）。其九征则是"质素平淡，中睿外朗，筋劲植固，声清色怿，仪正容直，则九征皆至，则纯粹之德也"。

"尚德以劝庶儿之论"，"尚德"见于《论语·宪问》，云："南宫适问于孔子曰：'羿善射，奡荡舟，俱不得其死然。禹、稷躬稼而有天下。'夫子不答。南宫适出，子曰：'君子哉若人！尚德哉若人！'"南宫适是孔子的学生，他所列举的四个历史人物，前两个各有一技之长并崇尚武力，但都不得好死；后两个从事农耕但崇尚道德，却做了帝王。南宫适从中总结出尚力者不得善终，尚德者终有天下的道理，于是得到了孔子的高度赞扬。孔子一贯主张德治，反对滥施武力和单纯的刑罚。而要实行德治，为政者本身必须要有较好的道德品质，正所谓"君子之德风，小人之德草，草上之风，必偃"（《颜渊》）。孔子的"庶几"之论，见于《论语·先进》，云："回也其庶几乎！"庶几，犹言差不多，是赞扬颜回的道德学问很高很深。颜回是孔子最好的学生。季康子曾问孔子："弟子孰为好学？"孔子对曰："有颜回者好学，不幸短命死矣，今也则无。"颜回死后，孔子悲恸欲绝，曰："噫！天丧予！天丧予！"（《先进》）所以，《易·系辞下》引申孔子"庶几"说云："子曰：颜氏之子，其殆庶几乎。有不善未尝不知，知之未尝复行也。"

"训六蔽以戒偏材之失"，孔子的"六蔽"之说，见于《论语·阳货》："子曰：'由也，女闻六言六蔽矣乎？'对曰：'未也。''居，吾语女。好仁不好学，其蔽也愚；好知不好学，其蔽也荡；好信不好学，其蔽也贼；好直不好学，其蔽也绞；好勇不好学，其蔽也乱；好刚不好学，其蔽也狂。'"六言，指仁、知、信、直、勇、刚，都属于美德的范畴，但如果徒好而不明其理，则各有所蔽。愚，愚昧无知；荡，无所适守；贼，指害人害己；绞，指说话尖刻、刺痛人心；乱，指作乱闯祸；狂，胆大妄为。《人物志》中，刘邵分析人材之分类，类别之特性，基本遵循的是孔子的这种思想和方法。

"思狂狷以通拘抗之材"，《论语·子路》："子曰：'不得中行而与之，必也狂狷乎！狂者进取，狷者有所不为。'"何晏《集解》引包咸曰："狂者进取于善道，狷者守节不为。"孔子的意思是说，得不到言行合乎中庸的人和他相交，那一定要交到激进的人和狷介的人！激进者一意向前，狷介者有所不为。《孟子·尽心篇下》有一段话与此相类似："孟子曰：'孔子不得中道而与之，必也狂狷乎？狂者进取，狷者有所不为也。孔子岂不欲中道哉？不可必得，故思其次也。''敢问何如斯可谓狂矣？'曰：'如琴张、曾皙、牧皮者，孔子之所谓狂矣。''何以谓之狂也？'曰：'其志嘐嘐然，曰：古之人！古之人！夷考其行，而不掩焉者也。狂者又不可得，欲得不屑不洁之士而与之，是狷也，是又其次也。'"根据孟子的解释，所谓"狂"，就是志大而言夸，嘴上总是说，古人呀，古人呀！可是一考察他们的行为，却不和言语相吻合。所谓"狷介之士"，即不屑于做坏事的人。刘邵正是根据孔子的这种观点，把人分为中庸、拘、抗三类。

"疾悾悾而无信，以明为似之难保"，《论语·泰伯》："子曰：'狂而不直，侗而不愿，悾悾而不信，吾不知之矣。'"邢昺疏："悾悾，悫也。谨悫之人宜信而乃不信。"孔子的意思是说，狂妄而不直率，幼稚而不老实，无能而不讲信用，这种人我是不知道其所以然的。"悾悾无信"，也就是《阳货》篇所说的"乡愿之人"，"子曰：'乡愿，德之贼也。'"《孟子·尽心下》对"乡愿"有一段具体解释："'何以是嘐嘐也？言不顾行，行不顾言，则曰：古之人，古之人！行何为踽踽凉凉？生斯世也，为斯世也，善斯可矣。'阉然媚于世也者，是乡愿也。"从"何以"到"古之人"，是乡愿之人批评"狂者"的话：为什么这样志气高大呢？实在是言行不一致，就只能借古人以自饰。"行何"以下是批评"狷介"之士的话，为什么这样孤独前行呢？生在这个世上，就应当为这个世界做事，只要过得去就行了。所以孟子总结说："阉然媚于世也者，是乡愿也"，八面玲珑，四方讨好的人就是乡愿之人。

刘邵认为"悾悾无信"者即是"依似"之人。"依似"则是指具有酷似偏材表征的伪人材。刘邵在《八观》中分别"偏材之人"与"依似之人"时说：正直而喜欢攻击他人者，是偏材之人；攻击他人而居心不良，是假冒正直的依似之人。懂得大道，并能恰如其分地节制自己的行为，是通达之人；通达而又时常超出限度，是偏材之人；放荡而无节制者，是假冒通达的依似之人。可见，偏材之人与依似之人行为趋向一致而本质不同，也就是人们常说的似是而非。《八观》中专有"观其所由，以辨依似"一节，而且在其他章节也涉及到这一问题，可见"疾悾悾而无信，以明为似之难保"，是贯穿《人物志》一书的思想。

"察其所安，观其所由，以知居止之行"，"居止"，指人的行为。《论语·公冶长》云："子曰：'始吾于人也，听其言而信其行；今吾于人也，听其言而观其行。'"如何"观其行"，《论语·为政》："子曰：'视其所以，观其所由，察其所安，人焉廋哉！人焉廋哉！'"孔子是说，考察一个人所交结的朋友，观察他为达到一定目的所采用的方式方法，了解他的心情，安于什么，不安于什么。那么这个人的本质还怎么能隐藏得住呢？这实际上是总结孔子识别人材的方法。刘邵在如何鉴识人材方面，强调"必待居止，然后识之"（《效难》），其《八观》是刘邵全面系统地表达他的人材鉴识方法的篇章。

所以我们说，刘邵在《自序》中对孔子的人材学思想进行了完整的概括，作为建构自己人材学理论的依据和基础。

九 征 第 一

人物情性，志气不同，征神见貌，形验有九。

【题解】

本篇主要分析人材形成的深层原因：论述了元气、阴阳、五行等对人材生理素质的决定作用，生理素质与心理素质、道德素质的关系，以及这些内在素质在人材体表上的表征。所谓"九征"，指的是人物的外在表现内心世界的九种征兆。即性情平淡与偏颇的根本在于神明，明察与昏聩的根本在于目光，勇敢与怯弱决定于筋带，体魄的强弱决定于骨骼，急躁与平静决定于血气，忧喜的情感表现于面色，形体的衰萎和庄重表现于仪容，佞媚与正直表现于容貌，宽缓与急躁表现于语言。

【原文】

盖人物之本，出乎情性[1]。性质禀之自然，情变由于染习。是以观人察物，当寻其性质也。情性之理，甚微而玄，非圣人之察，其孰能究之哉！知无形状，故常人不能睹，惟圣人目击而照之[2]。

【注释】

〔1〕情性：情和性是两个既有联系又有区别的概念。中国古人关于性情的说法很多，差异较大。大致说来，性是人与生俱来的本质特征，情则是这种本质特征的外在表现。本篇以为，人是"禀阴阳以立性"

的，"阴""阳"指元气所具有的两种根本属性——动与静，那么"性情"则是人由于禀赋了阴阳的兼偏而出现的拘抗、宽急、躁静等相与区别的本质特点以及心理、道德等方面的内容，包括仁、礼、信、勇、智五种永恒的道德（"五德"或"五常"），还包括正派与佞邪，聪明与愚蠢，勇敢与怯懦，刚强与软弱，焦躁与安静，伤感与愉悦，衰颓与庄重，意态与气度，缓慢与急迫等性情特征。

〔2〕目击而照之：通过眼睛的观察而明了玄奥的道理。《庄子·田子方》："仲尼见而不言。子路曰：'吾子欲见温伯雪子久矣，见之而不言，何邪？'仲尼曰：'若夫人者，目击而道存矣，亦不可以容声矣。'"成玄英疏："击，动也。夫体悟之人，忘言得理，目裁运动而玄道存焉，无劳更事辞费，容其声说也。"

【译文】

　　人的本质，从其情性中表现出来。情性形成变化的道理，非常微妙深奥，如果没有圣人的明哲观察，有谁能探究到它的真谛呢？

【原文】

　　凡有血气者〔1〕，莫不含元一以为质〔2〕，质不至则不能涉寒暑，历四时。禀阴阳以立性〔3〕，性资于阴阳，故刚柔之意别矣。体五行而著形〔4〕。骨劲筋柔，皆禀精于金木。苟有形，质犹可即而求之。由气色外著，故相者得其情素也〔5〕。

【注释】

　　〔1〕有血气者：有血液和气息的动物，这里指人。《礼记·中庸》："凡有血气者，莫不尊亲。"

　　〔2〕元一：元气，指万物的本源。质：指人的自然本体，即体质。

　　〔3〕阴阳：古代哲学家所说的元气所具有的"动静"或"刚柔"这两种对立统一的根本属性。

　　〔4〕五行：木、火、土、金、水，古人认为是大自然生成和运动的五种基本物质。

〔5〕情素：本心。《史记·邹阳列传》："披心腹，见情素。"

【译文】

凡有血气的生命，没有不包含天地元气为其体质，禀赋阴阳刚柔以确立其性情，容纳金木水火土五行的特性而形成其身体。如果有了形体，体质性情就可以探求了。

【原文】

凡人之质量[1]，中和最贵矣[2]。质白受采，味甘受和[3]。中和者，百行之根本[4]，人情之良田也[5]。中和之质必平淡无味，惟淡也，故五味得和焉[6]。若苦则不能甘矣，若酸也则不能咸矣。故能调成五材[7]，变化应节[8]。平淡无偏，群才必御，致用有宜，通变无滞[9]。

【注释】

〔1〕质量：构成"体质"要素的含量。刘邵认为人的"质"由元气构成，元气又具有阴阳二性，而且以五行的形式体现在人的身体中。

〔2〕中和：阴阳二性在人的身上高度完善的平衡状态就是"中和"。儒家中庸之道认为，能致"中和"，则无事不达于和谐的境界。《礼记·中庸》："喜怒哀乐之未发，谓之中；发而皆中节，谓之和。中也者，天下之大本也；和也者，天下之达道也。致中和，天地位焉，万物育焉。"

〔3〕质白受采，味甘受和：白，指自然之本色；甘，指自然之美味。白是五色之本，不偏主一色，故能接受五色之采。甘为众味之本，不偏主一味，故能接受五味之和。

〔4〕百行：多方面的品行。《三国志·王昶传》："夫孝敬仁义，百行之首。"

〔5〕人情之良田：《礼记·礼运》："故人情者，圣王之田也，修礼以耕之。"

〔6〕五味：酸、苦、甘、辛、咸，和是中和、调和的意思。《管子·水地》："淡也者，五味之中也。"中也是"和"的意思。

〔7〕五材，指人的勇、智、仁、信、忠五种材能。

〔8〕节：节奏，引申为事物发展变化的规律。
〔9〕通变：《易·系辞上》："一阖一辟谓之变，往来不穷谓之通。"

【译文】

　　凡是人的性情器量，"中和"最为可贵。中和作为人的本质必然平淡无味，所以才能调和成勇、智、仁、信、忠五种材能，并根据不同的情况调整自己，以应付事物的发展变化。

【原文】

　　是故观人察质，必先察其平淡，而后求其聪明〔1〕。譬之骥騄〔2〕，虽超逸绝群，若气性不和，必有毁衡碎首决胸之祸也〔3〕。聪明者，阴阳之精〔4〕。离目坎耳〔5〕，视听之所由也。阴阳清和〔6〕，则中睿外明〔7〕。圣人淳耀〔8〕，能兼二美，知微知章〔9〕。耳目兼察，通幽达微，官材授方〔10〕，举无遗失。自非圣人，莫能两遂。虽得之于目，或失之于耳。故明白之士，达动之机〔11〕，而暗于玄虑。达于进趋，而暗于止静。以之进趋，则欲速而成疾〔12〕；以之深虑，则抗夺而不入也〔13〕。玄虑之人，识静之原，而困于速捷。性安沉默，而智乏应机。以之闲静，则玄微之道构；以之济世，则劲捷而无成〔14〕。犹火日外照，不能内见；金水内映，不能外光。人各有能，物各有性，是以圣人任明白以进趋，委守成于玄虑，然后动止得节，出处应宜矣。二者之义，盖阴阳之别也。阳动阴静，乃天地之定性，况人物乎。

【注释】

　　〔1〕聪明：明察事理。
　　〔2〕骥騄(lù)：良马。周穆王八骏之一。
　　〔3〕毁衡碎首决胸：《庄子·人间世》："夫爱马者，以筐盛矢，以

蜋盛溺。适有蚊虻仆缘，而拊之不时，则缺衔毁首碎胸。意有所至而爱有所亡，可不慎邪！"据此，疑《人物志》作"决（断也，与缺同从夬声）衔（与衔形近，亦双声——《广韵》衔户庚切，衔户监切，皆匣纽字）碎首毁胸"。

〔4〕精：指阴阳交融的精华。

〔5〕离目坎耳：《易·说卦》："坎为耳，离为目。"正义曰："坎，北方之卦，主听，故为耳也。离，南方之卦，主视，故为目也。"按：坎，陷也，洼坑也。耳是头部之洼坑，故坎为耳。离为火、为日、为明，目之明能视物，故离为目。

〔6〕清和：指人的性情清静和平。

〔7〕中睿（ruì）外明：中，内心；视曰明，思曰睿。

〔8〕淳（chún）耀：伟大光明。

〔9〕知微知章：《易·系辞下》："君子知微知彰，知柔知刚，万夫之望。"章、彰通。

〔10〕官材授方：按不同的材质授予不同的官职。

〔11〕达：通晓。机：同"几"，微细。《易·系辞下》："几者，动之微，吉凶之先见者也。"

〔12〕疾：灾祸。

〔13〕抗夺不人：指一个人拒绝改变自己的主张，并且不深入思考。抗夺，指抗拒改变。

〔14〕劲捷：猛烈速捷。

【译文】

所以观察人的本质，一定要先考察他是否平静淡泊，然后再探索他的明智聪察。明智聪察，是阴阳二性交融而成的精华。阴阳二性清静和平，就会思想深远而观察敏锐。只有那些伟大光明的圣人，才兼有阴阳清和之美：既懂得微小深奥，又懂得广大显露。除了圣人，再没有人能够两全其美。所以明白显露的人，能够发现事物刚刚萌发的苗头，但却不善于深思熟虑。善于深入思考的人，懂得如何沉默闲静，而不能立即做出决裁。就好像火和日属于阳性，以"施予"、"吐出"为特征，所以它们的光芒能照见它们外面的东西，而不能照见它们的内部。金和水属于阴性，以"变化"、"含藏"为特征，所以它们不能照明它们外面的东西，却能把外面的东西反映到它们内部来。这两者含义的不同，就是阴阳二性的区别。

【原文】

　　若量其材质，稽诸五物^[1]。五物之征，亦各著于厥体矣。筋勇色青，血勇色赤，中动外形^[2]，岂可匿也。其在体也，木骨，金筋，火气，土肌，水血，五物之象也^[3]。五性者^[4]，成形之具，五物为母，故气色从之而具。五物之实，各有所济。五性不同，各有所禀。禀性多者，则偏性生也。是故骨植而柔者，谓之弘毅；弘毅也者^[5]，仁之质也。木则垂荫，为仁之质；质不弘毅，不能成仁。气清而朗者，谓之文理；文理也者^[6]，礼之本也。火则照察，为礼之本；本无文理，不能成礼。体端而实者，谓之贞固；贞固也者^[7]，信之基也。土必吐生^[8]，为信之基；基不贞固，不能成信。筋劲而精者，谓之勇敢；勇敢也者，义之决也^[9]。金能断割，为义之决；决不勇敢，不能成义。色平而畅者，谓之通微；通微也者，智之原也。水流疏达，为智之原^[10]；原不通微，不能成智。五质恒性^[11]，故谓之五常矣^[12]。五物，天地之常气；五德^[13]，人物之常行。

【注释】

　　〔1〕五物：即五行，木、金、火、土、水。
　　〔2〕形：显现。
　　〔3〕木骨金筋火气土肌水血：以五行配五体，为当时学界风气。姚信《士纬》："孔文举木性不足，背阴向阳，雄卓孤立。"任奕《道论》："木气人勇，金气人刚，火气人强而躁，土气人智而宽，水气人急而贼。"印度哲学中以"地水火风"四大配"四体"：骨肉坚硬以为地大，

血髓津润是名水大，体之温暖以为火大，出呼入息以为风大。

〔4〕五性：指骨、筋、气、肌、血，构成人体的五种基本物质。

〔5〕弘毅：刚强果断。《论语·泰伯》："曾子曰：士不可以不弘毅，任重而道远。仁以为己任，不亦重乎！死而后已，不亦远乎！"

〔6〕文理：区别等级的礼文仪节。

〔7〕贞固：坚固贞正，坚持正道。

〔8〕土必吐生：《说文》："土，地之吐生万物者也。"

〔9〕勇敢也者，义之决也：《礼记·聘义》："有行之谓有义，有义之谓勇敢。故所贵于勇敢者，贵其能以立义也。所贵于立义者，贵其有行也。所贵于有行者，贵其行礼也。故所贵于勇敢者，贵其敢行礼义也。故勇敢强有力者，天下无事，则用之于礼义；天下有事，则用之于战胜。用之于战胜则无敌，用之于礼义则顺治。外无敌，内顺治，此之谓盛德。故圣王之贵勇敢强有力如此也。"

〔10〕水流疏达，为智之原：《老子》："上善若水，水善利万物而不争。处众人之所恶，而几于道。"

〔11〕五质：即五性。

〔12〕五常：仁、义、礼、智、信。

〔13〕五德：指本文所说的木之德、金之德、水之德、土之德、火之德，亦即人物的五种品行或特征，是从孔子所讲的"温、良、恭、俭、让"发展而来。

【译文】

如果衡量一个人的材质，就要通过金、木、水、火、土五行来考察。因为五行的征象，也表现在人物的身体上。五行和身体的对应关系是：木对应骨、金对应筋、火对应气、土对应肌、水对应血，亦即五行在人体的具体征象。五行在人体中的实际体现，因为各自禀赋多少的不同而表现出不同的特征。所以骨骼正直而身体柔韧，就刚强而有毅力；刚强而有毅力，那是仁的特质。气色清爽而声音明亮，就有好的举止相貌；好的举止相貌，那是礼的根本。身体端正而内心充实，就能坚持正道；能够坚持正道，那是信的基础。筋带强劲而内心精诚专一，就能勇敢有力；勇敢有力，那是正义的关键。面色平静而思路畅达，就能通幽达微，能够通幽达微，那是智慧的源泉。仁之质、礼之本、信之基、义之决、智之原有永恒的性质，所以叫做五常。

【原文】

　　五常之别，列为五德。是故温直而扰毅[1]，木之德也。温而不直则懦，扰而不毅则𠜱[2]。刚塞而弘毅[3]，金之德也。刚而不塞则决，弘而不毅则缺。愿恭而理敬[4]，水之德也。愿而不恭则悖，理而不敬则乱。宽栗而柔立[5]，土之德也。宽而不栗则慢，柔而不立则散。简畅而明砭[6]，火之德也。简而不畅则滞，明而不砭则翳。虽体变无穷，犹依乎五质。人情万化，不可胜极。寻常竟源，常在于五。

【注释】

　〔1〕温直而扰毅：正直而能温和，柔顺而能果断。《尚书·皋陶谟》："扰而毅，直而温。"伪孔传："扰，顺也。致果为毅。行正直而气温和。"正义："正直失于太严，故令正直而温和。"

　〔2〕𠜱(cuò)：通"挫"，折伤。

　〔3〕刚塞：刚正而充实。《尚书·皋陶谟》："刚而塞。"伪孔传："刚断而实塞。"正义："刚而能断，失于空疏。必性刚正而内充实，乃为德也。"

　〔4〕愿：老实。理：治理。按：愿言恭、理云敬者，恭在外貌，敬在内心。老实人迟钝呆板，仪表上往往失礼，所以用恭敬来补充。有治理能力的人常常内心轻视对方，所以用尊敬来补充。《尚书·皋陶谟》："愿而恭，乱而敬。"伪孔传："悫愿而恭恪。乱，治也；有治而能谨敬。"正义："愿者，悫谨良善之名。谨愿者失于迟钝，貌或不恭。故悫愿而能恭恪，乃为德。有能治者，谓才高于人也，堪拨烦理剧者也。负才轻物，人之常性。故有治而能谨敬乃为德也。"

　〔5〕宽栗：宽容而庄重。柔立：柔和而敢负责任。《尚书·皋陶谟》："宽而栗，柔而立。"伪孔传："性宽弘而能庄栗，和柔而能立事。"正义："宽弘者失于缓慢，故性宽弘而能矜庄严栗，乃成一德也。"

　〔6〕简畅：简要而畅达。明砭：明确针砭，棱角分明。魏晋清谈以简要为尚，简要失于不畅，故要求简要而畅达。

刘邵所谓五德，"温直而扰毅"，言其性也；"刚塞而弘毅"，言其志也；"愿恭而理敬"，言其貌也；"宽栗而柔立"，言其行也；"简畅而明砭"，言其言也。

【译文】

仁、义、礼、智、信各自体现在人的思想行为之中，就表现为以下五种德行。性情温和而能正直，柔顺而能果断，属于木德。意志刚正而又充实，坚强而能决断，属于金德。外貌诚实谨慎而又反应敏捷，能拨乱反正而又尊敬他人，属于水德。行为宽弘而又严肃，和柔而能决断，属于土德。言语简约而能使人明了，明察秋毫而又棱角分明，属于火德。即使人的性情德行变化无穷，还是遵循着金、木、水、火、土五行的规律。

【原文】

故其刚柔明畅贞固之征[1]，著乎形容，见乎声色，发乎情味，各如其象。自然之理，神动形色，诚发于中，德辉外耀。故心质亮直[2]，其仪劲固；心质休决[3]，其仪进猛；心质平理[4]，其仪安闲。夫仪动成容[5]，各有态度[6]：直容之动[7]，矫矫行行[8]；休容之动[9]，业业跄跄[10]；德容之动[11]，颙颙卬卬[12]。

【注释】

〔1〕刚柔明畅贞固之征：刚，即上文"筋劲而精者，谓之勇敢；勇敢也者，义之决也"。柔，即上文"骨植而柔者，谓之弘毅；弘毅也者，仁之质也"。明，即上文"气清而朗者，谓之文理；文理也者，礼之本也"。畅，即上文"色平而畅者，谓之通微：通微也者，智之原也"。贞固，即上文"体端而实者，谓之贞固：贞固也者，信之基也"。

〔2〕心质：心地。亮直：忠诚、耿直。《后汉书·刘矩传》："矩性亮直，不能谐附贵势。"

〔3〕休决：美善而能决断。

〔4〕平理：宁静安定。

〔5〕容：容止，样式。

〔6〕态度：人之状貌举止。

〔7〕直容：即亮直之容。

〔8〕矫矫：勇武貌。行行：刚强之貌。《论语·先进》："子路行行如也。"郑注："行行，刚强之貌。"

〔9〕休容：即休决之容。

〔10〕业业：高大健壮貌。跄跄：步趋有节奏貌。

〔11〕德容：即安闲平理之容。

〔12〕颙（yóng）颙：温和敬顺之貌。卬（áng）卬：志气高朗之貌。《诗经·卷阿》："颙颙卬卬，如圭如璋。"毛传："颙颙，温貌；卬卬，盛貌。"郑笺："体貌则颙颙然敬顺，志气则卬卬然高朗，如玉之圭璋也。"

按：《尚书·洪范》："三德：一曰正直（伪孔传：能正人之曲直），二曰刚克（伪孔传：刚能立事），三曰柔克（伪孔传：和柔能治）。"《论语·先进》："闵子侍侧，訚訚如也；子路，行行如也；冉有子贡，侃侃如也。"正义："訚訚，中正之貌；行行，刚强之貌；侃侃，和乐之貌。"正是刘邵所说"直容之动"、"休容之动"、"德容之动"之所本。

【译文】

所以刚强、柔和、明朗、畅达、坚贞稳固的品质，体现在人的形态容貌，外现于人的声音气色，表现在人的情绪趣味。由外现的征象是可以了解到内在的品质的。因此，内心忠诚耿直，外表就显得坚强而稳健；内心美好而果断，外表就显得进取而勇猛；内心平淡而理智，外表就显得安静而闲逸。外表的变化表现为各种不同的情态举止：忠诚耿直者的举动，是勇武而刚强；潇洒果断者的举动，是步伐健壮而有节奏；庄重理智者的举动，是恭敬威严而气宇轩昂。

【原文】

夫容之动作〔1〕，发乎心气〔2〕，心气于内，容见于外。心气之征，则声变是也〔3〕。心不系一，声和乃变。夫气合成声，声应律吕〔4〕。清而亮者律，和而平者吕。有和平之声，有清畅之声，有回衍之声〔5〕。心气不同，故声发亦异也。夫声畅于气〔6〕，则实存貌色〔7〕。非气无以成声，声成则貌应。故诚仁，必有温柔之色。诚勇，必有矜奋之色〔8〕。诚智，必有明达之色。声既殊管〔9〕，故色亦异状。

【注释】

〔1〕动作：举动。《左传·襄公三十一年》："动作有文，言语有章。"

〔2〕心气：人禀赋了天地之气所形成的精神活动和思想情感。《逸周书·文王官人》："心气华诞者，其声流散；心气顺信者，其声顺节；心气鄙戾者，其声斯丑；心气宽柔者，其声温和。"

〔3〕心气之征，则声变是也：人之情动于中，故形于言而为声。声之辞意相应，自然变化不一，所谓"心不系一，声和乃变"。《礼记·乐记》："凡音之起，由人心生也。人心之动，物使之然也。感于物而动，故形于声。声相应，故生变。"

〔4〕律吕：乐律的总称。古代乐律有阳律、阴律各六，合为十二律。阳六叫律，为黄钟、太蔟、姑洗、蕤宾、夷则、无射；阴六叫吕，为大吕、夹钟、仲吕、林钟、南吕、应钟。

〔5〕回衍：回旋而连绵。

〔6〕声畅于气：声音的畅达是由语气的缘故。

〔7〕实存貌色：谓语气的情况可从面貌颜色看出。

〔8〕矜(jīn)奋：自负、奋勉。

〔9〕管：指发声之管。

汉魏时期的人材鉴识，十分重视人物清谈音调之美，对此，史书多有记载。《后汉书·马融传》载马融"为人美辞貌，有俊才"。《郭太传》云郭太"善谈论，美音制"。《符融传》云李膺"每见融，辄绝它宾客，听其言论。融幅巾奋袅，谈辞如云"。《卢植传》记卢植"音声如钟"。《郦炎传》记炎"言论给捷，多服其能理"。又《世说新语·文学》注引邓粲《晋记》："遐以辩论为业，善叙名理，辞气清畅，泠然若琴瑟。"类似上文"清畅之声"。《宋书·张敷传》："善持音仪，尽详缓之致。与人别，执手曰：'念相闻。'馀声久之不绝。"类似上文之"回衍之声"。梁释慧皎撰《高僧传》有《诵经》、《经师》、《唱导》诸篇，其中涉及晋宋以来高僧大德之"吟诵经典，音吐遒亮"者甚众。

【译文】

仪容的各种变化，出自内心活动和思想情感。而内心活动和思想情感的表现特征，就是清浊高下声音的不同变化。语气汇合而成声音，声音又往往和乐律相对应。有和柔平顺的声音，有清脆畅达的声音，有回旋联绵的声音。声音的畅达是由于语气的缘故，而实际上也表现在面貌颜色上。所以真正仁爱的人，就一定有温顺柔和的颜色；真正勇敢的人，就一定有自信奋勉的颜色；真正智慧的人，就一定有明察达理的颜色。

【原文】

夫色见于貌，所谓征神。貌色徐疾[1]，为神之征验。征神见貌，则情发于目[2]。目为心候[3]，故应心而发。故仁，目之精悫然以端[4]；心不倾倚，则视不回邪。勇，胆之精晔然以强[5]。志不怯懦，则视不衰悴。然皆偏至之材，以胜体为质者也[6]。未能不厉而威[7]，不怒而严。故胜质不精[8]，则其事不遂。能勇而不能怯，动必悔吝随之[9]。是故直而不柔则木[10]，木强激讦[11]，失其正直。劲而不精则力，负鼎绝膑[12]，失其正劲。固而不端则愚，专己自是，陷于愚戆[13]。气而不清则越[14]，辞不清顺，发越无成。畅而不平则荡[15]。好智无涯[16]，荡然失绝[17]。是故中庸之质，异于此类。勇而能怯，仁而能决[18]，其体两兼，故为众材之主。五常既备，包以澹味。既体咸酸之量，而以无味为御。五质内充，五精外章[19]。五质澹凝[20]，淳耀外丽[21]。是以目彩五晖之光也[22]。心清目朗，粲然自耀。故曰，物生有形，形有神精[23]。不问贤愚，皆受气质之禀性阴阳，但智有精粗，形有浅深耳。寻其精色，视其仪象，下至皂隶牧圉[24]，皆可想而得之也。**能知精神，则穷理尽性**。圣人有以见天下之动，而拟诸形容[25]，故能穷理尽性以至于命[26]。

【注释】

〔1〕徐疾：两种不同的表情变化，徐犹持重，疾犹敏捷。

〔2〕征神见貌，则情发于目：《孟子·离娄上》：“孟子曰：‘存（察也）乎人者，莫良于眸子。眸子不能掩其恶。胸中正，则眸子瞭焉；胸中不正，则眸子眊焉。听其言也，观其眸子，人焉廋哉！’”

〔3〕目为心候：眼睛是心灵的窗口。候，候望，征兆。

〔4〕精：目光。悫（què）然：诚实。端：正直。

〔5〕胆，疑为“目”字之讹。晔（yè）然：明亮的样子。

〔6〕偏至之材：只具备某一方面的材质。胜体：指身体中占优势的质性。

〔7〕不厉而威：厉，面色严厉。《礼记·表记》：“子言之：‘归乎！君子隐而显，不矜而庄，不厉而威，不言而信。’”

〔8〕胜质不精：胜质，即“胜体之质”。“精”为阴阳交和之谓，即相对的因素未能融合统一。阴阳不交和，则“能勇而不能怯”，成“偏至之材”，故“其事不遂”。

〔9〕悔吝（lìn）：犹言悔恨。《三国志·王昶传》：“患人知进而不知退，知欲而不知足，故有困辱之累，悔吝之咎。”

〔10〕木：质朴、木讷。《论语·子路》：“刚毅木讷，近仁。”

〔11〕木强：质朴而倔强。“激讦”不辞，当作“徼讦”。徼（jiāo）讦（jié）：揭发别人阴私而加以攻击。《论语·阳货》：“恶徼以为知者，恶不孙以为勇者，恶讦以为直者。”《集解》：“孔曰：徼，抄也，抄人之意以为己有。包曰：讦谓攻发人之阴私。”

〔12〕绝膑（bìn）：折断膝盖骨。《史记·秦本纪》：“武王有力，好戏。力士任鄙、乌获、孟说，皆至大官。王与孟说举鼎绝膑。八月，武王死，族孟说。”

〔13〕愚戆（gàn）：愚昧不明事理。

〔14〕越：越过，偏激。

〔15〕荡：疏漏。《论语·阳货》：“好知不好学，其蔽也荡。”《集

解》引孔曰："荡，无所适守。"

〔16〕好智无涯：《庄子·养生主》："吾生也有涯，而知也无涯。以有涯随无涯，殆也。"

〔17〕失绝：他本皆作"失纪"。按：作"失纪"是。失纪，违失纲纪。

〔18〕勇而能怯，仁而能决：《说苑·敬慎》："孔子曰：'高而能下，满而能虚，富而能俭，贵而能卑，智而能愚，勇而能怯，辩而能讷，博而能浅，明而能暗，是谓损而不极。能行此道，唯至德者及之。'"

〔19〕五精：指仁、义、礼、智、信五性的精气。

〔20〕澹凝：丰富而稳固。澹，通"赡"。

〔21〕淳耀：伟大光明。

〔22〕五晖：五彩之辉。五彩，指青、黄、赤、白、黑五色。

〔23〕神：指灵气。精：指精色、神色、眼神。

〔24〕皂隶牧圉(yǔ)：指贱役之人。

〔25〕拟诸形容：用形象比喻出来。《易·系辞上》："圣人有以见天下之赜，而拟诸其形容，象其物宜，是故谓之象；圣人有以见天下之动，而观其会通，以行其典礼。"

〔26〕穷理尽性以至于命：探究万物的规律和人的本性，最终掌握人类自身的命运。《易说卦》："和顺于道德而理于义，穷理尽性，以至于命。"正义："又能穷极万物深妙之理，究尽生灵所禀之性。物理既穷，生性又尽，至于一期所赋之命，莫不穷其短长，定其吉凶。"

【译文】

容貌面色的变化，就是精神的外现。精神外现于面貌，关键在于显示性情的眼睛。所以仁爱的人，目光就诚实而端庄；勇敢的人，目光就明朗而坚强。但是这些都是偏材，以突显的某种性情为其特质。一个人某种性情特别突显，那是阴阳没有交和的缘故，这样的人做事也很难完满。因此，正直而不能柔屈，就是木讷；强劲而内心不能专一思考，就是蛮横；顽强而不正直，就是愚蠢；语气不清顺，就会偏激无成；思绪通畅而面色不平正，就是心中无数。中庸的性情，与这几类都不一样。它具备了仁、义、礼、智、信五常，呈现出平淡无味的中性气质。仁、义、礼、智、信充实于内，其精气光耀于外，所以眼睛中会闪耀五色的光芒。

因此说，人生而有形体，形体又相应体现内在的精神。能了解精神，就能把握人事的义理和人物的本性。

【原文】

性之所尽，九质之征也。阴阳相生，数不过九，故性情之变，质亦同之。然则平陂之质在于神[1]，神者，质之主也。故神平则质平，神陂则质陂。明暗之实在于精，精者，实之本。故精惠则实明，精浊则实暗。勇怯之势在于筋，筋者，势之用。故筋劲则势勇，筋弱则势怯。强弱之植在于骨[2]，骨者，植之基。故骨刚则植强，骨柔则植弱。躁静之决在于气，气者，决之地也。气盛决于躁，气冲决于静矣[3]。惨怿之情在于色[4]，色者，情之候也。故色悴由情惨[5]，色悦由情怿。衰正之形在于仪，仪者，形之表也。故仪衰由形殆[6]，仪正由形肃。态度之动在于容[7]，容者，动之符也。故衰动则容态[8]，正动则容度。缓急之状在于言。言者，心之状也。故心恕则言缓，心褊则言急[9]。其为人也，若质素平澹[10]，中睿外朗，筋劲植固，声清色怿，仪正容直，则九征皆至，则纯粹之德也[11]。非至德大人，其孰能与于此。九征有违，违为乖戾也。则偏杂之材也[12]。或声清色怿，而质不平淡；或筋劲植固，而仪不崇直。

【注释】

〔1〕陂(pō)：倾斜。《易·泰》九三："无平不陂，无往不复。"
〔2〕植：直立。
〔3〕冲：空虚。
〔4〕惨怿：忧喜。
〔5〕悴：衰弱、疲萎。
〔6〕殆，疲乏，懈怠。

〔7〕此句中"态"和"度"是反义词。态，佞媚奸邪之义。《荀
子・臣道》："百姓不亲，诸侯不信，然而巧敏佞说，善取宠于上，是态
臣也。"度：姿度，合乎法度的仪表。

〔8〕容态：媚态，故作姿态。

〔9〕心褊：心胸狭小。

〔10〕"若"字原无，据《长短经・知人篇》补。

〔11〕纯粹之德：纯一不杂、精美无瑕之德。《荀子・劝学》"君子
知夫不全不粹之不足以为美也"一段，大意同"九征皆至，纯粹之德
也"相近。按："质素平澹，中睿外朗，筋劲植固，声清色怿，仪正容
直"总括上文之"九质之征"。平澹，即神平则质平；中睿，即气冲决
于静；外朗，即精惠则实明；筋劲，筋劲则势勇；植固，骨刚则植强；
声清，心恕则言缓；色怿，色悦由情怿；仪正者，仪正由形肃；容直者，
正动则容度。

〔12〕偏杂：指下文的"偏至之材"和"间杂之材"。偏至之材，就
是"徒仁而无义，徒义而无仁，未能兼济，各守一行"之材。间杂之
材，指"善恶参浑，心无定是"之材。

【译文】

　　人物性情的变化，体现在九个方面：性情平淡与偏颇的根本
在于神明，明察与昏聩的根本在于目光，勇敢与怯弱决定于筋带，
体魄的强弱决定于骨骼，急躁与平静决定于血气，忧喜的情感表
现于面色，形体的衰萎和庄重表现于仪容，佞媚与正直表现于容
貌，宽缓与急躁表现于语言。作为人来说，如果禀性朴素而平淡，
内心聪慧而外表清朗，筋带坚劲而骨骼强固，声音清润而神色和
悦，仪表庄重而容貌端正，就把诸方面的美质都具备了，纯一不
杂、精美无瑕的美德也就达到了。如果九种征象相互违谬乖戾，
那就是偏至之材和间杂之材。

【原文】

　　三度不同^{〔1〕}，其德异称。偏材苟一至之名^{〔2〕}，兼材居德
仪之目，兼德体中庸之度。故偏至之材，以材自名。犹百工众
伎，各有其名也。兼材之人，以德为目。仁义礼智，得其一目。

兼德之人，更为美号。道不可以一体说[3]，德不可以一方待[4]，育物而不为仁[5]，齐众形而不为德；凝然平淡[6]，与物无际[7]，谁知其名也。是故兼德而至，谓之中庸。居中履常，故谓之中庸。中庸也者，圣人之目也。大仁不可亲，大义不可报，无德而称，寄名于圣人也。具体而微，谓之德行[8]。德行也者，大雅之称也[9]。施仁以亲物，立义以利仁，失道而成德，抑亦其次也[10]。一至谓之偏材。偏材，小雅之质也[11]。徒仁而无义，徒义而无仁，未能兼济，各守一行，是以名不及大雅也。一征谓之依似[12]。依似，乱德之类也。纯讦似直而非直[13]，纯宕似通而非通。一至一违[14]，谓之间杂。间杂，无恒之人也[15]。善恶参浑，心无定是。无恒之操，胡可拟议[16]。无恒、依似，皆风人末流[17]。其心孔艰者[18]，乃有教化之所不受也。末流之质，不可胜论[19]，是以略而不概也。蕃徒成群，岂可数哉。

【注释】

〔1〕三度：三个标准，指下文三种不同道德标准的人：中庸之人、兼材之人、偏材之人。

〔2〕一至：只具备某一种品德，刘昞释为"徒仁而无义，徒义而无仁，未能兼济，各守一行"。

〔3〕道为天地万物之所以生成之总原理，不是具体的事物，故"道不可以一体说"。

〔4〕"待"为"得"之借字。一方：一种方法。德为具体事物生成的原理，是道的具体体现，故不能以一种方法求得。

〔5〕"育"后疑脱"万"字，"育万物"与"齐众形"对文。

〔6〕凝然：精神专注，不为外界所干扰。

〔7〕与物无际：与万物融为一体，无彼我之界限。际，界限。《庄子·知北游》："物物者，与物无际。"物物，明了物之为物的道理。

〔8〕《孟子·公孙丑上》："昔者窃闻之：子夏、子游、子张，皆有

圣人之一体。冉牛、闵子、颜渊，则具体而微。"赵岐注："一体者，得一枝也。具体者，四枝皆具。微，小也。比圣人之体微小耳。体以喻德也。"

〔9〕大雅：指德才高尚者。

〔10〕"施仁"四句：《老子》把人分为"道"、"德"、"仁"、"义"、"礼"几个层次，"道"作用于物就是"德"，"上德"是无心的流露，"下德"则有了居心。"仁义"是从"下德"产生的，属于有心的作为，不是自然的流露。所以《老子》三十八章说："故失道而后德，失德而后仁，失仁而后义，失义而后礼。"礼是忠信的不足，是祸乱的开端。

〔11〕小雅：同上文"大雅"为对，指德才平庸者。

〔12〕一征：具备九征中的一种。依似：似是而非。

〔13〕纯：专一。《论语·阳货》："恶不孙以为勇者，恶讦以为直者。"

〔14〕一至一违：或至或违。王引之《经传释词》："一，犹或也。"

〔15〕无恒：没有坚持始终的善心。

〔16〕拟议：指事前的揣度议论。

〔17〕风人末流：指凡庸之辈。

〔18〕其心孔艰者：指那些难于教化的人。《诗经·何人斯》："彼何人斯，其心孔艰。"郑笺："艰，难也。……其持心甚难知。"《论语·季氏》："困而不学，民斯为下矣。"

〔19〕胜论：详尽论说。

【译文】

兼德、兼材、偏材这三类人不一样，他们的德行也有不同的名称。偏材之人，以其专长的材技作为自己的名称。兼材之人，以德行作为自己的名称。兼德之人，更有美好的名号。所以，具备了各种美德，就叫做中庸。中庸是圣人具有的品德。具备了圣人的品德而尚未完善，就叫做"德行"。德行是对德才高尚者的称谓。只具备某一种品德的人叫做偏材，"偏材"是对德才平庸者的称谓。只具备九征中的某一方面，这样的人就叫做"似是而非"；似是而非的人，是淆乱德行的一类。九征中某些方面突出，某些方面又相违背，这样的人就叫做"间杂"；间杂是没有恒心的人。没有恒心和似是而非的人，是不接受道德教化的凡庸末流之辈。这两种人的性质，不值得详尽加以论证，所以略而不论。

【评析】

本篇是《人物志》全书的总纲，主要提出并论述了以下几个问题。

第一，人的性情是可以通过五行学说探索的。人材的不同差异，是由于性情不同造成的。性情之理，只有圣人才能明察。如何察明性情呢？人含元气以为"形质"，元气通过五行而生成人的形体。如果了解了一个人所具有的五行之形质，那么，他的"性情"就可以知晓了。这就是以"形质"求"性情"的理论。

人的"形质"中，最尊贵的是"中和之质"，"中和之质"平淡无味，所以阴阳清和，中睿外明，知微知章，只有圣人才能具备。而一般的人，或者阴多于阳，或者阳多于阴。阳多于阴，则成"达动之机，而暗于玄虑"的明白之士；阴多于阳，则成"识静之原，而困于速捷"的玄虑之人。

既然掌握了人所具有的五行之质，就可以了解他的性情，那么，五行在人体是如何体现的呢？刘邵明确指出："其体也，木骨、金筋、火气、土肌、水血，五物之象也。"五行之气是人的五种生理体质的本质，所以也叫"五质"；五行之气本身有仁、礼、信、勇、智五种永恒的道德属性，所以称为"五常"。它们的对应关系是：

木——骨——仁　　金——筋——义　　火——气——礼
土——肌——信　　水——血——智

由于人们对五行之气的禀受情况有差异，因而五种生理体质的完善程度也不同，仁、义、礼、智、信五种道德品质的水平也就不同。五行之气是无形的，而它们所产生的五种生理体质却是有形的。这些生理体质的发育情况是可以了解的，那么，依靠它们所形成的五种道德品质（即"性情"）也就可以探求了：

> 骨植而柔者，谓之弘毅；弘毅也者，仁之质也。气清而朗者，谓之文理；文理也者，礼之本也。体端而实者，谓之贞固；贞固也者，信之基也。筋劲而精者，谓之勇敢；勇敢

也者，义之决也。色平而畅者，谓之通微；通微也者，智之原也。

也可以反过来探求，即通过"性情"的特征判断"五行"禀赋和"五体"发育的情况：

温直而扰毅，木之德也。刚塞而弘毅，金之德也。愿恭而理敬，水之德也。宽栗而柔立，土之德也。简畅而明砭，火之德也。

刘邵的人材理论，就建立在这样一种阴阳五行学说的基础之上。

第二，性情总是表现在容貌和言谈上。

本篇说："故其刚柔明畅贞固之征，著乎形容，见乎声色，发乎情味，各如其象。""刚柔明畅贞固之征"，就是五德之征。"刚"即"筋劲而精"的义，"柔"即"骨植而柔"的仁；"明"即"气清而朗"的礼，"畅"即"色平而畅"的智，"贞固"即"体端而实"的信。刘邵认为，五德的征候是通过"形容"、"声色"、"情味"表现出来的。在"形容"上表现的特征是："心质亮直，其仪劲固。心质休决，其仪进猛。心质平理，其仪安闲。""心质"这一概念，是对"质"、"性"、"形"的概括，它包含生理体质和精神本体两层含义，这里主要指精神本体，即"性情"。性情诚信耿直，仪表就稳固有力；性情宽容果断，仪表就勇猛进取；性情平静而有条理，仪表就安静悠闲。仪表的关键，是其"态度"，即神态气度，所以他又说："直容之动，矫矫行行。体容之动，业业跄跄。德容之动，颙颙卬卬。""直容"即前文所说"亮直"之容，"休容"即"休决"之容，"德容"即安闲平理之容。作者用三个重叠形容词写这三种"态度"的特征，"矫矫行行"是勇武刚强的样子，"业业跄跄"是高大健壮、步趋有节奏的样子，"颙颙卬卬"是温和敬顺、志气高朗的样子。

这是性情之五德体现在仪表态度之上。再深入一步，刘邵认为，"仪表态度"是"心气"产生的，而"心气"的表现则是声音。所以"声音"的变化和性情之"五德"的关系至为密切。声音产生于"气","气清而朗者,谓之文理"。文理指人的仪表举止,即刘邵所说的"态度",它和性情互为表里,《荀子·礼论》所谓"文理情用相为内外表里"。这样一来,"声音"和"态度"就可以说融为一体,色中有声,声中有色:"夫容之动作,发乎心气,心气之征,则声变是也。夫气合成声,声应律吕。有和平之声,有清畅之声,有回衍之声。夫声畅于气,则实存貌色。故诚仁,必有温柔之色。诚勇,必有矜奋之色。诚智,必有明达之色。"

这是他的论证过程。这里的"色",还不同于一般的容貌脸色,而包含着人的精神气度和内在人格,所以他才说"色见于貌,所谓征神",而征神见貌的核心,在于"眼睛",即刘邵所说"情发于目"。"情"(五德)与"目"的关系是:"仁,目之精,悫然以端。勇,胆之精,晔然以强。"性情仁爱,目光就显得诚实端庄;性情勇敢,目光就显得强烈盛明。所以,刘邵总结说:"物生有形,形有神精,能知精神,则穷理尽性。"

这种对以眼神为核心的人的精神气度的全面重视,正是在魏晋时期兴盛起来的。《三国志·钟会传》载蒋济说:"观其眸子,是以知人。"《竹林七贤论》曰:"王戎眸子洞彻,视日而眼明不亏。"《世说新语·容止》写裴令公"眸子闪闪如岩下电",写王安丰"眼烂烂如岩下电",《巧艺》篇写顾长康论画人数年不点目睛,人问其故?顾曰:"四体妍媸,本无关于妙处;传神写照,正在阿堵中。"《世说新语》其他各篇中,津津有味地论述着那么多的神情笑貌,传闻逸事,重点展示的是内在的智慧,高超的精神,脱俗的言行,漂亮的风貌。嵇康说:"目送归鸿,手挥五弦。俯仰自得,游心太玄。""凌厉中原,顾盼生姿。"(《赠秀才入军》)用诗描写了潇洒不群、超然自得的精神风格。正如《文心雕龙·物色》篇所说:"眉睫之间,卷舒风云之色。"

第三,提出全面知人的"九征"学说。

本来,论述到此,已经大体将"性情表现在容貌举止言谈上"这个论题讲清楚了。但是他这里强调的是仪容、声调、眼神,和他前文所说的"五行"、"五体"尚有一些游离。为了解决这个矛盾,刘邵又提出了"九征"学说,企图把"五体"(骨、筋、气、肌、血）、仪容、声调、眼神等统统纳入其中："平陂之质在于神，明暗之实在于精，勇怯之势在于筋，强弱之植在于骨，躁静之决在于气，惨怿之情在于色，衰正之形在于仪，态度之动在于容，缓急之状在于言。"刘邵的说法，用我们的话大体可作这样表述：正派与佞邪，表现在神态上；聪明与愚蠢，表现在目光中；勇敢与怯懦，表现在筋腱上；刚强与软弱，表现在骨骼上；焦躁与安静，表现在气流上；伤感与愉悦，表现在脸色上；衰颓与庄重，表现在仪表上；意态与气度，表现在表情上；缓慢与急迫，表现在语气上。至于这九质之征与"五行"是如何配合的，刘邵没有说，恐怕他自己也难于强行配合。我们所要明白的，就是"九质之征"是说人的内在性情可以在外部的许多方面表现出来。这一篇虽以"九征"为题，但"九征"说不是这篇的精华。

第四，关于人材的等级的划分。

刘邵将阴阳五行学说与人的体质相结合，提出一套较为系统的"由体知性"的理论。人们可以按照"九征"的"至"或"违"作为划分人材等级的标准。"九征皆至"，指九个方面美质都具备了。一至，指只具备九种美质的某一种。"违"，乖违，和九个方面的美质相违背。刘邵以此为据，将人划分为五个等级：

一是兼德之人即"圣人"。"其为人也，质素平淡，中睿外朗，筋劲植固，声清色怿，仪正容直，则九征皆至，则纯粹之德也。"也就是说，完备地具有九种美质。这种人禀赋的阴阳二气恰到好处，其质性呈"中和"状态："五常既备，包以澹味。五质内充，五精外章。是以目彩五晖之光也。"

二是兼材之人。这种人对阴阳五行的禀赋是"具体而微"，《孟子·公孙丑上》所说"比圣人之体微小耳"。就是说，具有九种美质，但不十分完善。

三是偏材之人。这种人对阴阳的禀受是或阴或阳，或阳则为"明白之士"，或阴则为"玄虑之人"。这种人具有的"五德"或"九征"情况是最少要有"一至"。"一至谓之偏材"，即至少具有"五德"或"九征"的一种美德美质。如果偏材之人的性情中兼有两种以上的美质，这些不同的美质会相互促进生发，进而产生美好的名目。比如说，骨骼直正、气色清朗就具有仁和礼的美质，那么恭敬爱人的美名就产生了。气色清朗、筋力强劲就具有义和礼的美质，那么，刚烈的美名就产生了。强劲而精粹、明智且达理，就具有义和智的美质，那么智能的美名就产生了。明智、正直、刚强、谨慎，就具有智、仁、勇、信的质性，那么栋梁之材的美名就产生了。

四是依似之人，即似是而非的伪人材。刘邵说："一征谓之依似。依似，乱德之类也。"一征，指表面上具备九征中的一种，而无其美质。刘昞注所说的"纯讦似直而非直，纯宕似通而非通"。《八观》中，刘邵更具体地分析过这种依似之人。

五是间杂之人。"一至一违，谓之间杂。间杂，无恒之人也。"就是善恶参浑，心无定是，变化无常的人。"九征"中每一种美质都有互相依赖的两个方面，具备一方面，而另一方面又与之相乖违，这就是"有至有违"。如果乖违的一方胜过了好的一方，就是恶情夺正，出现本应这样而实际并不能如此的情况。比如"仁出于慈，有慈而不仁者；仁必有恤，有仁而不恤者"等。这种"间杂之人"是有很大危害性的。

以上五个等级的人，圣人是至高无上者，兼材之人、偏材之人是人材，依似、间杂之人属于伪人材，在辨伪的时候才有参考价值。因此，刘邵在进一步正面探讨人材理论时，着重论述兼材和偏材。

体别第二

禀气阴阳，性有刚柔，拘抗文质，体越各别。

【题解】

　　本篇以中庸之德为准则，分析了十二种"偏材之人"性情的特征及其优点和不足。体别，体性的差异。

【原文】

　　夫中庸之德，其质无名。泛然不系一貌[1]，人无得而称焉[2]。故咸而不碱，谓之咸耶，无碱可容。公渐切，卤也，与醝同[3]。淡而不馈[4]，谓之淡耶，味复不馈。质而不缦[5]，谓之质耶，理不缦素。文而不绩[6]，谓之文耶，采不画绩。能威，能怀，能辩，能讷，居咸淡之和，处质文之际，是以望之俨然[7]，即之而文，言满天下无辞费[8]。变化无方，以达为节。应变适化，期于通物。是以抗者过之[9]，励然抗奋于进趋之途[10]。而拘者不逮[11]。屯然无为于拘抗之外[12]。

【注释】

　　〔1〕泛然：漂流的样子。泛然不系一貌，指无为的样子。《庄子·列御寇》："巧者劳而智者忧，无能者无所求，饱食而遨游。泛若不系之舟，虚而遨游者也。"郭象注："夫无能者，唯圣人耳。过此以下至于昆虫，未有自忘其能而任众人者也。"

〔2〕人无得而称焉：人是无法给其命名称道的。《论语·泰伯》："子曰：泰伯其可谓至德也已矣。三以天下让，民无得而称焉。"

〔3〕公渐切，卤也，与醎同：原作"公成百卤也与咸同"，据《四库全书》本改。

〔4〕醶：《字汇补》云"音未详"，《直音篇》音惯。此字字书无释义，据文意度之，当是"无味"之意。

〔5〕缦：无纹饰。

〔6〕缋：同"绘"，有文采。

〔7〕俨然：矜持庄严。《论语·子张》："子夏曰：君子有三变：望之俨然，即之也温，听其言也厉。"

〔8〕辞费：空话、废话。

〔9〕抗者：抗直坦率之人。

〔10〕励然抗奋：振奋精神，激励志气。

〔11〕拘者：拘谨局促之人。按抗者过之，而拘者不逮，都是不合乎中庸之德者。《论语·先进》："子贡问：'师与商也孰贤？'子曰：'师也过，商也不及。'曰：'然则师愈与？'曰：'过犹不及。'"

〔12〕屯然：同"沌然"，混沌的样子。

【译文】

"中庸"作为一种品德，人们是无法给它的本质确定一个名称的。它好像有一点咸味而并不苦涩，似乎有些平淡而并非无味，说它质朴吧并非没有文采，说它有文采却并不绚丽。能够威严，能够怀柔，能够雄辩，能够守口如瓶。变化多端，没有规律，以通达事理为其节奏。所以坦率耿直，进趋昂扬的人与之相比有些过分，而拘谨局促的人与之相比又显得赶不上。

【原文】

夫拘抗违中，故善有所章，而理有所失。养形至甚，则虎食其外；高门悬薄，则病攻其内[1]。是故厉直刚毅，材在矫正，失在激讦[2]。讦刺生于刚厉。柔顺安恕，每在宽容[3]，失在少决。多疑生于恕懦[4]。雄悍杰健，任在胆烈^[5]，失在多忌^[6]。慢法生于桀悍^[7]。精良畏慎，善在恭谨，失在多疑。疑难生于畏慎。强楷坚劲^[8]，用在桢干^[9]，失在专固^[10]。专己生于坚劲。论辨理绎^[11]，能在释结，失在流宕^[12]。傲宕生于机辨。普博周给^[13]，弘在覆裕^[14]，失在溷浊^[15]。溷浊生于周普。清介廉洁，节在俭固^[16]，失在拘局^[17]。拘局生于廉洁。休动磊落^[18]，业在攀跻^[19]，失在疏越^[20]。疏越生于磊落。沉静机密，精在玄微，失在迟缓。迟缓生于沉静。朴露径尽^[21]，质在中诚，失在不微^[22]。漏露生于径尽。多智韬情^[23]，权在谲略^[24]，失在依违^[25]。隐违生于韬情。及其进德之日^[26]，不止揆中庸以戒其材之拘抗^[27]。抗者自是以奋励，拘者自是以守局。而指人之所短以益其失。拘者愈拘，抗者愈抗。或负石沉躯，或抱木焦死^[28]。犹晋楚带剑，递相诡反也^[29]。自晋视楚，则笑其在左；自楚视晋，则笑其在右。左右虽殊，各以其用；而不达理者，横相诽谤。拘抗相反，皆不异此。

【注释】

　　〔1〕"养形"四句：《庄子·达生篇》讲述，鲁人有名叫单豹者，隐居深山，不与民共利，特别注意养生，七十岁还是婴儿的颜色，但不幸被饿虎吃了。还有一个叫张毅的，孜孜追求物质利益，高门甲第，朱户垂帘，但刚过四十就因内热之病而死。悬薄，垂帘。

　　〔2〕激讦：当作"徼讦"，揭发他人阴私并进行攻击。

　　〔3〕每，《长短经》引作"美"。按："每"与"失"为对文，作"美"义长。"美"、"每"皆明母字，双声通假。

　　〔4〕多疑生于恕懦：此句释正文语意不合。宽恕之人，失在少决，而非"多疑"。疑"多疑"与下文"疑难"误换。"疑难"是疑惑不解之义，疑惑难解自然少决。

　　〔5〕任：凭借。

　　〔6〕"失在多忌"一句疑有误。下文云："雄悍之人，气奋勇决。不

戒其勇之毁跌，而以顺为恔，竭其势。"是雄悍之失在于"不顺"。下文又云："惧慎之人，畏患多忌，不戒其懦于为义，而以勇为狎，增其疑。"是"多忌"生于"惧慎"，而须以"勇"矫正之。"雄悍杰健"不得"失在多忌"。刘昞注云"慢法生于桀悍"，明示原文不作"多忌"。疑"多"字为"不"字之误。

〔7〕慢法：蔑视法律。

〔8〕强楷：坚强刚直。

〔9〕桢干：犹言骨干，栋梁之才。

〔10〕专固：独断、固执，不肯变通。

〔11〕理绎：探求事理。

〔12〕流宕：放荡。

〔13〕给，《长短经》引作"洽"。按：作"洽"是。下文"弘普之人，意爱周洽"，正作"周洽"可证。周洽：周到融洽。

〔14〕弘：大。覆裕：包罗万象。裕，宏富。

〔15〕溷浊：是非不分。

〔16〕俭固：节约，简陋。《论语·述而》："奢则不孙，俭则固，与其不孙也，宁固。"

〔17〕拘局：拘促、小气。

〔18〕休动：偏义复词，或休或动，好动而不安分。休，止息。磊落：比喻人之洒脱不拘的样子。

〔19〕业：成就，成功。攀跻：攀登。

〔20〕疏越：粗疏，涣散，疏漏。

〔21〕朴露：质朴显露。径尽：直率而不保留。

〔22〕微：隐蔽。

〔23〕韬情：掩盖实情，指情不外见。

〔24〕谲略：阴谋，这里指随机应变。

〔25〕依违：反复无常，难以揣度。"厉直刚毅"以下九种性格，略似于《尚书·皋陶谟》之九德："皋陶曰：都，亦行有九德。……宽而栗，柔而立，愿而恭，乱而敬，扰而毅，直而温，简而廉，刚而塞，强而义。"唐孔颖达《正义》引郑玄云："凡人之性有异，有其上者，不必有下；有其下者，不必有上。上下相协，乃成其德。"《正义》说："宽弘者失于缓慢，故性宽弘而能矜庄严栗，乃成一德。愿者，悫谨良善之名，谨愿者失于迟钝，貌或不恭，故悫愿而能恭恪乃为德。乱，治也。有能治者谓才高于人也，堪拨烦理剧者也，负才轻物，人之常性，故有治而能谨敬乃为德。愿言恭、治云敬者，恭在貌，敬在心；愿者迟钝，

外失于仪，故言恭；以表貌治者轻物，内失于心，故称敬以显情。和顺者失于不断，故顺而能决乃为德也。简者宽大率略之名，志远者遗近，务大者轻细，弘大者失于不谨，细行者不修廉隅，故简大而有廉隅乃为德也。刚而能断失于空疏，必性刚正而内充实乃为德也。强直自立无所屈挠，或任情违理，失于事宜。动合道义，乃为德也。"

〔26〕进德：修养品德。

〔27〕止，疑为"肯"之误字。揆：揣度、对照。戒：矫正。

〔28〕或负石沉驱，或抱木焦死：《庄子·盗跖》："鲍焦饰行非世，抱木而死。申徒狄谏而不听，负石自投于河，为鱼鳖所食。介子推至忠也，自割其股以食文公。文公后背之，子推怒而去，抱木而燔死。"

〔29〕诡反：犹言违反、相反。据《战国策·魏策四》记载，晋人身佩宝剑，行动迟缓；楚人性急，讨厌其迟缓，行动迅速。而刘昞的注说"自晋视楚，则笑其在左；自楚视晋，则笑其在右"，与《战国策》不同。

【译文】

拘谨和抗直都违背中和之道，虽然优点容易表现出来，但却失掉了至和之理。因此，严厉直率刚强果断的性格，可以制止过失，纠正错误，而不足之处是好攻击别人的短处，揭发别人的隐私。温柔顺从安静宽恕的性格，好处在于能够原谅理解别人，不足之处是缺少决断。英武骄悍勇敢雄健的性格，好处是具有胆识气魄，不足之处在于无所忌讳、鲁莽行事。纯洁善良畏惧谨慎的性格，好处在于恭敬慎重，不足之处是疑心太重。强劲刚直坚韧的性格，可以作为骨干栋梁之材，他的缺点是独断固执，自以为是。能说善辩探求事理的人，能够释惑解疑，分辨是非，缺点是诡辩放荡而流于荒诞。胸怀博大、周到和谐的人，往往包容万象，泛爱众生，其缺点则经常是非不分。廉洁耿直无私的人，有节约勤俭、固守本分的优点，不足之处是拘泥而不知变通。不安本分，洒脱不拘的人，总能在事业上善于攀登，不足之处是粗疏涣散、易于冒进。沉稳宁静而琐小慎密的人，精于深奥微妙的事理，缺点是迟钝缓慢。质朴直露而不保留自己意见的人，心地忠厚，为人诚实，缺点是缺乏深思熟虑。智慧多端富有韬略的人，常常能揣势度情而随机应变，其缺点是反复无常难以捉摸。以上这几种人修养增益自己德行的时候，往往不肯对照中庸之德来纠正自己材质的拘谨和亢直，反而以指责别人的缺点来掩盖自己的过失。就好像晋人和楚人互相嘲笑对方佩剑的方向相反，违背事理，各走极端。

【原文】

　　是故强毅之人，狠刚不和[1]，不戒其强之搪突[2]，而以顺为挠[3]，厉其抗[4]。以柔顺为挠弱，抗其搪突之心。是故可以立法[5]，难与入微。狠强刚戾[6]，何机微之能入[7]。柔顺之人，缓心宽断[8]，不戒其事之不摄[9]，而以抗为刿[10]，安其舒。以猛抗为刿伤，安其恕忍之心。是故可与循常[11]，难与权疑[12]。缓心寡断，何疑事之能权。雄悍之人，气奋勇决，不戒其勇之毁跌[13]，而以顺为恇[14]，竭其势。以顺忍为恇怯，而竭其毁跌之势。是故可与涉难，难与居约[15]。奋悍毁跌，何约之能居。惧慎之人，畏患多忌，不戒其懦于为义[16]，而以勇为狎[17]，增其疑。以勇戆为轻侮[18]，而增其疑畏之心。是故可与保全[19]，难与立节。畏患多忌，何节义之能立。凌楷之人[20]，秉意劲特[21]，不戒其情之固狭[22]，而以辨为伪，强其专。以辨博为浮虚，而强其专一之心。是故可以持正[23]，难与附众。执意坚持，何人众之能附。辨博之人，论理赡给[24]，不戒其辞之泛滥[25]，而以楷为系，遂其流。以楷正为系碍，而遂其流宕之心[26]。是故可与泛序，难与立约。辨博泛滥，何质约之能立[27]。弘普之人，意爱周洽[28]，不戒其交之溷杂，而以介为狷[29]，广其浊。以拘介为狷戾[30]，而广其溷杂之心。是故可以抚众，难与厉俗[31]。周洽溷杂，何风俗之能厉。狷介之人[32]，砭清激浊[33]，不戒其道之隘狭，而以普为秽，益其拘。以弘普为秽杂，而益其拘局之心。是故可与守节，难以变通[34]。道狭津隘，何通途之能涉。休动之人，志慕超越，不戒其意之大猥[35]，而以静为滞，果其锐。以沉静为滞屈，而增果锐之心。是故可以进趋，难与持后[36]。志在超越，何谦后之能持。沉静之人，道思回复[37]，不戒其静之迟后，而以动为疏，美其懦。以躁动为粗疏，而美其懦弱之心。是故可与深虑，难与捷速。思虑回复，何机速之能及。朴露之人，中疑实碻[38]，不戒其实之野直[39]，而以谲为诞，露其诚。以权谲为浮诞[40]，而露其诚信之心。是故可与立信，难与消息[41]。实碻野直，何轻重之能量。韬谲之人，原度取容[42]，不戒其术之离正，而以尽为愚，贵其虚。以款尽为愚直[43]，而贵其浮虚之心。是故可与赞善，难与矫违。韬谲离正，何违邪之能矫。

【注释】

〔1〕狠刚：固执、不听话。

〔2〕戒：除。搪突，同"唐突"，横冲直撞。

〔3〕挠：屈服，挠弱。

〔4〕厉：发扬，增益。

〔5〕立法：设立法制。

〔6〕刚戾：刚愎、凶猛。

〔7〕机微：琐细、微小，又作"几微"。

〔8〕缓心：用心迟缓。宽断：优柔寡断。

〔9〕摄：实行，成功。

〔10〕剡：伤害。

〔11〕循常：遵守常道。

〔12〕权疑：谋划处理疑事。

〔13〕毁跌：毁坏、跌伤。

〔14〕恇：恇怯，懦弱。

〔15〕居约：过苦日子。居，处；约，穷困。

〔16〕懦：软弱、怯懦。

〔17〕狎：轻侮。

〔18〕勇戆：勇猛而愚蠢。

〔19〕保全：保护使不受损失。

〔20〕凌楷：凌厉，正直。

〔21〕劲特：刚毅，卓异。

〔22〕固获：精诚专一，这里是固执己见的意思。

〔23〕持正：谓主持公正，不偏不倚。

〔24〕赡给：丰富。

〔25〕泛滥：水漫溢横流，这里指巧言善辩，滔滔不绝。

〔26〕流宕：放荡。

〔27〕质约：盟约。

〔28〕周洽：周到和谐。

〔29〕狷：拘谨。《论语·子路》："不得中行而与之，必也狂狷乎？狂者进取，狷者有所不为也。"

〔30〕拘介：廉正自守。狷戾：拘谨自守，违背常理。

〔31〕厉俗：拯救世情，移风易俗。

〔32〕狷介：拘谨自守。

〔33〕砭清激浊：犹言恶善并斥，是非不分。

〔34〕变通：不拘恒常，随宜变更。《易·系辞上》："是故法象莫大乎天地，变通莫大乎四时。"

〔35〕大猥：疏阔而杂滥。

〔36〕持后：保持谦退，不与人争先。《列子·说符》："子列子学于壶丘子林。壶丘子林曰：子知持后，则可言持身矣。列子曰：愿闻持后。曰：顾若影则知之。列子顾而观影：形枉则影曲，形直则影正。然则枉直随形而不在影，屈申任物而不在我，此之谓持后而处先。"

〔37〕回复：纡曲、反复。

〔38〕"疑"字在句中意思不贴，疑是"款"字形讹。款：真诚的意思。实：实体，这里指心体。《集韵》："碏，石名。"实碏：犹言心中不开窍。

〔39〕野直：粗鲁、直率。

〔40〕权谲：随机应变。

〔41〕消息：本意指一消一长，互为更替，这里指权衡轻重，斟酌

是非。

〔42〕原度：推原，揣测。

〔43〕款尽：真诚、尽意。

【译文】

所以刚强果断的人，坚定固执，缺乏温和，不知道改正他的横冲直撞，反而以为柔顺是软弱，进一步张扬他的刚愎。这样的人，可以让他制定法律条款，难以让他深入研究细微的事物。温柔顺从的人，用心迟缓，优柔寡断，不懂得改正他遇事不果断的缺点，反而以为鲠直容易伤人害己，进一步保持他的忍让。这样的人，可以让他遵守常道，难以和他谋划处理疑事。英武骄悍的人，豪气振奋，勇敢果断，不知道改正他勇敢之中的莽撞，反而以为柔顺是一种懦弱，竭力发扬他的任性粗莽。这样的人，可以和他共同面对突发的祸难，难以长久过苦日子。谨慎怕事的人，畏事多忌，不知道改正他的懦弱，反而以为勇敢是轻率，进一步增加他的多疑。这样的人，可以保命全身，难以让他树立节操。凌厉正直的人，立意刚愎固执，不知道改正自己的固执己见，反而以为能言善辩是虚伪，进一步加强他的主观专断。这样的人，可以让他坚持正义，难以让他随俗附众。巧言善辩的人，释惑解疑，言辞丰富，不知道改正他滔滔不绝的花言巧语，反而以为正直是一种束缚，进一步放纵他的恣肆不羁。这样的人，可以和他泛泛谈叙，难以和他订立盟约。胸怀博大，周到和谐的人，泛爱众生，造福他人，但不知道他交往的人中有好有坏，反而以为拘谨的人自我拘束、违背情理，进一步增广他的是非不分。这样的人，可以让他安抚大众，难以让他拯救时俗。拘谨自守的人，往往善恶混淆，是非不分。不知道自己的为人之道过于狭窄困窘，而以为心胸弘大融洽是秽杂，进一步加剧他的拘谨。这样的人，可以让他保持节操，难以让他随宜变更。举止潇洒好动进取的人，志向远大，不知道改正他思想的疏阔杂滥，反而以为沉静就是停滞屈从，进一步增强他的果断锐气。这样的人，可以让他做开拓性的工作，难以让他默默无闻，保持谦退。性格深沉闲静的人，思想纡曲反复，不知道改正他过分沉静带来的迟缓后退，反而以为好动是粗疏，更加赞赏自己的懦弱。这样的人，可以和他一同深入思考问题，难以让他迅速作出判断。质朴显露的人，忠诚老实而内心不开窍，不知道改变他的粗鲁直率，反而以为有心机是怪诞，进一步表现他的诚实外露。这样的人，待人接物讲究信誉，但难以和他权衡轻重，斟酌是非。机诈而富有计谋的人，揣度他人，阿意曲从，苟且取容，不知道他的方法已背离正道，反而以为尽其诚心是愚昧，更加看重他的虚伪狡诈。这样的人，可以让他赞助良善，难以让他纠正邪恶。

【原文】

夫学所以成材也，强毅静其抗[1]，柔顺厉其懦[2]。恕所以推情也[3]。推己之情，通物之性。偏材之性，不可移转矣。固守性分[4]，闻义不徙。虽教之以学，材成而随之以失。刚毅之性已成，激讦之心弥笃[5]。虽训之以恕，推情各从其心。意之所非，不肯是之于人。信者逆信[6]，推己之信，谓人皆信，而诈者得容为伪也。诈者逆诈，推己之诈，谓人皆诈，则信者或受其疑也。故学不入道，恕不周物[7]。偏材之人，各是己能，何道之能入？何物能周也？此偏材之益失也。材不能兼，教之愈失，是以宰物者用人之仁去其贪[8]，用人之智去其诈。然后群材毕御，而道周万物也矣。

【注释】

〔1〕静：通“靖”，止息，平定。强毅之人，狠刚不和，抗直唐突，纠正抑制其抗直的一面，谓之“静其抗”。

〔2〕厉：激励。柔顺之人，缓心宽断，优柔懦弱，克服其懦弱，使之刚厉一些，谓之“厉其懦”。

〔3〕恕：《贾子·道术》：“以己量人谓之恕。”《论语·卫灵公》：“子贡问曰：‘有一言而可以终身行之者乎？’子曰：‘其恕乎，己所不欲，勿施于人。’”推情：推知他人的内心感情。

〔4〕性分：天性。《论语·述而》："德之不修，学之不讲，闻义不能徙，不善不能改，是吾忧也。"

〔5〕弥笃：更加牢固。

〔6〕逆信：以诚信揣猜他人。逆：揣度，预料。

〔7〕恕：《说文》训"恕"为"仁"，盖因"恕"可求仁，故恕即为仁。仁者爱人，爱人必先知人，知人即"周物"也。周物：调和物情，即前文所说的"通物"。

〔8〕宰物：主宰事物，引申为从政治民。《礼记·礼运》："故用人之知去其诈，用人之勇去其怒，用人之仁去其贪。"

【译文】

学习是用来培养材能的，忠恕是为了以自己的真诚衡量别人的。但是偏材之人的本性，不可改变。即使通过学习进行教育，培养的材能很容易失去；通过忠恕进行教育，往往用自己的偏材之心衡量别人。这样，诚实的人以自己的诚实揣测别人，很可能把狡诈的人误以为诚信者；而狡诈的人以自己的狡诈衡量别人，很可能把诚实的人误以为狡诈者。所以，如果学习而不能掌握事物的规律，仁恕而不能调和人性，那么偏材之人就越加容易犯错误。

【评析】

本篇以中庸之德为准则，分析了十二种"偏材之人"性情的特征及其得和失。按照刘邵的说法，"中庸"作为一种品德，人们是无法用语言给它准确命名的。因为它的各项品质要素全面而均衡，表现为无特色的中性，好像平淡无味却五味俱全，绚丽无比却没有颜色。既威严又慈悲，既善辩又口讷，变化无穷，以通达为节。中庸之德只有圣人才能具备，一般的人或者"过之"，或者"不逮"，因而只能是偏材。偏材之人，因为"拘抗违中，故善有所章，而理有所失"，就是说，拘谨和抗直都违背了中和之道，虽然优点容易表现出来，但却失去了至和之理。因而，关于性情的理论主要针对偏材之人。刘邵偏材性情的理论是其人材思想最辉煌的部分。我们把他的分类列为表格：

阴阳类别	性情类别	优点	缺点	偏材类别	性情特征	自身缺点	使用得失
阳	厉直刚毅	材在矫正	失在激讦	强毅之人	狠刚不和	不戒其强之搏突，而以顺为挠，厉其抗。	可以立法，难与入微。
阴	柔顺安恕	每在宽容	失在少决	柔顺之人	缓心宽断	不戒其事之不摄，而以抗为刿，安其舒。	可与循常，难与权疑。
阳	雄悍杰健	任在胆烈	失在不忌	雄悍之人	气奋勇决	不戒其勇之毁跌，而以顺为恇，竭其势。	可与涉难，难与居约。
阴	精良畏慎	善在恭谨	失在多疑	惧慎之人	畏患多忌	不戒其懦于为义，而以勇为狎，增其疑。	可与保全，难与立节。
阳	强楷坚劲	用在桢干	失在专固	凌楷之人	秉意劲特	不戒其情之固狭，而以辨为伪，强其专。	可与持正，难与附众。
阴	论辨理绎	能在释结	失在流宕	辨博之人	论理赡给	不戒其辞之泛滥，而以楷为系，遂其流。	可与泛序，难与立约。
阳	普博周洽	弘在覆裕	失在溷浊	弘普之人	意爱周洽	不戒其交之溷杂，而以介为狷，广其浊。	可与抚众，难与厉俗。
阴	清介廉洁	节在俭固	失在拘局	狷介之人	砭清激浊	不戒其道之隘狭，而以普为秽，益其拘。	可与守节，难以变通。
阳	休动磊落	业在攀跻	失在疏越	休动之人	志慕超越	不戒其意之大猥，而以静为滞，果其锐。	可以进趋，难与持后。
阴	沉静机密	精在玄微	失在迟缓	沉静之人	道思回复	不戒其静之迟后，而以动为疏，美其懦。	可与深虑，难与捷速。
阳	朴露径尽	质在中诚	失在不微	朴露之人	中款实硌	不戒其实之野直，而以谲为诞，露其诚。	可与立信，难与消息。
阴	多智韬情	权在谲略	失在依违	韬谲之人	原度取容	不戒其术之离正，而以尽为愚，贵其虚。	可与赞善，难与矫违。

应当指出，《九征》中，刘邵把"五行"、"五体"、"五

德"、"五性"等对应起来,在此基础上,提出"九征"学说,通过外部特征展示性情的九个方面。再进一步把人的性情分为十二种类。它们之间虽然有一定的联系,但却相对各自独立、不是一个有机的整体。刘邵所谓"性情",包括了现代心理学上德性和性格两个方面。

流 业 第 三

三材为源[1]，习者为流，流渐失源，其业各异。

【题解】

流：派别，类别。业：职业，官职。人们的材性由于习惯流变而形成不同的类别，与此相应，他们适合做的官职也不同。本篇以德、法、术"三材"为衡量的标准，把人材分为皇帝之材和大臣之材。大臣之材又分为十二类。本篇的主旨就是讨论十二种人材的特点以及可以胜任的十二种官职。

【原文】

盖人流之业，十有二焉。性既不同，染习又异，枝流条别，各有志业。有清节家[2]，行为物范。有法家[3]，立宪垂制。有术家[4]，智虑无方[5]。有国体[6]，三材纯备。有器能[7]，三材而微。有臧否[8]，分别是非。有伎俩，错意工巧[9]。有智意，能炼众疑[10]。有文章，属辞比事[11]。有儒学，道艺深明[12]。有口辨[13]，应对给捷[14]。有雄杰。胆略过人。

【注释】

〔1〕三材：德（道德）、法（法律）、术（手段）。
〔2〕清节：高洁的节操。
〔3〕法家：立法修宪之家。

〔4〕术家：道术才智之家。

〔5〕无方：变化多端，没有固定的法度，即下文"思通道化，策谋奇妙"。方，常。

〔6〕国体：国家栋梁之材。

〔7〕器能：材能。

〔8〕臧否：品评，褒贬。

〔9〕错意：着意，注意。工巧：精致，巧妙。

〔10〕炼：明。《篇海类编》："炼，明也。"

〔11〕属辞比事：连缀辞语，排比事例，指写文章。

〔12〕道艺：学问与技能。

〔13〕口辩：能言善辩。也作"口辨"。

〔14〕给捷：言语敏捷。

【译文】

　　根据人之材质的发展流变，可以把人材分为十二类：有清节家，有法家，有术家，有国体，有器能，有臧否，有伎俩，有智意，有文章，有儒学，有口辩，有雄杰。

【原文】

　　若夫德行高妙，容止可法〔1〕，是谓清节之家，延陵、晏婴是也〔2〕。建法立制，强国富人，是谓法家，管仲、商鞅是也〔3〕。思通道化〔4〕，策谋奇妙，是谓术家，范蠡、张良是也〔5〕。

　　兼有三材，三材皆备，德与法、术，皆纯备也。其德足以厉风俗，其法足以正天下，其术足以谋庙胜〔6〕，是谓国体，伊尹、吕望是也〔7〕。兼有三材，三材皆微，不纯备也。其德足以率一国，其法足以正乡邑，其术足以权事宜，是谓器能，子产、西门豹是也〔8〕。

　　兼有三材之别，各有一流。三材为源，则习者为流也。

清节之流，不能弘恕，以清为理，何能宽恕。好尚讥诃[9]，分别是非，己不宽恕，则是非生。是谓臧否，子夏之徒是也[10]。法家之流，不能创思远图，法制于近，思不及远。而能受一官之任，错意施巧，务在功成，故巧意生。是谓伎俩，张敞、赵广汉是也[11]。术家之流，不能创制垂则，以术求功，故不垂则。而能遭变用权，权智有余，公正不足，长于权者，必短于正。是谓智意，陈平、韩安国是也[12]。

凡此八业，皆以三材为本。非德无以正法，非法无以兴术。是以八业之建，常以三材为本。故虽波流分别，皆为轻事之材也[13]。耳目殊管，其用同功。群材虽异，成务一致[14]。

能属文著述，是谓文章，司马迁、班固是也。能传圣人之业，而不能干事施政[15]，是谓儒学，毛公、贯公是也[16]。辩不入道[17]，而应对资给[18]，是谓口辩，乐毅、曹丘生是也[19]。胆力绝众，材略过人，是谓骁雄[20]，白起、韩信是也[21]。凡此十二材，皆人臣之任也。各抗其材，不能兼备，保守一官，故为人臣之任也。主德不预焉。

【注释】

〔1〕容止：形容举止。

〔2〕延陵：春秋时吴王寿梦少子季札，封于延陵，称延陵季子。季札辞君位不受，鲁襄公二十九年（前544），历聘鲁、齐、郑、卫、晋诸国，以闻见广博，预言准确著称。晏婴（？—前500）：春秋时齐国大夫，字平仲，夷维（今山东高密）人。其父晏弱死后，继任齐卿，历任灵公、庄公、景公三世，以节俭力行重于齐。孔子愿以兄事之，墨子也屡次称道，司马迁愿为之执鞭。

〔3〕管仲（？—前645）：名夷吾，春秋时齐颖（颍水之滨）人，由鲍叔牙推荐，被齐桓公任命为卿相。他大胆进行政治吏制诸方面的改革，齐国迅速强大，九合诸侯，一匡天下，使齐桓公成为春秋第一个霸主。孔子说："微管仲，吾其被发左衽矣。"商鞅（约前390—前338）：战国时卫国人，公孙氏，名鞅，亦称卫鞅。后入秦，说孝公变法，奠定了秦国富强的基础，孝公死后遇害。

〔4〕思通道化：指思想能通晓事物深奥的变化规律。

〔5〕范蠡：春秋时楚国人，字少伯，到越国助勾践刻苦图强，灭亡吴国。功成身退，变姓名，至齐国，称鸱夷子皮。在陶（山东定陶）经商致富，天下称陶朱公。张良（？—前186）：字子房，汉初城父（今河南郏县东）人，汉高祖刘邦的主要谋士。楚汉战争期间，多次为汉出奇计，汉建国后，安定朝政，平息叛乱，功勋卓著，封留侯。刘邦自己说："夫运筹策帷帐之中，决胜于千里之外，吾不如子房。"

〔6〕庙胜：指临战前朝廷制定克敌制胜的谋略。

〔7〕伊尹：商汤臣，名阿衡。佐汤伐夏桀，平定海内，践天子位。汤死后，先后辅佐四位君主。吕望：姜姓，吕氏，名尚。相传钓于渭滨，周文王出猎相遇，与语大悦，同载而归，说："吾太公望子久矣！"因号为太公望，立为师。武王即位，尊为师尚父。辅佐武王灭殷。周朝建立，封于齐，为齐国始祖。

〔8〕子产（？—前522）：春秋时郑国人，姓公孙，名侨，字子产。自郑简公十二年（前554）执国政，历定、献、声公三朝。时晋楚争霸，郑国弱小，处于两国之间，子产周旋其中，卑抗得宜，郑国多年平安无事。西门豹：战国魏文侯时邺（今河北临漳西南）令，革除恶俗，兴修水利，使民富足。

〔9〕讥诃：责问，非难。

〔10〕子夏：即卜商，孔子门人中"文学"派的代表人物。孔子去世后，子夏讲学西河，为魏文侯师，田子方、段干木、吴起、禽滑厘都是子夏的学生。

〔11〕张敞：字子高，西汉河东平阳（今山西临汾西南）人。汉宣帝时为太中大夫、京兆尹、冀州刺史等，敢直言，严赏罚，所至皆有政绩。赵广汉（？—前65）：字子都，西汉涿郡蠡吾（今河北博野县）人，宣帝时任颍川太守、京兆尹，治事廉明，执法不避权贵，名闻当时。

〔12〕陈平（？—前178）：汉初阳武（今河南原阳东南）人。初从项羽，后归刘邦，多次为刘邦出奇计。吕后死，与周勃合力，尽诛诸吕，迎立文帝，终安汉朝。韩安国（？—前127）：字长孺，西汉梁成安（今河

南临汝)人，初为梁孝王中大夫，吴楚七国之乱时，击退吴兵，由此著名。

〔13〕轻事：疑为"经事"之误。经事，治事。

〔14〕成务：成就事业。

〔15〕干事：圆满地办好事情。

〔16〕毛公：有大毛公、小毛公二人。大毛公为战国时鲁人。小毛公为西汉赵人，研究《诗经》，为河间献王博士。贯公：名不详，史载贾谊为《左氏春秋》训诂，授赵人贯公。贯公为河间献王博士，子长卿为荡阴令。

〔17〕入道：合乎大道。

〔18〕资给：言辞丰富，表达敏捷。

〔19〕乐毅：战国时燕将，燕昭王时任亚卿，联合赵、楚、韩、魏，总领五国兵伐齐，攻占七十馀城。燕惠王即位，齐行反间计，乐毅出奔赵，死在赵国。曹丘生：秦末楚人，著名辩士。

〔20〕骁雄：勇猛杰出的人。刘邵认为具备力气、胆量、智慧三要素才可称为"雄"。

〔21〕白起(？—前257)：战国时秦将，秦昭王时为上将，战胜攻取，凡七十馀城市，封武安君。长平之战，坑杀赵降卒四十万。后为相国范雎所妒忌，被迫自杀。

【译文】

至于道德品行高深微妙，形貌举止合乎准则，是人们效法的楷模。这样的人就是清节之家，季札、晏婴属于这一类。修订法律，建立制度，使国家强大，人民富裕，这样的人就是法家，管仲、商鞅属于这一类。思想玄奥，超凡入道，而又智慧多端，策谋奇妙，这样的人就是术家，范蠡、张良属于这一类。

同时具有德、法、术三种材能，并且对德法术有纯备的修养，他们的德行完全可以拯救风俗，他们的法令完全可以矫正天下，他们的谋术完全可以在朝廷处于非常时期克敌制胜、化险为夷，这样的人就是国体，伊尹、吕望属于这一类。同时具有德、法、术三材，但对德法术的修养都不完备，他们的德行可以作为一个诸侯国的表率，他们的法令可以矫正某一乡邑，他们的谋术可以权衡处理一些特殊的事变，这样的人就是器能，子产、西门豹属于这一类。

德、法、术三材在发展变化中形成不同的流派，其中不同的流派，会形成不同材质的人。清节之家的流派，不能够宽恕，喜欢责难质诘，吹毛求疵，分别琐细的是非。这样的人就是臧否，子夏及其学生们属于这一类。法家的流派，不能有独创的思想和宏大的目标，而能够胜任一官半职，在细小的事务上运思精巧。这样的人就叫伎俩，张敞、赵广汉属于这一类。术家的流派，不能够创造法律，制定规则，而能够权衡变故，随机应变。应付事变的智慧有余，而公平正直不足。这样的人就叫智意，陈平、韩安国属于这一类。

以上八类人，都是以德法术三材为根本的。所以，虽然由于发展变化而分别成不同的流派，但都是成就事业的人材。

能写文章阐明大道，编述史料，这样的人就是文章家，司马迁、班固属于这一类。能够宣传圣人的事业，但却不能够完满地从事政治，这样的人就是儒家，毛公、贯公属于这一类。善于辩论，应对敏捷，却不合正道，这样的人就叫口辩，乐毅、曹丘生属于这一类。胆识力量超过众人，材能谋略胜过他人，这样的人就叫骁雄，白起、韩信属于这一类。以上十二类材能，都是作为人臣所应当具备的，君主的德行材能不在其内。

【原文】

主德者，聪明平淡，总达众材[1]，而不以事自任者也。目不求视，耳不参听，各司其官，则众材达。众材既达，则人主垂拱[2]，无为而理。是故主道立，则十二材各得其任也。上无为，则下当任也。

清节之德，师氏之任也[3]。掌以道德，教道胄子[4]。法家之材，司寇之任也[5]。掌以刑法，禁制奸暴。术家之材，三孤之任也[6]。掌以庙谟[7]，佐公论政。三材纯备，三公之任也[8]。位于三槐[9]，坐而论道[10]，三材而微，冢宰之任也[11]。天官之卿，总御百官。臧否之材，师氏之佐也。分别是非，以佐师氏。智意之材，冢宰之佐也。师事制宜[12]，以佐天官。伎俩之材，司空之任也[13]。错意施巧，故掌冬官。儒学之材，安民之任也[14]。掌以德毅[15]，保安其人。文章之材，国史之任也。宪章纪述[16]，垂之后代。辩给之材，行人之任也[17]。掌以应答，送迎道路。骁雄之材，将帅之任也。掌辖师旅，讨平不顺。

是谓主道得而臣道序，官不易方而太平用成[18]。太平之所以成，由官人之不易方。若使足操物，手求行，四体何由宁？理道何由平？若道不平淡，与一材同用好，譬大匠善规[19]，惟规之用。则一材处权，而众材失任矣。惟规之用，则矩不得立其方，绳不得经其直。虽目运规，矩无由成矣。

【注释】

〔1〕总达：统领，知晓。

〔2〕垂拱：垂衣拱手，轻松自如的意思。

〔3〕师氏：据《周礼·地官》记载，为教国子之官，以至德、敏德、孝德等教育贵族子弟。

〔4〕胄子：古代帝王与贵族的长子。

〔5〕司寇：官名，掌管刑狱、纠察之事。

〔6〕三孤：官名。《古文尚书·周官》："少师、少傅、少保曰三孤。"三孤是三公的副手。

〔7〕庙谟：同"庙谋"，朝廷对国事的计谋。

〔8〕三公：周朝以太师、太傅、太保为三公，西汉以大司马、大司徒、大司空为三公，东汉以太尉、司徒、司空为三公，三公是天子之相。

〔9〕三槐：据《周礼》记载，周代群臣拜见天子，三公面向三株槐树而立。后以三槐喻三公一类的官。

〔10〕论道：谋虑治国政令。

〔11〕冢宰：辅佐天子之官，后成为宰相之称。

〔12〕师事，日本学者冈村繁以为是"即事"之误。

〔13〕司空：西周设置的掌管工程制作的官，后世用作工部尚书的别称。

〔14〕安民，当为"保氏"之误。保氏也是官名，进谏君王，并以六艺教导贵族子弟。

〔15〕德毅，当是"德艺"的误写。德艺，指德行六艺。

〔16〕宪章：效法。

〔17〕行人：官名，掌管朝觐聘问。

〔18〕易方：变更常规。方，常。

〔19〕大匠：技术高超的木工。

【译文】

君主的德行，应当是明察事理，平静淡泊，团结统领各种材质的人，并根据各自的材质授予恰当的官职，而不应当是自己承担具体的事务。所以，国君能够确立量能授官的大道，那么，以上十二种材质的人就会各自得到他们合适的职务。

德行高妙，言行可法的清节之家，是担任师氏官职的最好人材。建法立制的法家之材，是担任司寇的合适人选。策谋奇妙的术家之材，应当担任三孤的职务。德法术都具备的国体之材，是担任三公的人选。三材皆微的器能之材，应当担任冢宰的官职。擅长分辨是非的臧否之材，是师氏官职的最好助手。随事应变的智意之材，是冢宰官职的好助手。错意施巧的伎俩之材，最好担任司空的职务。德艺深明的儒学之材，应当担任保氏的职务。作文纪述的文章家，是担任国史的好人选。对答如流的口辩之材，应当担任行人之职。胆略过人的雄杰之材，是担任将帅的人选。

这样一来，可以说是君主得到了知人官人之道，臣下也就量材任职，并然有序。官员得到合适的职务，各守其业，不要变更常规，那么，天下就会形成太平盛世。如果君主的德行不平淡，他所爱好的只是一种材质，他所重用的也只是一类人材。那么这一类人材处于当权的地位，则其他人材就失去了应得的官职。

【评析】

这一篇主要以德、法、术"三材"为衡量的标准，把人材分为皇帝之材和大臣之材两类。皇帝之材的特点是包含了众材而表现为无具体才干，却能役使众材。"主德者，聪明平淡，总达众材，而不以事自任者也。……是故主道立，则十二材各得其任也。"如果皇帝表现出具体材能，就不能役使大臣，导致政治活动紊乱。大臣之材是刘邵论述的重点，他把大臣之材分为十二类进行分析。兹列表如下：

十二材	与三材的关系	人材特点	宜任官职	代表人物	备　注	
清节家	德	德行高妙，容止可法。	师氏之任(掌以道德，教导胄子)	延陵、晏婴	总称三材	
法　家	法	建法立制，强国富人。	司寇之任(掌以刑法，禁制奸暴)	管仲、商鞅		
术　家	术	思通道化，策谋奇妙。	三孤之任(掌以高谟，佐公论道)	范蠡、张良		
国　体	三材皆备	其德足以厉风俗，其法足以正天下，其术足以谋庙胜。	三公之任(位于三槐，坐而论道)	伊尹、吕望	均为兼材	皆以三材为本，皆为经事之材，总称八材。
器　能	三材皆微	其德足以率一国，其法足以正乡邑，其术足以权事宜。	冢宰之任(天官之卿，总御百官)	子产、西门豹		
臧　否	清节之流	不能弘恕，好尚讥诃，分别是非。	师氏之佐(分别是非，以佐师氏)	子夏之徒	三材之流	
伎　俩	法家之流	不能创思远图，而能受一官之任，错意施巧。	司空之任(错意施巧，故掌冬官)	张敞、赵广汉		
智　意	术家之流	不能创制垂则，而能遭变用权，权智有余，公正不足。	冢宰之佐(师事制宜，以佐天官)	陈平、韩安国		

（续表）

十二材	与三材的关系	人材特点	宜任官职	代表人物	备　注
文　章		能属文著述	国史之任（宪章纪述，垂之后代）	司马迁、班固	
儒　学		能传圣人之业，而不能干事施政。	保氏之任（掌以德毅，保安其人）	毛公、贯公	
口　辩		辩不入道，而应对资给。	行人之任（掌以应答，送迎道路）	乐毅、曹丘生	
雄　杰		胆力绝众，材略过人。	将帅之任（掌辖师旅，讨平不顺）	白起、韩信	

材 理 第 四

材既殊途，理亦异趣，故讲群材[1]，至理乃定[2]。

【题解】

　　材理，指人材理论。本篇没有正面讨论人材理论本身，而是讨论如何运用正确的辩论方法去认识不同的人材。所以，这一篇主要介绍了不同体质、不同性情的人材在辩论求理过程中的差异。刘邵将这一以辩论方法为内容的篇章题名为"材理"，深刻说明了魏晋清谈产生与人材价值标准讨论的内在联系。因为不同人持有不同的价值标准，所以只能通过讨论去寻找共同的人材价值标准。

【原文】

　　夫建事立义，莫不须理而定。言前定则不惑，事前定则不踬[3]。及其论难[4]，鲜能定之。夫何故哉？盖理多品而人材异也。事有万端，人情舛驳[5]！谁能定之！夫理多品则难通，人材异则情诡。情诡难通，则理失而事违也。情诡理多，何由而得！

　　夫理有四部，道义事情，各有部也。明有四家，明通四部，各有其家。情有九偏，以情犯明，得失有九。流有七似，似是而非，其流有七。说有三失，辞胜理滞，所失者三。难有六构，强良竞气[6]，忿构有六。通有八能。聪思明达，能通者八。

【注释】

　　〔1〕讲：谋划，研究。

　　〔2〕至理：最根本的道理。

　　〔3〕踬：跌倒，失败。

　　〔4〕论难：辩论诘难。

　　〔5〕舛驳：抵触，乖违。

　　〔6〕强良：同"强梁"，强悍果决。竞气：争气，赌气。

【译文】

　　成就伟大的事业，建立正确的理论，必要依赖某种原理才能确定。但是等到辩论诘难的时候，则很少有一种原理能使大家信服。这是什么原因呢？事物形成的原理是多种多样的，人的材质又有很大差异。事理的多种多样决定了它们有时难以沟通，人的材质的差异又决定了他们性情的互相抵触。性情乖异，事理难通，就导致了原理的失真和认识事物的错误。

　　总的说来，有四项基本原理；辨明这四项原理，就形成了四个流派；由于性情的不同，人们在认识事物的真相时会出现九种偏差；同时也会在听别人讲道理时形成似是而非的七种情况；讨论问题会造成三种过失；强悍争气，会构成六种灾难；应对事物的各种变化，须具备八种能力。

【原文】

　　若夫天地气化〔1〕，盈虚损益，道之理也。以道化人，与时消息〔2〕。法制正事，事之理也。以法理人，务在宪制。礼教宜适，义之理也。以理教之〔3〕，进止得宜。人情枢机〔4〕，情之理也。观物之情，在于言语。

【注释】

　　〔1〕气化：阴阳二气的变化。

　　〔2〕消息：一消一长，互为更替。

　　〔3〕理，疑"礼"之音误字。之，《四库全书》本作"人"。按：

作"人"是，前文"以道化人"、"以法理人"皆作"人"。

〔4〕枢机：枢为户枢，机为门闸，枢主开，机主关，故枢机并言，喻事物的关键。这里指人的言行表情。

【译文】

至于天地之间阴阳二气的变化，盈满将会缺损，虚弱将会增强，这是大自然万物运动的总原理。法律制度，是用来纠正邪恶，防止欺诈的，这是人们治理国家处理事务的道理。按照礼仪的原则，教育人民取舍进止，言行合乎规范，这是道义施行的道理。人们观察万事万物，常常触景生情，不由得把这种情感用言语、行为、表情表达出来，这是情感抒发的道理。

【原文】

四理不同，其于才也，须明而章，明待质而行。是故质于理合，合而有明，明足见理，理足成家。道、义与事、情各有家。是故质性平淡，思心玄微，容不躁扰[1]，其心详密。能通自然[2]，道理之家也。以道为理，故能通自然也。质性警彻[3]，权略机捷[4]，容不迟钝，则其心机速。能理烦速，事理之家也。以事为理，故审于理烦也。质性和平，能论礼教，容不失适[5]，则礼教得中。辩其得失，义礼之家也[6]。以义为礼[7]，故明于得失也。质性机解[8]，推情原意，容不妄动，则原物得意。能适其变，情理之家也。以情为理，故能极物之变。

【注释】

〔1〕躁扰：急躁不安。
〔2〕自然：宇宙运动的规律，没有人为的因素。
〔3〕警彻：敏捷通达。
〔4〕权略：权谋，谋略。机：速疾。

〔5〕适：和怡，顺适。

〔6〕乂礼之家，当作"义理之家"，上下文"道理之家"、"事理之家"、"情理之家"可证。

〔7〕以义为礼，当作"以义为理"，上下文"以道为理"、"以事为理"、"以情为理"可证。

〔8〕机解：机警妙悟。

【译文】

这四种道理是不同的，对于人材研究者来说，必须明白它们的显著差别。明白事理有待于人的主观能动性才能做到。所以说主观能动性一旦与客观事理相合，就会产生明智。这种明智又反过来进一步深入认识事理。由于认识事理的不同便形成不同的流派。质性平静淡泊，思维玄奥微妙，能够认识自然运动的规律，就是道理之家(哲学家)。质性聪慧敏捷，权变的谋略迅速而机警，能果断处理烦冗杂乱的事情，就是事理之家(政治家)。质性温和平顺，能够论说礼义教化，明辨言行得失，就是义理之家(伦理学家)。质性机警妙悟，能够根据事情的发展变化推究人情，就是情理之家(心理学家)。

【原文】

四家之明既异，而有九偏之情。以性犯明[1]，各有得失。明出于真，情动于性，情胜明则蔽，故虽得而必丧也。

刚略之人[2]，不能理微。用意麄粗[3]，意不玄微。故其论大体[4]，则弘博而高远；性刚则志远。历纤理，则宕往而疏越[5]。志远故疏越。

抗厉之人[6]，不能回挠[7]。用意猛奋，志不旋屈。论法直，则括处而公正[8]；性厉则理毅[9]。说变通[10]，则否戾而不入[11]。理毅则滞碍。

坚劲之人，好攻其事实[12]。用意端确[13]，言不虚徐[14]。指机理[15]，则颖灼而彻尽[16]；性确则言尽。涉大道，则径露而单持[17]。言切则义少。

辩给之人，辞烦而意锐[18]。用意疾急，志不在退挫[19]。推人事，则精识而穷理；性锐则穷理。即大义，则恢愕而不周[20]。理细故遗大。

浮沉之人[21]，不能沉思。用意虚廓[22]，志不渊密[23]。序疏数[24]，则豁达而傲博；性浮则志微[25]。立事要[26]，则熛炎而不定[27]。志傲则理疏。

浅解之人，不能深难。用意浅脱[28]，思不深熟。听辩说，则拟锷而愉悦[29]；性浅则易悦。审精理，则掉转而无根[30]。易悦故无根。

宽恕之人，不能速捷。用意徐缓，思不速疾。论仁义，则弘详而长雅；性恕则理雅。趋时务，则迟缓而不及。徐雅故迟缓。

温柔之人，力不休强[31]。用意温润，志不美悦。味道理，则顺适而和畅；性和则理顺。拟疑难，则濡懦而不尽[32]。理顺故依违[33]。

好奇之人，横逸而求异[34]。用意奇特，志不同物。造权谲[35]，则倜傥而瑰壮[36]；性奇则尚丽。案清道[37]，则诡常而恢迂[38]。奇逸故恢诡。

此所谓性有九偏[39]，各从其心之所可以为理。心之所可以为理，是非相蔽，终无休已。

【注释】
〔1〕性，当作"情"。

〔2〕刚略：果断而粗略朴直。
〔3〕麄粗：粗疏。
〔4〕大体：大的原则。
〔5〕宕往：放荡不羁。疏越：本意是疏通瑟底之孔，使乐声迟缓，引申为疏忽、疏漏。
〔6〕抗厉：高傲、严厉。
〔7〕回挠：屈就退让。
〔8〕括处：根据事实，认定条款。
〔9〕理毅：犹言认死理。
〔10〕变通：变化，通达。
〔11〕否戾：闭塞，乖违。《周易》否卦，坤上乾下，表示田地隔阂、闭塞不通之象。
〔12〕攻：研究。
〔13〕端确：正直坚定。
〔14〕虚徐：舒缓，从容不迫。
〔15〕机理：事物变化的征兆、关键。
〔16〕颖灼：锐利、明察。
〔17〕径露：浅显直露。单持：持意单纯片面。
〔18〕烦：烦杂。
〔19〕"在"字当为衍文。退挫：谦退、屈辱。
〔20〕恢愕：夸大惊人。周：周全，严密。
〔21〕浮沉之人：指追随世俗、随波逐流之人。
〔22〕虚廓：空虚。
〔23〕渊密：深厚、严密。
〔24〕疏数：指事物的远近、亲疏、稀密等。
〔25〕"志微"于意不切，疑"微"为"傲"字之误。此句解释"豁达而傲博"，下注"志傲则理疏"是其证。
〔26〕事要：事物的关键。
〔27〕爁炎：大火燃烧的样子，引申为虚廓浮扬的意思。
〔28〕浅脕，《四库全书》本作"浅近"，意思更明确。
〔29〕拟锷：谓稍经揣量就以为到达边际，引申为浅尝辄止之义。拟，揣度，估量。锷，同"堮"，边际之义。
〔30〕掉转：回转，这里指思想转移。无根：没有根据，没有主见。
〔31〕休强：盛美、强大。
〔32〕濡懦：软弱。濡，古软字。

〔33〕依违：反复，迟疑不决。性和则理顺，理顺故依违：谓性情温和的人容易调理顺适，因而也不能坚持原则，易于违背事理。

〔34〕横逸：纵横奔放。

〔35〕造权谲：犹言设权谲。权谲，机巧诡诈。

〔36〕倜傥：卓越不凡。瑰壮：壮丽。

〔37〕案清道：犹言论清道，考察清道。清道，本指清净无为之道，这里泛指大道。

〔38〕诡常：违背常理。恢迂：浮夸迂曲，不近情理。

〔39〕性有九偏，当作"情有九偏"，上文"情有九偏"、"九偏之情"可证。

【译文】

由于四家通晓道理的方式不同，因而在认识事物时就会发生九种偏差。由于性情的差异影响了人们对于事物真相的认识，所以不同性情的人认识事物各有得失。

性情坚强但粗疏的人，不能深入事物的玄微之处。讨论大的原则，往往弘大广博高远；至于分析具体琐细的事理，则迂阔粗疏，不能把握要点。

性情亢直严厉的人，不能够回心转意，屈从他人。讨论法律的正直，往往严格按照事实根据和法令条文，用意公正；至于陈说事物的运动变化，则浅陋闭塞，违背常理，难以深入。

性情坚劲强毅的人，喜欢研究事物的真实情况。让他指出事物变化的关键环节，往往一针见血，透彻无遗；至于让他概括事物生成之总原理，则持意单纯，浅显简朴。

能言善辩之人，言辞烦杂而思想尖锐。推论人事，往往认识精确，析理透彻；至于陈述大原则，则浮夸怪诞而不合情理。

随波逐流之人，不能深入思考。叙说事物的远近亲疏等关系，往往侃侃而谈，貌似广博；至于论证事物的核心，则空洞虚浮，无的放矢。

见解浅薄的人，不能和他深入论证是非。这种人旁听他人的辩说，往往稍经思考即以为认识了真理而沾沾自喜。至于审察精微的道理，则反复无常，无有根柢。

性情宽缓之人，不能迅速作出判断。讨论仁义道德，往往弘博详尽，冗长而准确。至于让他们从事具体事务，则迟缓而难以做成。

温柔顺适之人，缺乏强盛的气势。体会道理，往往平顺而和畅；至于揣量分析疑难，则因性情软弱、犹豫不决而难以做到。

好奇之人，性情横逸奔放，标新立异。让他出谋划策、描绘蓝图，往往气象壮丽，卓越不凡；至于论说清静无为之道，则浮夸迂曲而违背常理。

人们往往以为自己所认可的就是真理，因而导致了以上所说的情性方面的九种偏差。

【原文】

若乃性不精畅[1]，则流有七似。有漫谈陈说[2]，似有流行者[3]。浮漫流雅[4]，似若可行。有理少多端[5]，似若博意者。辞繁喻博，似若弘广。有回说合意[6]，似若赞解者[7]。外佯称善，内实不知。有处后持长，从众所安，似能听断者。实自无知如不言[8]，观察众谈，赞其所安。有避难不应，似若有余，而实不知者。实不能知，忘佯不应[9]，似有所知而不答者。有慕通口解[10]，似悦而不怿者。闻言即说[11]，有似于解者，心中漫漫不能悟[12]。有因胜情失[13]，穷而称妙，辞已穷矣，自以为妙而未尽。跌则掎蹠[14]，理已跌矣，而强牵据。实求两解，似理不可屈者。辞穷理屈，心乐两解，而言犹不止，听者谓之未屈。凡此七似，众人之所惑也。非明镜焉能鉴之。

【注释】

〔1〕精畅：精纯畅达。内心真诚谓之精，通于四肢即为畅。性不精畅，指不能具备仁、义、礼、智、信"五性"的纯粹之德。

〔2〕漫谈：虚浮的言谈。

〔3〕流行：传布、实行。

〔4〕浮漫流雅：夸夸其谈，好像传布正确理论。

〔5〕理少多端：言多理少。多端，谓头绪多端，犹言说头多。

〔6〕回说：邪说。回说合意，指用歪理邪说以迎合对方的心意。

〔7〕赞解：理解。

〔8〕如：而。

〔9〕忘佯：联绵字，亦作"妄佯"、"望洋"、"望阳"等，仰视的样子。

〔10〕慕通口解：心能通悟，口可解说。

〔11〕说：同"悦"。

〔12〕漫漫：昏聩糊涂。

〔13〕因胜情失，《长短经》引作"因胜情错失"。按：有"错"字是。胜情：犹言尽情，充分表达情意。

〔14〕跌：差错。猗摭，当作"猗摭"，指责的意思。跌则猗摭，是说明知自己错了，还要挑剔指责他人。

【译文】

如果性情不具备仁义礼智信的精纯畅达，便在论辩时表现有似是而非的七种情况。第一种是夸夸其谈，好像传播正确的理论。第二种是言多理少，好像有很广博的理论内涵。第三种是用歪理邪说曲意迎合，佯装完全理解了对方的意思。第四种是讨论问题时一声不吭，听他人谈论，直到最后才称赞大家所认可的意见，好像能兼听明断。第五种是避开难题不回答，假装胸有成竹，其实却是根本不懂得如何回答。第六种是表面上反应敏捷，心领神会，口能解说，表现出一种理解的愉快，而其实却糊里糊涂一无所知。第七种是随心所欲地表达思想，导致了理论上的错误；已经理屈词穷，还自以为妙而未尽，勉强寻找根据，其实是想求得两种解释，以示在理论上并没有差错。以上这七种似是而非的情况，往往使一般人迷惑上当。

【原文】

夫辩有理胜，理至不可动。有辞胜。辞巧不可屈。理胜者，正白黑以广论，释微妙而通之。说事分明，有如粉黛，朗然区别，辞不溃杂〔1〕。辞胜者，破正理以求异，求异则正失矣。以白马非马，一朝而服千人。及其至关禁锢，直而后过也〔2〕。

夫九偏之材，有同，有反，有杂。同则相解，譬水流于水。反则相非，犹火灭于水。杂则相恢。亦不必同，又不必异，所以恢达〔3〕。故善接论者〔4〕，度所长而论之，因其所能，则其言易晓。历之不动，则不说也〔5〕。意在枸马，彼俟他日〔6〕。傍无听达〔7〕，则不难也。凡相难讲〔8〕，为达者听。不善接论者，说之以杂反。彼意在狗，而说以马；彼意大同，而说以小异。说之以杂反，则不入矣。以方入圆，理终不可。

善喻者，以一言明数事。辞附于理，则言寡而事明。不善喻者，百言不明一意。辞远乎理，虽泛滥多言，己不自明，况他人乎！百言不明一意，则不听也。自意不明，谁听之。

是说之三失也。

【注释】
〔1〕溃杂：散乱、杂乱。
〔2〕"以白马"四句：战国时公孙龙好辩，认为"白马非马"，人不能屈，后乘白马出函谷关，因为没有交马税，被扣留，等补交税款后才得以过关。直，同"值"，即马税。
〔3〕恢达：虚浮豁达。
〔4〕接论：交谈、讨论。
〔5〕"历之"两句：发表意见后对方无反应，则不再继续讲下去。历，依次陈说。
〔6〕意在枸马彼俟他日，《四库全书》本作"彼意在狗，马俟他日"。按：《四库全书》本是，下文注"彼意在狗，而说以马"可证。
〔7〕听达：通达事理的听者。
〔8〕难讲：谈论难题。

【译文】

　　辩论问题时，有人因观点正确而取胜，有人因言辞巧丽而取胜。以观点正确取胜，就是证据确凿，是非分明，即使细微深奥的道理也要解释得明白畅达。以言辞巧丽取胜，就是诋毁正确的理论而追求异端邪说，这样就失去了正确的观点。

　　九种偏材，其性情或者相同，或者相反，或者相杂。性情相同的人会互相理解，性情相反的人会互相攻击，性情相杂的人则相互包容而没有原则。所以，善于论辩的人，首先要考虑自己的长处同对方谈论；经过陈说而对方没有反应，就可以不说了。旁边没有通达事理的人，就不再诘难对方。不善于论辩的人，往往谈说一些与对方的爱好、追求相反或庞杂无章的问题；这样，当然对方听不进去。

　　善于喻事明理的人，一句话可以说明好几件事理；不善于喻事明理的人，好多话也不能说清一个意思。好多话不能讲清一个问题，当然就没有人听他讲说了。

　　以上就是辩论时的三种失误。

【原文】

　　善难者务释事本，每得理而止住。不善难者舍本而理末[1]。逐其言而接之。舍本而理末，则辞构矣[2]。不寻其本理，而以烦辞相文[3]。

　　善攻强者，下其盛锐。对家强梁[4]，始气必盛，故善攻强者，避其初鼓也。扶其本指，以渐攻之[5]。三鼓气胜，衰则攻易[6]。不善攻强者，引其误辞，以挫其锐意。强者意锐，辞或暂误，击误挫锐，理之难也。挫其锐意，则气构矣[7]。非徒群言交错，遂至动其声色。

　　善蹑失者[8]，指其所跌[9]。彼有跌失，暂指不逼。不善蹑失者，因屈而抵其性[10]。陵其屈跌而抵挫之[11]。因屈而抵其性，则怨构矣[12]。非徒声色而已，怨恨逆结于心。

或常所思求，久乃得之；仓卒谕人，人不速知，则以为难谕。己自久思，而不恕人。以为难谕，则忿构矣[13]。非徒怨恨，遂生忿争。

夫盛难之时，其误难迫[14]。气盛辞误，且当避之。故善难者，征之使还[15]。气折意还，自相应接。不善难者，凌而激之。虽欲顾藉，其势无由[16]。弃误顾藉，不听其言。其势无由，则妄构矣[17]。妄言非訾[18]，纵横恣口。

凡人心有所思，则耳且不能听。思心一至，不闻雷霆。是故并思俱说，竞相制止，欲人之听己。止他人之言，欲使听己。人亦以其方思之故，不了己意，则以为不解。非不解也，当己出言，由彼方思，故人不解。人情莫不讳不解，谓其不解，则性讳怒。讳不解，则怒构矣。不顾道理是非，于其凶怒恣肆。

凡此六构，变之所由兴也。

【注释】

〔1〕本：指事实。末：指语言。

〔2〕辞构：烦辞相驳，争论不休。

〔3〕文：文饰。

〔4〕对家：对方。强梁：强横。

〔5〕"扶其"两句：抓住对方的论点，扶起驳斥的靶子，层层批判。

〔6〕"胜"字疑是衍文。三鼓气衰则易攻，用《左传》"一鼓作气，再而衰，三而竭"事。

〔7〕气构：变脸相争。

〔8〕蹑失：纠正对方的错误。

〔9〕跌：毛病、错误。

〔10〕因屈而抵其性：借此错失，攻击其本性。

〔11〕陵：同凌，侵侮。屈跌：错失。抵挫：打击。

〔12〕怨构：构成仇怨心态。

〔13〕忿构：产生争斗，即"忿争将施于行"。

〔14〕"盛难"两句：对方诘责争辩势头正猛之时，对他出现的错误最好避开。迫，近。

〔15〕征之使还：通过事实的验证，使其回心转意。

〔16〕顾藉：顾惜。两句是说，对方即使想承认错误，顾惜自身，但"不善难者凌而激之"，不听其言，所以回头无路。

〔17〕妄构：不顾一切，信口胡说。

〔18〕非訾：诽谤。

【译文】

善于诘责争辩的人，力求言简意赅，讲明事情的根本道理，以理服人。不善于诘责争辩的人，抓不住根本的道理，只是繁辞相饰。抓不住根本的道理而只注重言辞争论，就是所谓"辞构"。

善于辩驳强手的人，首先要避开对方盛锐的气势，然后抓住他论辩的核心，循序渐进地予以驳斥。不善于驳辩强手的人，往往援引对方言辞的错误，用来挫伤对方盛锐的气势。挫伤了对方盛锐的气势，对方就会声色激动，变脸相争，就是所谓"气构"。

正确对待对方过失的人，先善意指出其过失所在。错误对待对方过失的人，往往借此过失，攻击其本性。借对方的错误而攻击其本性，对方就会怨恨凝结于心，形成所谓"怨构"。

有人经常考虑探索某一问题，经过长时间的潜心思考而终于得到了正确答案。于是急急忙忙地告诉对方，对方当然不会马上理解，他就以为对方愚蠢难晓。认为对方难以晓喻，就会造成愤怒的争辩，所谓"忿构"。

争辩正在盛锐之时，对于对方言辞的错误最好避开。所以，善于辩难的人，通过事实的陈说，使对方回心转意，而不善于辩难的人，则借对方言辞的错误侮辱攻击对方。对方即使想承认错误，顾惜自身，但却回头无路，其势不能。既然回头之路已被对方堵死，则只能是纵横恣口，胡说八道，形成所谓"妄构"。

当人专心致志进行思考时，往往目无所见，耳不能听。甲乙双方一同专心思考，竞相陈说，力争说服对方，让对方听从自己。乙方正在专心思考，当然不会一下子理解甲方的意思；甲方则以为乙方愚钝而不能理解。人之常情，忌讳说自己不能理解，于是就形成了不顾礼义是非的凶怒恣肆，形成所谓"怒构"。

以上所说的辩难时的六种错误，是变故产生的根由。

【原文】

　　然虽有变构，犹有所得。造事立义，当须理定。故虽有变说小故，终于理定功立。若说而不难，各陈所见，则莫知所由矣。人人竞说，若不难质，则不知何者可用也。由此论之，谈而定理者眇矣[1]。理多端，人情异，故发言盈庭，莫肯执其咎[2]。

　　必也聪能听序[3]，登高能赋[4]，求物能名[5]，如颜回听哭[6]，苍舒量象[7]。思能造端[8]，子展谋侵晋，乃得诸侯之盟[9]。明能见机[10]，臾骈睹目动，即知秦师退[11]。辞能辩意，伊藉答吴王：一拜一起，未足为劳[12]。捷能摄失[13]，郭淮答魏帝曰：自知必免防风之诛[14]。守能待攻，墨子谓楚人：吾弟子已学之于宋[15]。攻能夺守，毛遂进曰：今日从，为楚不为赵也。楚王从而谢之[16]。夺能易予。以子之矛，易子之盾，则物主辞穷[17]。

　　兼此八者，然后乃能通于天下之理。通于天下之理，则能通人矣。不能兼有八美，适有一能[18]，所谓偏材之人。则所达者偏，而所有异目矣。各以所通，而立其名。

【注释】

　　[1] 眇：少也。

　　[2]《诗经·小雅·小旻》："发言盈庭，谁敢执其咎。"发言：指讨论政事。盈庭：充满朝廷。执，指承担。咎：罪，这里指责任。争吵讨论不休，但没有一个敢拍板负责任的人。

　　[3] 听序：察知端序。听，明察是非。

〔4〕登高能赋：春秋时期，诸侯卿大夫出使他国，登高坛盟会之时，必赋诗言志。

〔5〕求物能名：博识众物，见物能说明其理。

〔6〕颜回听哭：《说苑·辨物》："孔子晨立堂上，闻哭者声音甚悲。孔子援琴而鼓之，其音同也。孔子出，而弟子有叱（感叹）者。问：'谁也？'曰：'回也。'孔子曰：'回，何为而叱？'回曰：'今者有哭者，其音甚悲，非独哭死，又哭生离者。'孔子曰：'何以知之？'回曰：'似完山之鸟。'孔子曰：'何如？'回曰：'完山之鸟生四子，羽翼已成，乃离四海，哀鸣送之，为是往而不复返也。'孔子使人问哭者，哭者曰：'父死家贫，卖子以葬之，将与其别也。'孔子曰：'善哉，圣人也。'"

〔7〕苍舒量象：据《三国志》记载，曹冲字仓舒，异常聪明，五六岁时孙权送来大象，曹操想知道它的重量，众臣没有办法。曹冲把大象放置船上，刻其水痕所至。然后再放置其他东西，到所刻水痕处，于是就知道了大象的重量。

〔8〕思能造端：能预料事情的发展情况。造端，发端，这里是发现征兆的意思。

〔9〕子展（？—前544）：春秋时郑国大夫。子展谋侵晋而得诸侯会盟之事，不见于史籍，"侵晋"当为"侵宋"之误。郑国处天下之中，北有晋，南有楚，西有秦，他们欲称霸中原，必先得郑。子展时，晋、楚争霸，郑国屡为战场，子展通过侵宋，而与诸侯结盟，使郑免受晋、楚两个大国的侵扰。据《左传》，从鲁襄公十一年（前562）到二十四年（前549）的十三年间，郑国平安无事，应当是子展谋划的结果。

〔10〕机：通"几"，事物细微的动向。

〔11〕臾骈：春秋时晋大夫。据《左传》记载，公元前615年，秦晋交战于河曲，未决胜负。当晚，秦国使者告诉晋军统帅说：双方白天的战斗没有尽兴，明日请继续战斗。使者离开以后，臾骈说：使者目光不集中，说话节奏失常，说明害怕我军，看来要逃跑了，我军连夜埋伏黄河边，一定会取得胜利。臾骈的建议未被采纳。秦国的军队果然在夜间逃跑。

〔12〕伊籍：三国时蜀国大夫，富有辩才。据《三国志》本传记载，一次出使吴国，孙权闻其才辩，想用言辞侮辱他。伊籍刚入拜，孙权就说："很辛苦地奉侍着没有道德的国君吗？"伊籍随口答道："我只一拜一起，算不上辛苦。"刘昞注"吴王"后当脱"曰"字。

〔13〕摄失：纠正过失。

〔14〕郭淮（？—255）：三国魏大夫。据《三国志》本传记载，黄初

元年(220)，贺曹丕即帝位，郭淮因"道路得疾"而迟到。及群臣欢会，文帝正色责备郭淮："从前大禹在涂山朝会诸侯，防风氏后至，大禹便杀了防风氏，以示惩罚。今普天同庆而你最后才来，知道如何惩罚吗？"郭淮回答说："我听说五帝用仁德教导人民，夏禹政德衰落，于是才使用刑罚。我今天生活在唐虞之世，所以知道会免于防风氏之诛。"文帝听后很高兴。

〔15〕学之于宋，《四库全书》本作"待之于宋"，是。据《墨子·公输篇》记载，公输盘为楚造云梯之械，准备用来进攻宋国。墨子听说后，从齐国星夜兼程到楚国，制止公输盘造云梯。公输盘在道义、战术设计诸方面不能胜墨子后，便想杀害他，墨子坚定地对楚王说："臣之弟子禽滑厘等三百人，已持臣守圉之器，在宋城上而待楚寇矣。虽杀臣，不能绝也。"于是楚王停止了攻宋的打算。

〔16〕据《史记·平原君列传》记载，秦军包围了赵国首都邯郸，毛遂随平原君到楚国求救兵，谈判迟迟未决。毛遂持剑进入谈判厅，动之以威，晓之以理，斩钉截铁地说："帮助赵国打击秦国是为了楚国，不仅是为了赵国！"迫使楚王接受了合从(纵)之策，出兵救赵。

〔17〕易子，《四库全书》本作"掩子"，是。掩：击刺。据《韩非子·难一》记载，楚人有卖盾与矛者，拿起盾说：我的盾异常坚硬，外物不能穿刺；又拿起矛说：我的矛异常锐利，没有穿不透的外物。有人反问：用你的矛刺你的盾，会怎么样？楚人理屈辞穷。

〔18〕适：通"啻"，只，仅。

【译文】

　　虽然辩难会产生六种变故，但是仍然有所收获。如果各自陈述自己的见解而没有人质疑，就不知道它产生的由来，因而也难以知晓其是非。由此说来，仅仅靠谈论就能达到认识事物的规律是很少见的。

　　一定要做到：明察事理，分辨是非；运筹决策，能预料事物发展的实际；观察敏锐，能发现事物细微的动向；言辞机警，能准确表达自己的意旨；反应敏捷，能随时纠正自己的过失；防守坚固，能对付任何进攻；进攻凌厉，能夺取任何防守；能巧妙地运用给予的办法达到夺取的目的。

　　具备了这八种能力，然后才能通晓天下的事理。通晓了天下的事理，就能够完全懂得认识人材、任用人材的原理了。不能兼有这八种材能，而只具备其中某一种能力，那么，他所通晓的事理难免偏狭，他们各自的名号自然就有差异。

【原文】

是故聪能听序，谓之名物之材[1]；思能造端，谓之构架之材[2]；明能见机，谓之达识之材[3]；辞能辩意，谓之赡给之材[4]；捷能摄失，谓之权捷之材[5]；守能待攻，谓之持论之材[6]；攻能夺守，谓之推彻之材[7]；夺能易予，谓之贸说之材[8]。

通材之人，既兼此八材，行之以道。

与通人言[9]，则同解而心喻；同即相是，是以心相喻。与众人言，则察色而顺性。下有盛色[10]，避其所短。

虽明包众理，不以尚人[11]。恒怀谦下，故处物上[12]。聪睿资给，不以先人。常怀退后，故在物上。善言出己，理足则止。通理则止，不务烦辞。

鄙误在人[13]，过而不迫。见人过跌，辄当历避[14]。写人之所怀[15]，扶人之所能。扶赞人之所能，则人人自任矣。不以事类犯人之所婳[16]，胡故反。与盲人言，不讳眇瞎之类[17]。不以言例及己之所长。己有武力，不与虓虎之伦[18]。

说直说变，无所畏恶。通材平释[19]，信而后谏[20]，虽触龙鳞[21]，物无害者。采虫声之善音，不以声丑弃其善曲。赞愚人之偶得。不以人愚废其嘉言。夺与有宜，去就不留。

方其盛气，折谢不吝[22]。不避锐跌[23]，不惜屈挠。方其胜难，胜而不矜。理自胜耳，何所矜也。心平志谕，无适无莫[24]，付是非于道理，不贪胜以求名。期于得道而已矣。

是可与论经世而理物也[25]。旷然无怀，委之至当，是以世务自经，万物自理。

【注释】

〔1〕名物：即上文所说的"求物能名"，能正确地认识事物并给予准确的命名。

〔2〕构架：本指建筑时结构材木，引申为运筹决策，构思设计。

〔3〕达识：通达事理。

〔4〕赡给：周济、供给，这里指辩才丰富。

〔5〕权捷：谓敏于应变。

〔6〕持论：提出主张，坚持己见。

〔7〕推彻：犹言推翻。

〔8〕贸说：谋划游说。

〔9〕通人：指学识渊博，通于天下事理的人。

〔10〕"下有盛色"一句意思不顺，"有"当为"其"字之误。下其盛色，避其盛色之意，前文"善攻强者，下其盛锐"可证。

〔11〕尚人：盛气凌人。

〔12〕物上，《四库全书》本作"物先"。作"物先"是。

〔13〕鄙误：浅陋，错误。

〔14〕历避：后退，躲开。

〔15〕写：宣泄，讲说。

〔16〕事类：同一类事情。姻：怨恨。

〔17〕讳，疑是"语"字之误。眇：偏盲，一只眼瞎。

〔18〕虓虎：咆哮的虎。

〔19〕平释：平心静气地解说。

〔20〕《论语·子张》："子夏曰：'君子信而后劳其民，未信则以为厉己也；信而后谏，未信则以为谤己也。'"

〔21〕《韩非子·说难》："夫龙之为虫也，可柔狎而骑也。然其喉下有逆鳞径尺，若人有婴之者，则必杀人。人主亦有逆鳞，说者能无婴人主之逆鳞，则几矣。"

〔22〕折谢不吝：不惜折节致歉。

〔23〕不避，《四库全书》本作"历避"。按：作"历避"是，上文

刘昞注"见人过跌,辄当历避"可证。

〔24〕"心平"两句:《论语·里仁》:"子曰:君子之于天下也,无适也,无莫也,义之与比。"是说君子对于天下的事情,赞成什么,反对什么,完全以道义为标准。无适无莫,就是"无敌无慕",不执意反对,也不无故羡慕。

〔25〕经世:治理世事。理物:探求物理。

【译文】

所以听到某件事情便能讲明其道理,叫做名物之材(分类命名型辩材)。运筹决策,能预料事物发展的实际,叫做构架之材(理论创新型辩材)。观察敏锐,能发现事物细微的动向,叫做达识之材(明察事理型辩材)。言辞机警,能准确表达自己的意旨,叫做赡给之材(善于表达型辩材)。应对敏捷,能随时纠正自己的过失,叫做权捷之材(补救敏捷型辩材)。防守坚固,能对付任何唇枪舌剑,叫做持论之材(善于立论型辩材)。进攻凌厉,能攻取任何防守,叫做推彻之材(推理驳论型辩材)。能巧妙地运用给予的办法达到夺取的目的,叫做贸说之材(灵活善辩型人材)。

那些通材之人,既具备这八种能力,又能按照大道的原则去实行。

他们与学识渊博,通晓天下事理的人一起讨论,则见解相同,心心相印。与一般的人谈论,则要观察对方的脸色,顺从对方的本性。

虽然他们明白无误地精通各种事理,但却不盛气凌人。聪明智慧,言辞丰富,但却不好为人师。只要宣扬符合真理的言论,把道理讲清就行了。

对于别人的浅陋和错误,即使明显的过失也不穷追不放。要讲说他人想听的话,扶持称赞别人的长处。不谈论他人所忌讳的事情,也不陈说与自己长处有关的言论。

讲述事理,是则是,非则非,正则正,异则异,无所畏惧,也无所厌恶。要像采纳虫声中的美妙声音一样吸收愚人偶然得到的嘉言。哪些是应当夺取的,哪些是应当给予的,要按照道义的要求进行选择取舍,毫不犹豫。

如果对方正在气盛，最好避开锐气，不惜屈挠。如果自己在辩难时胜券在手，应当庄重而不骄傲。心平气和，意志明确，赞成什么，反对什么，完全合乎礼义：因为目的是为了求得真理。

这样的人，才可以和他共同探讨治理世事的原则和万物变化的规律。

【评析】

《九征篇》提出人的性情总是表现在容貌和言谈上，《材理篇》则着重阐述有关言谈"论难"的一些理论问题。

成就事业，建立学说，必须依赖某种理论才能确定。但是，事物形成的原理，事情的发展变化是多种多样的，人的才性又千差万别。事理的多种多样决定了它们有时难以沟通，人的才性的差异又决定了他们性情的互相抵触。性情乖异，事理难通，就导致了材理的失真和认识事物的错误。因而刘邵在表述其言谈论辩理论时，首先指出世界上客观存在着四种各自独立的"理"：

> 若夫天地气化，盈虚损益，道之理也。法制正事，事之理也。礼教宜适，义之理也。人情枢机，情之理也。

道之理，指自然规律；事之理，指政治法律规律；义之理，指道德伦理规律；情之理，指心理活动规律。

这四种"规律"是不同的，研究人材理论，必须明白它们的差异。刘邵认为，明白事理有待于人的质性才能做到。天生的质性一旦与适合自己内涵的客观事理相结合，就会产生明智。这种明智反过来进一步深入认识事理。由于认识事理的不同便形成四种主要流派：

> 质性平淡，思心玄微，能通自然，道理之家也。质性警彻，权略机捷，能理烦速，事理之家也。质性和平，能论礼教，辩其得失，义理之家也。质性机解，推情原意，能适其变，情理之家也。

道理之家就是哲学家，事理之家就是政治家，义理之家就是教育家，情理之家就是心理学家。

刘邵指出，由于人的性情的差异，认识事理也有得有失。其"失"主要表现在九个方面，即"情有九偏"。九种不同性情的人，各自根据自己的好恶和掌握的"理"参加人材理论的辩论，因而使"材理"更难统一。因此，刘邵认为，人们所熟悉的道理不同，气质性格爱好不同，如果不遵循共同的、正确的辩论规则，那么在一起讨论人材理论等问题时，就无法达成共识。为此，刘邵专门阐述言谈论辩时的正确规则、方法及容易出现的失误等问题，这就是所谓"流有七似"、"说有三失"、"难有六构"、"通有八能"。

"流有七似"，是指在言谈论难时，由于"性不精畅"而伪装成的七种似是而非的假象，这七种假象经常迷惑听众，使人们不知其真实水平。第一种是夸夸高谈，好像传播正确的理论。第二种是言多理少，好像有很广博的理论内涵。第三种是用歪理邪说曲意迎合，佯装完全理解了对方的意思。第四种是讨论问题时一声不吭，听他人谈论，直到最后才赞成大家所认可的意见，好像能兼听明断。第五种是避开难题不回答，假装胸有成竹，其实却是根本不懂得如何回答。第六种是表面上反应敏捷，心领神会，表现出一种理解的愉快，而其实却糊里糊涂，一无所知。第七种是随心所欲地表达思想，导致了理论上的错误；已经理屈词穷，还自以为妙而未尽，勉强寻找根据，其实是想求得两种解释，以示在理论上并没有差错。

"说有三失"，是指在论辩时出现的三种失误。这三种失误是："辞胜"、"不善接论"、"不善喻"。"辞胜"因言辞巧丽而取胜。"不善接论"就是谈说一些与对方的爱好、追求相反或庞杂无章的问题，这样，对方就听不进去。"不善喻"就是好多话也不能说清一个意思。好多话不能讲清一个问题，当然就没有人听他讲说了。

"难有六构"，是指在论难时，双方互相诘难，如果一方不能遵守正确的论难方法，就会引起对方六种敌对情绪：第一，善于论难争辩的人，力求言简意赅地讲明事情的根本道理，以理服人；

不善于论难争辩的人，抓不住根本的道理，而只注重言词争论，这样就陷入无意义的口角争吵之中。第二，善于辩驳强手的人，先要避开对方的锐气，抓住他论题的核心，循序渐进地予以驳斥。反之，如果援引对方言辞的错误，以挫伤对方的锐气，结果对方就会意气用事，声色俱厉，变脸相争。第三，正确对待对方过失的人，先善意指出其过失所在。反之，如果借对方的一点过失攻击其本性，使对方感到人格受辱而怨恨于心。第四，把自己长期潜心研究的问题讲给对方，对方当然不会马上理解，他就以为对方愚蠢，结果造成对方愤怒的争辩。第五，不是通过摆事实、讲道理使对方回心转意，而是借对方言辞的错误侮辱攻击对方。对方即使想承认错误，已回头无路，只得纵横恣口，胡说八道。第六，双方争论时，一方因专心思考问题而被另一方指责为愚钝难喻，于是就形成不顾礼义是非的凶怒忿肆。

"通有八能"，指在论辩中应当具备的八种应变能力：听其事便能辨别事理；运筹决策，能合乎事物发展的实际；观察敏锐，能发现事物细微的动向；言辞机警，能准确表达自己的意旨；反应敏捷，能随时纠正自己的过失；防守坚固，能对付任何进攻；进攻凌厉，能夺取任何防守；能巧妙地运用给予的办法达到夺取的目的。刘邵认为偏材之人只能具备"八能"中的一种或几种，只有全材之人才能兼备此"八能"；只有兼备此"八能"的人才能真正懂得人材之理。这样的人言谈辩论潇洒自如，无与伦比。刘邵以激动的心情洋洋洒洒描写道：

> 通材之人，既兼此八材，行之以道。与通人言，则同解而心喻；与众人言，则察色而顺性。虽明包众理，不以尚人。聪睿资给，不以先人。善言出己，理足则止。鄙误在人，过而不迫。写人之所怀，扶人之所能。不以事类犯人之所婟，不以言例及己之所长。说直说变，无所畏恶。采虫声之善音，赞愚人之偶得。夺与有宜，去就不留。方其盛气，折谢不吝。方其胜难，胜而不矜。心平志喻，无适无莫，期于得道而已矣。

　　《材理》是《人物志》中最为流畅潇洒的一篇。刘邵所以能写出这样一篇清谈论辩的著名文章，同他自己"体周于数"、"推步详密"、"分数精比"（《三国志·刘邵传》）的雄辩材能是分不开的。我们也由此想到他当年以计吏身份出使朝廷，在元旦大会前因为日蚀之事而舌战群儒，慷慨陈辞，"说直说变，无所畏恶"的情景，终于使朝廷采纳他的主张，元旦大会照常进行，这决不是偶然的。

材 能 第 五

材能大小，其准不同，量力而授，所任乃济。

【题解】

本篇从政治能力这一特定视角，论述各种人材所适合担任的官职。

【原文】

或曰：人材有能大而不能小，犹函牛之鼎不可以烹鸡[1]。愚以为此非名也[2]。夫人材犹器，大小异。或者以大鼎不能烹鸡，喻大材不能治小，失其名也。

夫能之为言已定之称[3]，先有定质，而后能名生焉。岂有能大而不能小乎！凡所谓能大而不能小，其语出于性有宽急。宽者弘裕，急者急切。性有宽急，故宜有大小。宽弘宜治大，急切宜治小。宽弘之人，宜为郡国，使下得施其功，而总成其事。急切则烦碎，事不成。急小之人，宜理百里[4]，使事办于己。弘裕则网漏，庶事荒矣。然则郡之与县，异体之大小者也。明能治大郡，则能治小郡；能治大县，亦能治小县。以实理宽急论辨之，则当言大小异宜，不当言能大不能小也。若能大而不能小，仲尼岂不为季氏臣[5]。

若夫鸡之与牛，亦异体之小大也。鼎能烹牛，亦能烹鸡；铫能烹鸡[6]，亦能烹犊[7]。故鼎亦宜有大小，若以烹犊，则岂不能烹鸡乎！但有宜与不宜，岂有能与不能。故能治大郡，则亦能治小郡矣。推此论之，人材各有所宜，非独大小之谓也。文者理百官，武者治军旅。

【注释】

〔1〕函牛之鼎：可以容纳一头牛的大鼎。

〔2〕名：名称，名家讲究定名辨实，名实相符。

〔3〕"能之为言"句：当我们说"能"的时候，已经是就具体的人所具有的实际能力而言的，所以能大而不能小的说法是错误的。名家把一个概念的具体所指叫做"所定"或"已定"，把它的泛指叫做"不定"或"非定"。"已定之能"是具体人具体工作的能力，"能大而不能小"则是就"能"作为普遍抽象概念而言，故有大能小能的区别。"大能"、"小能"又彼此不相混同，故曰"夫能之为言已定之称，岂有能大而不能小乎！"

〔4〕百里：古时一县辖地约百里，因以百里为县之代称。

〔5〕仲尼句：据《史记·孔子世家》记载，孔子贫且贱，及长，曾为季氏主管仓库之吏。

〔6〕铫：小釜。小釜能烹鸡，不能烹牛。

〔7〕亦，《四库全书》本作"不"。按：作"不"是。此段意思是说，能大应当也能小，能小未必能大。

【译文】

有人认为：人的材质有大有小，材质大的人只能做大事，而不能做小事情，就如同煮牛的鼎釜不能够用来烹鸡一样。我以为这是不符合名实原理的。

当我们说"能"的时候，已经是就具体的人所具有的实际工作能力而言的，怎么说根据材质能做大事就不能做小事呢！大概能做大事而不能做小事的说法，是从人的性情有宽缓急切的区别引发来的。性情有宽缓急切的区别，因此就应该有能大不能小之分。宽缓弘裕之人，适宜掌握郡国政事，让他手下的人从事具体的工作，群策群力完成功业。急切烦碎之人，应当做县令之类，让他亲自办理众多的行政琐事。但是，郡与县之间，不过是不同的政治实体，仅有大小之分罢了。按照宽缓急切的实际情况论辩，则应当说根据材质的大小从事不同的工作，不应当说能够做大事就不能做小事。

就好像鸡和牛一样，也不过是不同的实体而有大小之分罢了。鼎也应该有大小之分，如果能烹牛犊，难道就不能烹鸡吗？所以，能够治理大郡，也就能够治理小郡。由此推论，人的材质各自有适宜的事情，这不仅仅是大小所能概括了的。

【原文】

夫人材不同，能各有异[1]。有自任之能[2]，修己洁身，总御百官。有立法使人从之之能[3]，法悬人惧，无敢犯也。有消息辨护之能[4]，智意辨护，周旋得节。有德教师人之能[5]，道术深明，动为物教。有行事、使人、谴让之能[6]，云为得理，义和于时。有司察纠摘之能[7]，督察是非，无不区别。有权奇之能[8]，务以奇计，成事立功。有威猛之能[9]。猛毅昭著，振威敌国。

【注释】

〔1〕"人材"两句：由于人的材质不同，能力也就有了差别。刘邵认为，材和能既紧密联系，又有一定的区别。其区别是材为源，能为流；材为本，能为用；能决定于材，材又必须通过能来表现自己。

〔2〕自任之能：指能够修己洁身以取爵位。"故臣以自任为能，君以用人为能。"自任之能，源于清节之材。《流业篇》："若夫德行高妙，容止可法，是谓清节之家。"

〔3〕"立法"句：立法之能，源于法家之材。《流业篇》："建法立制，强国富人，是谓法家。"

〔4〕消息辨护：根据事情的发展变化进行治理。辨护，办理监督。消息辨护之能，即下文所说"人事之能"。人事之能，源于智意之材。《流业篇》："术家之流，不能创制垂则，而能遭变用权，权智有余，公

正不足，是谓智意。"

〔5〕德教师人之能，当源于《流业篇》所说的"儒学之材"。《流业篇》云："能传圣人之业，而不能干事施政，是谓儒学。""儒学之材，保氏之任也。"据《周礼》保氏养子以道，教以六艺、六仪，故曰德教师人。但下文讲某某能出于某某材时，没有德教师人之能出于儒学之材一条，前后文不对应。

〔6〕行事使人谴让之能，即下文所说"行事之能"。行事之能，源于器能之材。《流业篇》："兼有三材，三材皆微，其德足以率一国，其法足以正乡邑，其术足以权事宜，是谓器能。"谓之"行事使人谴让之能"者，盖"行事"谓其德也，"使人"谓其法也，"谴让"谓其术也。但下文云"行事之能，谴让之材也"，《流业篇》十二材中，没有谴让之材。前后文这样矛盾，说明刘邵理论的系统不够严密。

〔7〕司察：同"伺察"，伺机督察。纠摘：犹言告发。司察纠摘之能，即下文"司察之能"。司察之能，出于臧否之材。《流业篇》："清节之流，不能弘恕，好尚讥诃，分别是非，是谓臧否。"

〔8〕权奇：奇谲非常。权奇之能，出于伎俩之材。《流业篇》："法家之流，不能创思远图，而能受一官之任，错意施巧，是谓伎俩。"

〔9〕威猛之能，出于骁雄之材。《流业篇》："胆力绝众，才略过人，是谓骁雄。"

【译文】

由于人的材质不同，能力也就有了差别。有修己洁身，自致爵位的能力；有建立法制，让人遵循的能力；有随时消长，与时俱进，周旋应对，出谋划策的能力；有道术深明，洞察明彻，可以让人师法的能力；有行事以德，使人以法，责让以术的能力；有伺候督察，分别是非而能够告发的能力；有错意施巧，奇谲非常的能力；有威严凶猛，震慑敌国的能力。

【原文】

夫能出于材，材不同量。材能既殊，任政亦异。

是故自任之能，清节之材也。故在朝也，则冢宰之任[1]，为国则矫直之政[2]。其身正，故掌天官而总百揆[3]。

立法之能，治家之材也。故在朝也，则司寇之任[4]，为国则公正之政。法无私，故掌秋官而诘奸暴[5]。

计策之能，术家之材也。故在朝也，则三孤之任[6]，为国则变化之政[7]。计虑明，故辅三槐而助论道[8]。

人事之能，智意之材也。故在朝也，则冢宰之佐，为国则谐合之政[9]。智意审，故佐天官而谐内外。

行事之能，谴让之材也[10]。故在朝也，则司寇之任[11]，为国则督责之政[12]。辨众事，故佐秋官而督傲慢。

权奇之能，伎俩之材也。故在朝也，则司空之任[13]，为国则艺事之政[14]。伎能巧，故任冬官而成艺事。

司察之能，臧否之材也。故在朝也，则师氏之佐[15]，为国则刻削之政[16]。是非章，故佐师氏而察善否。

威猛之能，豪杰之材也。故在朝也，则将帅之任，为国则严厉之政[17]。体果毅，故总六师而振威武[18]。

【注释】

〔1〕冢宰：周代官名，为六卿之首。《古文尚书·周官》："冢宰掌邦治，统百官，均四海。"

〔2〕矫直：纠正，使曲者改变为直。

〔3〕总百揆：统领百官。

〔4〕司寇：周代官名，主管刑狱，为六卿之一。

〔5〕诘奸暴：责问奸邪，惩治暴乱。

〔6〕三孤：《古文尚书·周官》："少师、少傅、少保，曰三孤。"孤，是特殊的意思，是说三孤卑于公，尊于卿，置此三人，为三公之副。三公为太师、太傅、太保，是辅助国君掌握军政大权的最高官员。

〔7〕变化：指事物的生灭转化。

〔8〕三槐：三公。三孤之职，佐三公论政，故谓"辅三槐而助论道"。

〔9〕为国则谐合之政：智意之材为术家之流，虽然以术求功，而不

能创制垂则,但却能够遭变用权,师事制宜,所以能够辅佐冢宰而谐合内外之政。

〔10〕《流业篇》没有"谴让之材",疑因前文有"行事使人谴让"而误。依前后文意,当为器能之材。

〔11〕司寇之任,《四库全书》本作"司寇之佐"。按:作"司寇之佐"是。前文云法家之材为司寇之任,这里不应当重复。

〔12〕"故在朝"两句:此两句疑有讹误。"行事之能"即前文所说的"行事使人谴让之能",它应当出于《流业篇》所说的"器能之材",宜任之职也应当是冢宰之任,而非司寇之佐;为国是否是"督责之政",也与其前后说法不合。督责:察其罪而责之以刑罚。

〔13〕司空:周代主管建筑工程、制造车服器械、督责工人的官。

〔14〕为国则艺事之政:伎俩之材为法家之流,它不能创思远图,但却可以错意施巧。司空之职掌管工程制作,要审曲面势以饰五材,所以可以成就艺事之政。

〔15〕师氏:周代官名,主管教育贵族子弟。

〔16〕为国则刻削之政:臧否之材为清节之流,它以清为理,崇尚讥诃,不能宽恕,好分别是非,辅佐师氏而察善否,所以治理郡国则成刻削之政。刻削,犹言刻薄。

〔17〕严厉之政:为政威严厉害。

〔18〕六师:天子的军队。

【译文】

能力是从自身的材质中产生出来的,构成材质的因素又各不相同。既然一个人的材质和能力不同,他们担任的行政官职也应当不同。

自觉注重自己品德修养的能力,是从清节的材质中产生的。这样的人,在朝廷中应该担任冢宰之职,治理郡国,则能造成纠枉正曲、移风易俗的政治局面。

立法建制的能力,出于法家之材。这样的人,在朝廷中应该担任司寇之职,让他们治理郡国,则善于依靠刑法,惩治奸暴,造成公平正直的局面。

计划周全,策谋奇妙,这种能力出于术家之材。这样的人,在朝廷中应该担任三孤之职,让他们治理郡国,则会根据情况的变化、人事的更替造成变化多端的政治局面。

善于理顺人事关系，这样的能力出于智意之材。具有这种能力的人，在朝廷中可以辅佐天官冢宰，治理郡国则容易协调关系，造成内外和睦的局面。

善于处理各种事务的能力，出于器能之材。这样的人，在朝廷中应当担任司寇的辅佐，他们治理郡国，则容易形成惩治邪恶、赏罚分明的政治局面。

错意施巧，权变奇特的能力，出于伎俩之材。这样的人，在朝廷中应当担任冬官司空，治理郡国，则容易发展工艺技巧事业。

伺候督察的能力，出于臧否之材。这样的人，在朝廷中可以担任师氏的助手，治理郡国则是非分明，容易形成刻薄苛严的局面。

威严凶猛的能力，出于豪杰之材。这样的人，在朝廷中是将帅的人选，治理郡国则会形成严厉威猛的局面。

【原文】

凡偏材之人，皆一味之美。譬饴以甘为名，酒以苦为实。故长于办一官[1]，弓工揉材[2]，而有余力。而短于为一国。兼掌陶冶，器不成矣。何者？

夫一官之任，以一味协五味。盐人调盐，醯人调醯[3]，则五味成矣。譬梓里治材[4]，土官治墙[5]，则厦屋成。一国之政，以无味和五味[6]。水以无味，故五味得其和。犹君体平淡，则百官施其用。

又国有俗化[7]，民有剧易[8]，五方不同，风俗各异。土有刚柔[9]，民有剧易。而人材不同，故政有得失。以简治易则得，治烦则失。

是以王化之政宜于统大[10]，易简而天下之理得矣[11]。以之治小则迂[12]。网疏而吞舟之奸漏[13]。

辨护之政宜于治烦[14]，事皆辨护，烦乱乃理。以之治易则无易[15]。甚于督促，民不便也。

策术之政宜于治难[16]，权略无方，解释患难。以之治平则无奇。术数烦众，民不安矣。

矫抗之政，宜于治侈，矫枉过正[17]，以厉侈靡[18]。以之治弊则残[19]。俗弊治严，则民残矣。

谐和之政宜于治新[20]，国新礼杀[21]，苟合而已[22]。以之治旧则虚[23]。苟合之教，非礼实也。

公刻之政宜于纠奸[24]，刻削不深，奸乱不止。以之治边则失众。众民惮法，易逃叛矣。

威猛之政宜于讨乱，乱民桀逆，非威不服。以之治善则暴。政猛民残，滥良善矣。

伎俩之政宜于治富，以国强民，以使富饶。以之治贫则劳而下困。易货改铸[25]，民失业矣。

故量能授官，不可不审也。

凡此之能，皆偏材之人也。故或能言而不能行，或能行而不能言。智胜则能言，材胜则能行。

至于国体之人，能言能行，故为众材之隽也[26]。

【注释】

〔1〕办：治理。

〔2〕弓工：造弓的匠人，见《周礼·考工记》。揉：使木变形；曲木使直，直木使曲，皆谓之揉。

〔3〕盐人、醢人：都是官名。《周礼·天官》："盐人掌盐之政令，以共百事之盐。""醢人掌共五齐七菹，凡醢物。以共祭祀之齐菹，凡醢酱之物。"醢(xī)物：各种醋及肉酱之类。

〔4〕"梓里"疑为"梓人"之讹，"梓里"为常用连语，故误也。

梓人：木工。

〔5〕土官：土工。

〔6〕五味：甘、酸、咸、辛、苦。《淮南子·原道》："无味而五味形焉。"又："味之和不过五。"

〔7〕俗化：风俗教化。

〔8〕剧易：疾苦与平安。

〔9〕土：风俗。刚柔：指民之性情。本书《体制篇》说"是以抗者过之，而拘者不逮"，刚即抗者，柔即拘者。

〔10〕王化：君王的教化。前文所讲的八种材能所实行的八种政治，没有"王化之政"。据下文云："凡此之能，皆偏材之人也，或能言而不能行，或能行而不能言。"偏材之人所成就的政治局面，不当云"王化之政"。此处疑有错误。

〔11〕易简：平易简单。《易·系辞上》："乾以易知，坤以简能。易则易知，简则易从。易知则有亲，易从则有功。有亲则可久，有功则可大。可久则贤人之德，可大则贤人之业。易简而天下之理得矣，天下之理得，而成位乎其中矣。"王弼注："天地之道，不为而善始，不劳而善成，故曰易简。天下之理，莫不由于易简而各得顺其分位也。"

〔12〕迂：迂腐，不切实际。

〔13〕疏：疏阔。吞舟：指大鱼。网疏而吞舟之奸漏，是说法令疏松。

〔14〕辨护：同"办护"，指干练能办事而且能护持。"辨护之政"指前文的"公正之政"。

〔15〕上"易"字乃平易之"易"，平易犹平常。下"易"字乃容易之"易"。

〔16〕策术之政：即上文所说"变化之政"。

〔17〕矫枉过正：纠正弯曲超过正常的标准。

〔18〕厉：严正、纠正。侈靡：生活奢侈浪费。

〔19〕弊：贫穷，疲困。残：残害，伤害。

〔20〕谐和之政：即上文的"谐合之政"。

〔21〕新，《墨海金壶》本、《守山阁》本作"兴"。兴：兴盛。杀：衰。

〔22〕苟合：苟且合于礼。

〔23〕虚：指礼少而空虚。

〔24〕公刻之政：即上文"刻削之政"。"公"谓正直无私，"刻"谓刻薄严厉。

〔25〕易货改铸：改易旧货币，铸造新币。王莽始建国二年（10），

废除行用已久的汉五铢钱，别造金货、银货等六类二十八种。私用五铢钱者，与买卖王田者同罪。于是农夫失业，食货俱废。

〔26〕隽：同"俊"，卓异。

【译文】

大凡材能偏于一个方面的人，仅仅具有一味之美。他们擅长料理一官之事，统筹郡国的各种政务，则是其短处。为什么呢？

一官之事，就如同以一味调和五味；一国的政务，则如同以无味调和五味。

而且各地的民情风俗有异，人民生活的穷富也不同。人的材质不同，治理政事当然有得有失。

因此，王化之政，适宜于统领大局，治理琐事则显得迂腐而不切实际。

辨护之政，能够治理烦杂特殊的事情，料理平常的事情则反而显得艰难不容易。

策术之政，适宜于治理天灾人祸造成的局面，太平之世则显示不出它的奇特功效。

矫抗之政，适合纠正奢侈浪费的风气，用它治理习俗弊端则会使人民受到更大的伤害。

谐合之政，适宜治理新生的局面，对付旧有的政局则显得空虚而缺少对策。

刻削之政适合于纠正奸邪，打击不法，治理边疆则会导致人民惮法，逃叛失众。

威猛之政适合于讨伐叛乱，用它对付善良的百姓则会使之受到残害。

伎俩之政适合于治理富饶的政局，用它治理贫穷则会使人民更加疲劳困乏。

所以，根据能力授予官职，不能不慎重。

凡是具备以上从政能力的人，都是偏材之人。所以他们有的人能言而不能行，有的人能行而不能言。

至于具有国体材质的人，既能言，又能行，所以是众多人材中最卓异的。

【原文】

人君之能异于此。平淡无为，以任众能。故臣以自任为能，竭力致功，以取爵位。君以用人为能。任贤使能，国家自理。臣以能言为能，各言其能，而受其官。君以能听为能。听言观行，而授其官。臣以能行为能，必行其所言。君以能赏罚为能。必当其功过也。所能不同，君无为而臣有事。故能君众材也[1]。若君以有为代大匠斫[2]，则众能失巧，功不成矣。

【注释】

〔1〕君：主宰，统治。

〔2〕大匠：技术高超的木工。

【译文】

国君的能力与这些都不相同。如果臣下以修养自身，自致爵位为其能力，国君则以善于任用人材为其能力；臣下以能够进善言妙计为其能力，国君则以多方面听取臣下的进言为其能力；臣下以善于实践自己的诺言为其能力，国君则以公正地赏功罚罪为其能力。国君的能力不同于臣下，所以能够掌握并任用众多的人材。

【评析】

本篇阐述了以下几个问题：首先辩驳"人材有能大而不能小"这一论题。

刘邵认为，"人材有能大不能小"之说是错误地混淆了"能"和"宜"这两个不同的概念。"能之为言已定之称"，是说"能"的内涵是"能够完成某类事情"。既然已经"能够完成某类事情"，怎么只能干同类事情中的大事而不能干小事呢？有些人所以坚持这种观点，他们大概认为人们的性情有宽宏和急切的差别。性情宽宏的人适宜管理郡国，性情急切的人适宜管理小县。但是郡与县之间，并非单纯的大小之别，而是不同类型的行政管理区域。因此，用名实相符的原理去概括这些现象，应该说性情宽缓与急切之人适合做不同的工作，不能说能大不能小。刘邵的结论是："人材各有所宜。"

第二，强调皇帝之能与大臣之能（偏材之能）的区别。他说："臣以自任为能，君以用人为能；臣以能言为能，君以能听为能；臣以能行为能，君以能赏罚为能。所能不同，故能君众材也。"

第三，刘邵认为，"能出于材"，能力是从材质产生的，"材不同量，能各有异"。他把人的能力分为八种：自任之能，立法使人从之之能，消息辨护之能，德教师人之能，行事使人谴让之能，司察纠摘之能，权奇之能，威猛之能。

第四，材和能既然不同，他们各自所承担的政治职务也应当不同，各自适宜的政治对象及形成的治理局面也各异。现按照刘邵的原文列表于次：

能	材	宜担任的政治职务及形成的政治局面	八政之德失
自任之能	清节之材	在朝则冢宰之任 为国则矫直之政	王化之政宜于统大， 以之治小则迂。
立法之能	治家之材	在朝则司寇之任 为国则公正之政	矫抗之政宜于治侈， 以之治弊则残。
计策之能	术家之材	在朝则三孤之任 为国则变化之政	策术之政宜于治难， 以之治平则无奇。
人事之能	智意之材	在朝则冢宰之佐 为国则谐合之政	谐和之政宜于治新， 以之治旧则虚。
行事之能	谴让之材	在朝则司寇之佐 为国则督责之政	辨护之政宜于治烦， 以之治易则无易。
权奇之能	伎俩之材	在朝则司空之任 为国则艺事之政	伎俩之政宜于治富， 以之治贫则劳而下困。
司察之能	臧否之材	在朝则师氏之佐 为国则刻削之政	公刻之政宜于纠奸， 以之治边则失众。
威猛之能	豪杰之材	在朝则将帅之任 为国则严厉之政	威猛之政宜于讨乱， 以之治善则暴。

由上表可以看出，刘邵的表述前后存在严重的矛盾。他说："自任之能，清节之材也。故在朝也，则冢宰之任，为国则矫直之政。"按：《流业篇》云"清节之德，师氏之任也"，与此处"冢宰之任"异。《流业篇》又云："三材而微，冢宰之任也。""三材而微"指"其德足以率一国，其法足以正乡邑，其术足以权事宜"的"器能之材"。因为"冢宰掌邦治，统百官，均四海"（《古文尚书·周官》），所以，由器能之材担任冢宰之职是合情理的。清节之材，以德为胜，所谓，"德行高妙，容止可法"，所以由他担任师氏之职是合适的，因为"师氏掌以美诏王，以三德教国子：一曰至德以为道本，二曰敏德以为行本，三曰孝德以知逆恶。教三行：一曰孝行以亲父母，二曰友行以尊贤良，三曰顺行以事师长"（《周礼·地官·师氏》）。"清节之材"治理国家也只能形成"王化之政"，不应当是"矫直之政"。刘邵又说："行事之能，谴让之材也。故在朝也，则司寇之佐，为国则督责之政。"这句也有问题，"行事之能"即前文所说的"行事使人谴让之能"，它出于《流业篇》所说的"器能之材"，宜任官职也应当是冢宰之任，而非司寇之佐，为国也应当是"辨护之政"，而非"督责之政"。《接识篇》云："器能之人，以辨护为度，故能识方略之规"，可以为证。产生这样严重的前后矛盾，一是流传过程的错简，二是刘邵自己缺乏系统严密的思考。

利 害 第 六

建法陈术，以利国家，及其弊也，害归于己。

【题解】

本篇阐述了六种人材在政治活动中的得失。这六种人材是：清节之材、法家之材、术家之材、智意之材、臧否之材、伎俩之材，前三者是"源"，后三者是"流"。

【原文】

盖人业之流[1]，各有利害。流渐失源，故利害生。

夫节清之业[2]，著于仪容，发于德行。心清意正，则德容外著。未用而章，其道顺而有化。德辉昭著[3]，故不试而效，效理于人，故物无不化。故其未达也，为众人之所进[4]，理顺则众人乐进之。既达也，为上下之所敬。德和理顺，谁能慢之。其功足以激浊扬清[5]，师范僚友[6]。其为业也无弊而常显。非徒不弊，存而有显。故为世之所贵。德信有常，人不能贱。

【注释】

〔1〕人业之流，当作"人流之业"。《流业》"盖人流之业，十有二焉"是其证。人流之业，是说人的材质由于习染流变的不同而形成的不同派别。

〔2〕节清之业，当作"清节之业"，各本皆误。

〔3〕德辉：颜色润泽。

〔4〕进：称道，荐举。

〔5〕激浊扬清：荡弃浊秽，称扬清明。

〔6〕师范僚友：同事学习的模范。僚友，同官的人，同事。

【译文】

人的材质由于习染流变形成的不同的流派，都各自有利有弊。

清节家的事业，由于根植于道德品行，并表现在举止仪表上，所以在他们未被重用的时候，就显现出来了，即通过高尚的道德感化人民。因此，在他们未能显贵之时，就被众人所称道。已经显贵之后，又被上级和下级所尊敬。他们完全可以激荡污浊，称扬清明，成为同僚学习的榜样。这样的事业没有弊端，经常显贵，所以为世人所尊崇。

【原文】

法家之业，本于制度〔1〕，待乎成功而效〔2〕。法以禁奸，奸止乃效。其道前苦而后治〔3〕，严而为众。初布威严，是以劳苦；终以道化，是以民治。故其未达也〔4〕，为众人之所忌。奸党乐乱，忌法者众。已试也，为上下之所惮。宪防肃然〔5〕，内外振悚。其功足以立法成治，民不为非，治道乃成。其弊也，为群枉之所仇〔6〕。法行宠贵，终受其害。其为业也，有敝而不常用〔7〕，明君乃能用之，强。明不继世〔8〕，故法不常用。故功大而不终。是以商君车裂，吴起支解〔9〕。

【注释】

〔1〕制度：法令礼俗的总称。

〔2〕成功：指成就事业。

〔3〕治：治理，太平。

〔4〕达：实施，效果。

〔5〕宪防：法令，措施。

〔6〕群枉：群邪。

〔7〕敝：漏洞，毛病。

〔8〕继世：世代相传。

〔9〕商君：见《流业篇》注。吴起（？—前381）：战国时兵家，卫国人。曾仕鲁、魏，后任楚国令尹，变法强兵，楚国得以强大。楚悼王死，遇杀害。

【译文】

法家的事业根植于法律制度，所以只有等到奸禁邪止，事业的成功才显示出来。他们的治世之道，以严酷开始，最终达到太平。法令威严，众人皆惧。因此，在法令未显出效应的时候，常常被百姓忌恨。法律已经实施了，朝野上下又震惊畏惧。成功的法治完全可以形成民不为非、天下太平的局面。它的不足是往往会遭到群邪宠贵的仇视。作为治世之策，它有弊病，因而并不常用。所以法家之材功绩虽大，最终常常受到迫害。

【原文】

术家之业，出于聪思，待于谋得而章。断于未行，人无信者。功成事效，而后乃彰也。其道先微而后著，精而且玄。计谋微妙，其始至精，终始合符[1]，是以道著。其未达也，为众人之所不识。谋在功前，众何由识。其用也，为明主之所珍。暗主昧然，岂能贵之。其功足以运筹通变。变以求通，故能成其功。其退也，藏于隐微。计出微密，是以不露。其为业也，奇而希用。主计神奇，用之者希也。故或沉微而不章。世希能用，道何由章。

【注释】

〔1〕合符：古代以竹木或金石为符，上面写文字，剖而为二，各执其一，合之为证。

【译文】

术家的事业，根植于策谋的奇妙。等到其谋略与事实相符，然后才显示出谋略的准确。作为治世之道，它事先隐微，然后显著，神奇而且玄妙。因此，未显达时，往往不被众人所认识，只有英明的君主才能运用并珍惜这种谋略。其功效足以运筹帷幄，权衡通变。当计谋不被重用，总是藏于隐秘之处。这样的事业神奇而很少被重用，所以往往沉沦埋没而难以彰显。

【原文】

智意之业，本于原度〔1〕。其道顺而不忤〔2〕。将顺时宜，何忤之有！故其未达也，为众人之所容矣〔3〕。庶事不逆，善者来亲。已达也，为宠爱之所嘉〔4〕。与众同和，内外美之。其功足以赞明计虑〔5〕，媚顺于时，言计是信也。其敝也，知进而不退，不见忌害，是以慕进也。或离正以自全。用心多媚，故违于正。其为业也，谞而难持〔6〕。韬情谞智〔7〕，非雅正之伦也。故或先利而后害。知进忘退，取悔之道。

【注释】

〔1〕原度：探度、测度。
〔2〕忤：违背。
〔3〕容：喜悦。
〔4〕宠爱：指自己的好朋友。这句的"宠爱"与上句"众人"互文见义。
〔5〕赞明：帮助、明显。计虑：计谋。
〔6〕谞：谋划。难持：难以持正。
〔7〕韬情：掩盖真情。

【译文】

智意家的事业，根植于探原测度，随机应变。作为治世之道，它顺应时宜，不逆犯世俗。所以，未显达之时，大家都表示拥护；已经显贵了，大家更是赞美不已。帮助人们出谋划策是其功绩，它的毛病是，一味地前进而不知后退，或者为了保全自己而离开正道。这样的事业，多智善谋，却难以坚持正义，所以往往先得到好处，最终自取灾祸。

【原文】

臧否之业，本乎是非。其道廉而且砭[1]。清而混杂[2]，砭去纤芥[3]。故其未达也，为众人之所识。清洁不污，在幽而明[4]。已达也，为众人之所称。业常明白，出则受誉。其功足以变察是非。理清道洁，是非不乱。其敝也，为讦诃之所怨。讦诃之徒，不乐闻过。其为业也，峭而不裕[5]，峭察于物，何能宽裕。故或先得而后离众。清亮为时所称，理峭为众所惮。

【注释】

〔1〕砭：针砭，批评。

〔2〕混杂，《四库全书》本作"不杂"。按："清而混杂"义不可通，作"不杂"是。

〔3〕砭去：剔除。纤芥：细微。

〔4〕清洁二句：《春秋繁露·执贽》："玉至清而不蔽其恶，内有瑕秽，必见之于外，故君子不隐其短。……君子比之玉，玉润而不污，是仁而至清洁也；廉而不杀，是义而不害也。"

〔5〕峭：严酷、苛刻。裕：宽容。

【译文】

臧否家的事业，以辩明是非为根本。作为治世之道，它能够发扬清廉，铲除邪恶。所以，没有显达之时，就被众人所赏识；

已经显达了，也常常受到众人的称誉。辨清因果，明察是非，是其功绩；容易招致诽谤之徒的非难，是其不足。它作为一种事业，严厉而不宽容，因此往往事先为大家拥护，而后又脱离群众。

【原文】

　　伎俩之业，本于事能[1]，其道辨而且速[2]。伎计如神，是以速辨。其未达也，为众人之所异。伎能出众，故虽微而显。已达也，为官司之所任[3]。遂事成功[4]，政之所务。其功足以理烦纠邪，释烦理邪，亦须伎俩。其敝也，民劳而下困，上不端而下困[5]。其为业也，细而不泰[6]，故为治之末也。道不平弘，其能太乎？

【注释】

　　[1]事能：在处理各种事情时能错意施巧。
　　[2]辨：明晰，聪慧。
　　[3]官司：百官。任：信任。
　　[4]遂事成功：完成事业，成就功业。
　　[5]上不端而下困，与正文意不贴，顾定芳刊本"不端"作"多端"，是矣。
　　[6]泰：大。

【译文】

　　伎俩家的事业，根植于对具体事情的用心巧妙，能明确而且神速地出谋划策。所以未显达之时，就以技能出众而被别人看重；已经显达了，又为百官所重用。善于处理杂乱，纠正邪秽，这是它的功绩。其不足是：用技巧之心，屡变法令，老百姓因此辛苦困顿。这种事业，琐细狭隘，着眼于小事而忽视大局，所以是治国安邦的下策。

【评析】

本篇中，刘邵对"人臣之任"的清节家、法家、术家、智意、臧否、伎俩等六种人材在被启用前后，各自材性所表现出来的不足与长处，作了深入、具体的比较与剖析。其目的在于使君王能充分了解、掌握这六种人材的特点，选贤任能，使他们能人尽其用，事得其人，从而使"众材得其序而庶绩之业兴"，达到天下太平的目的。

接 识 第 七

推己接物，俱识同体，兼能之士，乃达群材。

【题解】

接识，就是结交人，认识人。本篇论述初次见面交谈时如何鉴别人材，并指出容易出现的失误及其原因。

【原文】

夫人初甚难知[1]，貌厚情深[2]，难得知也。而士无众寡，皆自以为知人。故以己观人，则以为可知也。己尚清节，则凡清节者皆己之所知。观人之察人，则以为不识也。夫何哉？由己之所尚在于清节，人之所好在于利欲，曲直不同于他，便谓人不识物也。是故能识同体之善，性长思谋，则善策略之士。而或失异量之美[3]。遵法者虽美，乃思谋之所不取。

何以论其然？

夫清节之人，以正直为度[4]，故其历众材也[5]，能识性行之常[6]，度在正直，故悦有恒之人。而或疑法术之诡[7]。谓守正足以致治，何以法术为也。

法制之人，以分数为度[8]，故能识较方直之量，度在法分，故悦方直之人。而不贵变化之术。谓法分足以济业，何以术谋为也。

术谋之人，以思谟为度[9]，故能成策略之奇，度在思谋，故贵策略之人，而不识遵法之良。谓思谟足以化民，何以法制为也。

器能之人，以辨护为度[10]，故能识方略之规[11]，度在辨护，故悦方计之人。而不知制度之原[12]。谓方计足以立功，何以制度为也。

智意之人，以原意为度[13]，故能识韬谞之权[14]，度在原意，故悦韬谞之人。而不贵法教之常。谓原意足以为正，何以法理为也。

伎俩之人，以邀功为度[15]，故能识进趣之功[16]，度在邀功，故悦功能之人。而不通道德之化。谓伎能足以成事，何以道德为也。

臧否之人，以伺察为度[17]，故能识诃砭之明[18]，度在伺察，故悦谴诃之人。而不畅倜傥之异[19]。谓谴诃乃成教，何以宽弘为也。

言语之人，以辨析为度[20]，故能识捷给之惠[21]，度在剖析，故悦敏给之人。而不知含章之美[22]。谓辨论事乃理[23]，何以含章为也。

【注释】

〔1〕初：本来。

〔2〕貌厚情深：表情复杂，内心深沉。《庄子·列御寇》："孔子曰：凡人心险于山川，难于知天。天犹有春秋冬夏旦暮之期，人者厚貌深情。故有貌愿而益，有长若不肖，有慎懁而达，有坚而缦，有缓而钎。故其就义若渴者，其去义若热。"

〔3〕同体：体性相同。异量：体性不同。《体别篇》论各类人材性之得失，列人之体性为抗者六、拘者六。《流业篇》论人之材能，亦分

为十二种。《韩非子·奸劫弑臣》："凡人之大体，取舍同者则相是也，取舍异者则相非也。"

〔4〕度：准则。

〔5〕历：观察。

〔6〕性行：体性与德行。常：指常态。

〔7〕诡：欺诈。

〔8〕分数：原则，法规。

〔9〕思漠：思虑，谋划。

〔10〕辨护：办理监督。

〔11〕方略：计谋策略。

〔12〕制度：法度。原：根本。

〔13〕原意：推究他人心意，同"原度"意近。

〔14〕韬谞：韬情谞智，掩盖真情，谲诈多谋。

〔15〕邀功：求功。

〔16〕进趣：即进取、进趋，努力向前。

〔17〕伺察：伺机督察。

〔18〕诃砭：诋诃、针砭。

〔19〕倜傥：洒脱而不受礼法束缚，故刘昞注说"宽弘"。

〔20〕辨析：论辨分析。本书中"辨"、"辩"常通用。

〔21〕捷给：言辞敏捷，应对不穷。

〔22〕含章：含美。

〔23〕"事乃"二字误倒。

【译文】

识别人的贤愚善恶是很困难的。但总有一些人，不论自己才高才低，都自以为能识别人材。他们按照自己的才性观察别人，就以为凡同自己才性相近者皆是人材；看到别人观察人，就以为不能识别人材。这是什么原因呢？因为他们能够辨别与自己体性相同人的优点，而对于与自己体性不同者的长处却往往失察。

何以见得？

清节之人，以正直为准则，所以他们观察人材，能够识别体性德行有恒的人，而对于法术之人总是疑其有诈。

法制之人，以原则法律为准则，所以能够识别正直守法的人，而轻视那些具有谋略而变化多端的人。

术谋之人，以思虑谋划为准则，所以能够识别策术谋略奇异的人，而不能识别严格遵守法律的人。

器能之人，以善于办事为准则，所以能够识别长于谋划事情的人，而不能知晓掌握法度原则的人。

智意之人，以推究了解他人心意为准则，所以能够识别谲诈多谋、随机应变的人，而轻视那些看重法律教化常规的人。

伎俩之人，以求得功效为准则，所以能够识别钻营进取务求成功的人，而不能知晓道德高尚的人。

臧否之人，以伺机督察为准则，所以能够识别善于批判现实、针砭时弊的人，而无法理解洒脱放荡、不以世事为怀的人。

言语之人，以善于论辩事实，分析情理为准则，所以能够识别言辞敏捷、应对不穷的人，而不能知晓言语迟缓而内心秀美的人。

【原文】

是以互相非驳，莫肯相是。人皆自以为是，谁肯道人之是。取同体也，则接论而相得[1]。性能苟同，则虽胡越[2]，接响而情通。取异体也，虽历久而不知。性能苟异，则虽比肩[3]，历年而逾疏矣。凡此之类，皆谓一流之材也[4]。故同体则亲，异体则疏。

若二至已上[5]，亦随其所兼，以及异数[6]。法家兼术，故能以术辅法。

故一流之人，能识一流之善。以法治者，所以举不过法。二流之人[7]，能识二流之美。体法术者，法术兼行。尽有诸流[8]，则亦能兼达众材。体通八流[9]，则八材当位[10]，物无不理。

故兼材之人与国体同[11]。谓八材之人始进陈言，冢宰之官，察其所以[12]。欲观其一隅[13]，则终朝足以识之。将究其详，则三日而后足。何谓三日而后足？夫国体之人兼有三材，故谈不三日不足以尽之。一以论道德，二以论法制，三以论策术，然后乃能竭其所长，而举之不疑。在上者兼明八材，然后乃能尽其所进，用而无疑矣。

【注释】

〔1〕接论：犹言交谈。相得：互相投合。

〔2〕胡越：胡地在北，越在南，相隔殊远，比喻疏远、隔绝。

〔3〕比肩：并肩，比喻关系亲密。

〔4〕一流：第一类。

〔5〕二至：同时具备两种才性。《九征》："一至谓之偏材。"

〔6〕异数：不同的材能。

〔7〕二流：第二类，指二至之人。

〔8〕尽有诸流：指兼材之人。《九征》："故偏至之材，以材自名；兼材之人，以德为目；兼德之目，更为美号。"

〔9〕八流：八类。

〔10〕八材：《流业篇》云"人流之业，十有二焉"，其中清节之家、法家、术家各以德法术为本，国体之家是兼有德法术三材而三材皆备，器能之家兼有三材而三材皆微，臧否之家是清节之流，伎俩之家是法家之流，智意之家是术家之流。故云："凡此八业，皆以三材为本，故虽波流分别，皆为轻（经）事之材也。"《材能篇》所论八材，与此同。但《材理篇》所论"八能"、"八材"指论辩时的八种能力和技巧，与此不同。

〔11〕国体：指兼有三材、三材皆备的人材。

〔12〕所以：所用。

〔13〕一隅：一方。

【译文】

所以彼此非难反驳，否定对方，不能承认对方的优点。对于同自己情性相同的人，一旦交谈就情投意合；对于与自己情性不同的人，即使交往很久也不能互相了解。凡是这一类人，都是只具备一种才性的人。

如果同时具备两种或两种以上的才性，那么，也会随着他们所兼备的才性而具有不同的能力。

所以只具备一种才性的人，只能识别同他才性相同的人。具备两种才性的人，只能识别具备两种才性的人。具备多种才性的人，就能同时识别不同才性的人。

因此，兼备多种才性的人同国体之人相同。想要考察这类人的某一方面，有一天的时间就够了。如果想要全面详细了解他，最少要有三天时间才能完成。为什么至少要三天时间呢？因为国体之人兼有道德、法制、权术三种材能，同他们交谈不足三天就不能详尽了解他。首先要讨论道德问题，其次讨论法制问题，最后讨论策术问题，然后才能完全发现他的长处，举荐他而毫不怀疑。

【原文】

然则何以知其兼偏，而与之言乎？察言之时，何以识其偏材？何以识其兼材也？

其为人也，务以流数杼人之所长[1]，而为之名目，如是兼也[2]。每因事类，杼尽人之所能，为之名目，言不容口[3]。如陈以美[4]，欲人称之，己之有善，因事自说，又欲令人言常称己。不欲知人之所有，如是者偏也。人之有善，耳不乐闻；人称之，口不和也。

不欲知人，则言无不疑。闻法则疑其刻削，闻术则疑其诡诈。是故以深说浅，益深益异。浅者意近，故闻深理而心逾衒[5]。是以商君说帝王之道不入，则以强兵之义示之[6]。异则相返[7]，反则相非。闻深则心衒，焉得而相是，是以李兑塞而不听苏秦之说[8]。

是故多陈处直[9]，则以为见美[10]。以其多方，疑似见美也。静听不言，则以为虚空。待时来语，疑其无实。抗为高谈[11]，则为不逊。辞护理高[12]，疑其凌己。逊让不尽，则以为浅陋。卑言寡气，疑其浅薄。言称一善，则以为不博。未敢多陈，疑其陋狭。历发众奇，则以为多端。偏举事类，则欲以释之，复以为多端。先意而言，则以为分美。言合其意，疑分己美。因失难之，则以为不喻[13]。欲补其失，反不喻也。说以对反，则以为较己。欲反其事而明言，乃疑其较也。博以异杂，则以为无要[14]。控尽所怀[15]，谓之无要。论以同体，然后乃悦。弟兄恣肆，为陈管蔡之事[16]，则欣畅而和悦。于是乎有亲爱之情，称举之誉。苟言之同，非徒亲爱而已，乃至誉而举之。此偏材之常失。意常姻护[17]，欲人同己，己不必得，何由暂得。

【注释】

〔1〕流数：指事情的类别。杼：同"抒"，抒发，陈说。

〔2〕如是兼也，依下文"如是者偏也"句例，"是"后当有"者"字。

〔3〕言不容口：满口讲的全是称赞美德的语言。容，容纳。

〔4〕以，《四库全书》本作"己"。按：作"己"是。

〔5〕衒：迷惑、惑乱。

〔6〕"商君"句：据《史记·商君列传》记载，商鞅见秦孝公，先用帝王之道说之，公不听；又以王道仁政说之，亦不听；然后以霸道、强国之术说之，公大悦。

〔7〕返，当作"反"，下句"反则相非"，即承上文作"反"。反：违反。

〔8〕"李兑"句：《四库全书》本"塞"下有"耳"字。按：有"耳"字是。据《战国策·赵策一》记载，李兑不听苏秦之计，故塞紧两耳，不听他的游说。

〔9〕处直：同"处置"，处理安置，指办法措施。

〔10〕见美：呈现自己的美。

〔11〕抗：抗直。

〔12〕辞护：言辞雄辩。

〔13〕"因失"句：因他人失误而责难之，欲补其失，对方则以为说自己不明理。

〔14〕"多陈处直"到"则以为无要"共十条，回答"何以知其偏材而与之言乎"。

〔15〕控：诉说。

〔16〕管：管叔鲜。蔡：蔡叔度。据《史记·管蔡世家》记载，二人与周公皆为文王子，武王弟。武王死，其子成王年少，周公摄政。管、蔡散布流言诬陷周公，迷惑成王，后又挟武庚作乱。周公东征，杀武庚及管叔，流放蔡叔。

〔17〕媢护：因忌恨别人揭短而袒护自己。

【译文】

那么与人交谈之时，怎么才能识别他是兼材还是偏材呢？

对待别人，尽力根据他的所作所为陈说称赞其长处，并且给予恰当的名称，这样的人是兼材。讲述自己的善行，想让他人称赞，而又不想了解他人的优点，这样的人是偏材。

不想了解对方的思想，则对他说的话无不怀疑。所以对思想浅薄的人讲说深奥的义理，越深奥则越感到奇异，越感到奇异就从心里越加抵触，心里抵触必然导致口头上的责怪非难。

所以，你频繁地陈说处理事情的能力，他会以为你炫耀自己的优点。静静听他讲话而不发言，他则以为你内心空虚而不知事理。你的言辞雄辩，道理公正，他会以为你不谦逊。你谦虚礼让，含蓄不露，他则以为你浅薄无知。你谈话只称赞某一方面，他就以为你不够广博。你旁征博引，陈说事理，他则以为你变化多端，没有准的。你所讲的道理如果和他的心意相合，就以为是窃己之美、分己之功。你指出他的错误并纠正他的过失，他就以为是责难自己不明事理。你陈述相反或相对的事情，通过具体事例让他明理，他则以为是用来比较自己的材力。你讲说庞杂奇异之事，他就以为紊乱没有要点。只有讲述同他性情相同的人或事，他才欢畅和悦，于是不但流露出情投意合的感情，而且极力称赞荐举。这是偏材之人经常犯的错误。

【评析】

本篇论述了三个问题：第一，偏材之人在知人方面是"能识同体之善，而或失异量之美"，能够识别与自己体性相同人的优点，而对于与自己体性不同者的长处却往往失察。比如，清节之人，以正直为准则，所以他们能够识别德性有恒的人，对于法家、术家之材总是疑其有诈。法制之人，以法律为准绳，所以能够识别正直守法的人，而轻视那些具有变化多端谋略的权术之人。以此类推，权术之人、器能之人、智意之人、伎俩之人、臧否之人、言语之人，都是"互相非驳，莫肯相是"，"取同体也，则接论而相得；取异体也，虽历久而不知"。如果是偏材之人中具有二至以上美质的人，"亦随其所兼以及异数"，就会因此而赏识几种相同美质的人。兼材之人，对五德的禀赋是具体而微，所以"兼达众材"，能全面地识别人材。

第二，在初次交际时如何通过交谈快速鉴别对方是偏材还是兼材，以及属于偏材的哪一种类型，刘邵认为具体方法是：对待他人，尽量根据他的所作所为陈说称赞其长处，并且给予准确的评价，这样的人是兼材；如果只是讲说炫耀自己的长处，想让他人称赞，而又不想知晓他人的优点，这样的人则是偏材。

第三，偏材之人最大的缺点是"不欲知人"。由于"不欲知人"，则导致多忌多疑，尤其对别人的话无不怀疑，闻法则疑其刻削，闻术则疑其诡诈。别人越想把话说得深入一些，偏材之人越是感到奇异，越感到奇异就从心里越加抵触，心里的反感抵触必然导致口头上的责怪非难。刘邵全面而生动地描述了同偏材之人交谈的难处：

你频繁地陈说处事正直，他会以为你炫耀自己的优点。静静听他讲话而不发言，他则以为你内心空虚而不知事理。言辞雄辩，高谈阔论，他会以为你不谦逊。谦虚礼让，含蓄不尽，他则以为你浅薄无知。说话只称赞某一方面，他就以为你不够广博。旁征博引，他则以为你变化多端，没有标准。所讲的道理如果和他的心意暗合，他就以为你窃己之美、分己之功。指出他的错误，他则以为是责难自己不明事理。陈述相反或相对的事情让他明白，他则反以为是和自己比较材力。和他讲说庞杂奇异之事，他就以为紊乱没有要点。只有讲述同他性情相同的人或事，他才欢畅和

悦，于是不但流露出亲爱的感情，而且极力称赞荐举。这里虽然
缺少较为深刻的理论思考，但刘邵对"说难"实践的体味却给予
我们启发良多。战国后期，著名思想家韩非子处在险恶莫测的政
治漩涡之中，深感游说之难，著《说难》抒其意，开头即开宗
明义道：

> 凡说之难，非吾知之有以说之之难也，又非吾辩之能明
> 吾意之难也，又非吾敢横失能尽之难也。凡说之难，在知所
> 说之心，可以吾说当之。

刘邵讲"说难"的角度，虽与韩非不同，但其认识却是共同的。
然而韩非既知说难，而自身仍不免遭谗枉死，司马迁因此"悲韩
非为《说难》而不能自脱耳"（《史记·申不害韩非列传》）。刘
邵历仕汉魏四世皇帝，始终保持政治上的平稳，最后得以享其天
年，赐爵封侯。知之而能行之，难矣！

英 雄 第 八

自非平淡，能各有名，英为文昌，雄为武称。

【题解】

英雄，指白手起家而创建了卓越功勋的人材。本篇旨在探讨这种杰出人物的人材素质。

【原文】

夫草之精秀者为英[1]，兽之特群者为雄[2]。物尚有之，况于人乎！故人之文武茂异，取名于此。文以英为名，武以雄为号。是故聪明秀出谓之英，胆力过人谓之雄，此其大体之别名也。若校其分数[3]，则互相须[4]，英得雄分，然后成章；雄得英分，然后成刚。各以二分，取彼一分，然后乃成。胆者雄之分，智者英之分。英有聪明，须胆而后成；雄有胆力，须知而后立。

【注释】

〔1〕精秀：精华。
〔2〕特群：超群。
〔3〕校其分数：考察英与雄的区分配置。分数，指军队编制，人员配置。
〔4〕相须：互相配合、帮助。

【译文】

草木的精华称为英，禽兽中超群者称为雄。那些文才武略卓越者称为英雄，就是由此得名的。所以具有远见卓识的叫做英，胆力超群的叫做雄，这是英和雄大概的区别。如果考察分析人所禀赋的英与雄的区分配置，就会发现英和雄是互相配合、互相依赖着的。如果把英与雄各自一分为二，然后交错搭配组合，在一个整体中"英"与"雄"各占一份，这样的人材能成就功业。

【原文】

何以论其然？夫聪明者英之分也，不得雄之胆，则说不行。智而无胆，不能正言。胆力者雄之分也，不得英之智，则事不立。勇而无谋，不能立事。是故英以其聪谋始，以其明见机[1]，智以谋事之始，明以见事之机。待雄之胆行之。不决则不能行。雄以其力服众，以其勇排难，非力众不服，非勇难不排。待英之智成之。智以制宜，巧乃可成[2]。然后乃能各济其所长也。譬金待水而成利功[3]，物得水然后成养功。

若聪能谋始，而明不见机，乃可以坐论[4]，而不可以处事。智能坐论，而明不见机，何事务之能处。聪能谋始，明能见机，而勇不能行，可以循常[5]，而不可以虑变。明能循常，勇不能行，何应变之能为。若力能过人，而勇不能行，可以为力人[6]，未可以为先登[7]。力虽绝群，胆雄不决，何先锋之能为。力能过人，勇能行之，而智不能断事，可以为先登，未足以为将帅。力能先登，临事无谋，何将帅之能为。

必聪能谋始，明能见机，胆能决之，然后可以为英，张良是也[8]。气力过人，勇能行之，智足断事，乃可以为雄，韩信是也[9]。

体分不同[10]，以多为目[11]，故英雄异名。张良英智多，韩信雄胆胜。然皆偏至之材，人臣之任也。故英可以为相，制胜于近。雄可以为将。扬威于远。若一人之身兼有英雄，则能长世[12]，高祖、项羽是也。

【注释】

〔1〕机：同"几"，事物变化的细微动向。《材理》："明能见机，谓之达识之材。"

〔2〕巧乃可成："巧"疑"功"字形讹。

〔3〕"金待水"句：磨刀时洒水于刀砺之间，刃易锋利，故云"成利功"。

〔4〕坐论：坐而论道，空谈。

〔5〕循常：遵守常道。

〔6〕力人：大力士。

〔7〕先登：先锋。

〔8〕《流业》："思通道化，策谋奇妙，是谓术家，范蠡、张良是也。"

〔9〕《流业》："胆力绝众，才略过人，是谓骁雄，白起、韩信是也。"

〔10〕体分：体性的份额。

〔11〕目：称呼，名目。

〔12〕长世：天下之长，称雄于世。

【译文】

为什么这样说呢？聪明智慧是英材的天赋，不具备雄材的胆略，正确的观点就不能推行。胆识力量是雄材的天赋，不具备英材的智慧，事业也不能成功。所以，"英材"用智慧谋划于开始，用明察发现事物的微小动向，又通过"雄材"的胆略决断而付诸实施。"雄材"用力量制服大众，用勇敢排除困难，又通过"英材"的智慧而成就功业。这样，英材和雄材就能够互相用对方的长处补足自己的短处。

如果能够谋划于事情的开始，而不能明察事物微小的变化，这样的人，可以让他们坐而论道，而不能让他们具体处理事情。既能够谋划于事情的开始，又能够明察事物的动向，而不具备实践的勇敢决断，这样的人，可以遵循常道，而不能应付变故。如果力量超过众人，而不具备勇敢的禀性，这样的人，只能是大力士，而不能成为攻城野战的先锋。力量超过众人，又具备勇敢的禀性，而没有判断事理的智慧，这样的人，可以是先锋，但不能够做统帅。

一定要智慧足以谋始，明察足以见微，胆略足以决断，这样的人材算是英材，张良就是这类人。力气足以超过他人，勇敢足以敢做敢为，智慧足以谋断事理，这样的人材算是雄材，韩信就是这类人。

不过人所禀赋的英分、雄分不相等，以占主导地位的成分命名，所以就有"英材"、"雄材"不同的名称。但他们都是偏至之材，只能担任人臣之职：英材可以为相，雄材可以为将。如果一个人身上兼备英材和雄材，就能够功高盖世，称雄一时，刘邦、项羽就是这样的人。

【原文】

然英之分以多于雄，而英不可以少也〔1〕。英以致智，智能役雄，何可少也。英分少，则智者去之。故项羽气力盖世〔2〕，明能合变〔3〕，胆烈无前，济江焚粮〔4〕。而不能听采奇异，有一范增不用〔5〕，是以陈平之徒皆亡归高祖〔6〕。英分多，故群雄服之，英材归之，两得其用。雄既服矣，英又归之。故高祖能吞秦破楚，宅有天下。

然则英雄多少，能自胜之数也。胜在于身，则能胜物。徒英而不雄，则雄材不服也。内无主于中，外物何由入〔7〕。徒雄而不英，则智者不归往也。无名以接之〔8〕，智者何由往。

故雄能得雄，不能得英。兕虎自成群也。英能得英，不能得雄。鸾凤自相亲也。故一人之身，兼有英雄，乃能役英与雄。能役英与雄，故能成大业也。武以服之[9]，文以绥之[10]，则业隆当年，福流后世。

【注释】

〔1〕"然英之分"两句意思不完整，疑有脱误。

〔2〕项羽（前232—前202）：名籍，字羽。《史记·项羽本纪》："于是项王乃悲歌慷慨，自为诗曰：'力拔山兮气盖世，时不利兮骓不逝。'"

〔3〕合变：随机应变。

〔4〕济江焚粮：据《史记·项羽本纪》记载，项羽领兵救赵，渡过漳水，皆沈船，破釜甑，烧庐舍，持三日粮，以示士卒必死，无一还心。

〔5〕范增（前277—前204）：项羽主要谋臣。据《史记·项羽本纪》记载，二人后有矛盾："项王乃疑范增与汉有私，稍夺其权。范增大怒曰：'天下事大定矣，君王自为之，愿赐骸骨归卒伍。'项王许之。行未至彭城，疽发背而死。"

〔6〕"陈平"句：《史记·陈丞相世家》记载，陈平说："臣事魏王，魏王不能用臣说，故去事项王。项王不能信人，其所任爱，非诸项即妻之昆弟，虽有奇士不能用，平乃去楚。"归顺刘邦。

〔7〕主：主见。《庄子·天运》："中无主而不止，外无正而不行。"成玄英疏："若使中心无受道之主，假令闻于圣说，亦不能止住于胸怀，故无他也。中既无受道之心，故外亦无能正于己者，故不可行也。"

〔8〕无名：没有合适的名分。

〔9〕服：慑服，制服。

〔10〕绥：安抚。

【译文】

然而英分和雄分相比较，英分更显得不能缺少。缺少英分，英材一定会离开他。所以项羽力能拔山，气概盖世，也有顺时应变的明智，但是却不能听取奇异的计谋，有一奇士范增而不能重用，陈平等人也就逃亡归顺了刘邦。英分多的人，雄材服从他，英材归顺他，两得其用，所以刘邦能够吞并强秦，击破西楚，统一天下。

这样说来，英分和雄分的多少，是决定自身成败的关键。只具备英分而没有雄分，那么雄材不会服从；只具备雄分而没有英分，那么英材也不会归顺。所以只具备雄分的人能得到雄材，不能得到英材；只具备英分的人能得到英材，不能得到雄材。因此，一人之身兼有英分和雄分，才能够率率英材和雄材，成就伟大的事业。

【评析】

本篇讨论英雄人物的人材素质。

刘邵认为，"英雄"这一名号是"英"与"雄"两个名号的结合，由"聪"、"明"、"胆"、"力"四种因素组成。"聪"和"明"属于"英"的构成要素，"胆"和"力"属于"雄"的构成要素。要成为"英"材，则除了需要"聪"、"明"本分外，还需要再加上"雄"分中的"胆"。要成为"雄"材，除本分外，还需再加上"英"材中的智慧。所以，"英"和"雄"在构成要素之间就出现互相交叉、互相配合的关系。

刘邵还对聪、明、胆、力之间错综复杂的关系进行了分析，根据英雄素质多寡，确定不同的名号，辨析其中规律，总结出了英与雄，即文、武两个系统人材的递变关系。第一种，如果"聪"能够谋划于事情的开始，而"明"不能体察事物微小的变化，这样的人，可以让他们坐而论道，而不能让他们具体处理事情。第二种，"聪"能谋划于事情的开始，"明"能体察事物微小的变化，而"胆"识不足，这样的人，可以遵循常道，而不能应付变故。第三种，"力"超众人，而不具备"胆"识，这样的人，只能是大力士，而不能成为攻城野战的先锋。第四种，"力"超众人，又具备"胆"识，而缺乏"聪"察，这样的人，可以是先锋，但不能够做统帅。第一、第二种并不能叫"英材"，第三、第四种也不能叫"雄材"。一定要"聪"能谋始，"明"能见几，"胆"足决策，这样的人才是"英材"，如张良等。一定要"力"超众人，"胆"足决断，"聪"能谋断，这样的人才是"雄材"，如韩信之类。所以英材是既包括英之"聪"、"明",又包括雄之"胆"或"力";雄材是既包括雄之"胆"、"力",又包括英之"聪"或"明"。所谓"各以二分,取彼一分,然后乃成"。如果具备了聪、明、胆、力四种材分,那就是刘邦、项羽这类创业英雄了。

以上对七种人材的分析,是仅就他们总体上具备聪、明、胆、力四种材分情况而说的。实际上还有更复杂的情况,即各自具备四种因素的多少问题。英分(聪、明)少于雄分(胆、力),虽然也是"英雄",但真正的"英材"是不归附的,"故项羽气力盖世,明能合变,而不能听采奇异,有一范增不用,是以陈平之徒皆亡归高祖"。英分多于雄分,雄材服之,英材归之,所谓两得其用,"故刘邦能吞秦破楚,宅有天下"。

汉魏之际,是一个英雄辈出的时期,也是学者文士推崇英雄、评析英雄的时期。王粲著有《汉末英雄记》,此书已佚,据清人黄奭的辑本,此书记载了曹操、董卓、刘备、曹纯等众多英雄豪杰的创业事迹。《世说新语·识鉴》载乔玄对曹操说:"天下方乱,群雄虎争,拨而理之,非君乎?然君实乱世之英雄,治世之奸贼。"此话亦见于《后汉书·许劭传》,但作许劭语。曹操曾对刘备说:"今天下英雄,惟使君与操耳。"(《三国志·先主传》)可见曹操心中的英雄是能拨乱反正的创大业者,其标准显然比王粲的要高。王隽对刘表说:"曹公天下之雄也,必能兴霸道,继桓文之功者也。"(《三国志》注引皇甫谧《逸士传》)这里"雄"就是英雄。傅巽称与诸葛亮齐名的庞统"为半英雄"(见《三国志·刘表传》注引《傅子》),可见其心中的英雄标准一定不低。阮籍登广武山观楚汉古战场,慨叹曰:"时无英雄,使竖子成名乎!"(《三国志·阮瑀传》)可见,"英雄"应当是当时评鉴人物的一个"品题",想必当时有英雄问题的讨论。

汉末以来,出现了一批评论人物的专文,尤其是魏文帝曹丕集文学诸臣,共论古代君臣优劣之后,这种对古今人物的评说风气更为兴盛,其中一些是专评历史英雄的。如曹丕有《周成汉昭论》、《汉文贾谊论》、《孝武论》,曹植有《汉二祖优劣论》、《周成汉昭论》,钟会有《夏少康汉高祖论》,夏侯玄有《乐毅论》,

诸葛亮有《光武论》，何晏有《白起论》，裴玄和他的儿子裴钦各有《齐桓晋文论》等。从现存佚文看，其中有一些牵涉到这些英雄身上"英"与"雄"的关系问题。如曹丕《汉二祖优劣论》，认为刘邦、刘秀俱为受命拨乱的英雄，但二帝亦有差异。其论刘邦曰：

> 高祖因暴秦而起，官由亭长，□自亡徒，招集英雄，遂诛强秦，光有天下，功齐汤武，业流后嗣。彼之雄材大略，倜傥之节，信当世至豪健壮杰之士也。又其枭将画臣，皆古今之鲜有，历世之希睹。彼能任其才而用之，听其言而察之，故兼天下而有帝位，流巨功而遗元勋也。
>
> 然而名不继德，行不纯道，直寡善人之美称，鲜君子之风采。惑秦宫而不出，窘项坐而不起，计失乎郦生，忿过乎韩信。太公是诟，于孝违矣！败古今之大教，伤王道之实义。身殁之后，崩亡之际，果令凶妇肆鸩酷之心，嬖妾被人豕之刑，亡赵幽囚，祸殃骨肉，诸吕专权，社稷几移。凡此诸事，岂非高祖寡计浅虑以致哉！

所谓"寡计浅虑"，就是"英分"略差的另一种说法。其论刘秀之"德"云：

> 世祖体乾灵之休德，禀贞和之纯精。其为德也，通达而多识，仁智而明恕，重慎而周密，乐施而爱人。

其论刘秀之"明"云：

> 尔乃庙谋而后动众，计定而后行师，故攻无不陷之垒，战无奔北之卒。

其论刘秀之"胆力"云：

> 值阳九无妄之世，遭炎光厄会之运，殷尔雷发，赫然神

举。用武略以攘暴，兴义兵以扫残。神光前驱，威风先逝。……夫其荡涤凶秽，剿除丑类，若顺迅风而纵烈火，晒白日而扫朝云也。

略后于刘邵的嵇康著有《明胆论》，开头说："有吕子者，精义味道，研核是非，以为人有胆可无明，有明便有胆矣。嵇先生以为明胆殊用，不能相生。"这里所讨论的明和胆的关系问题，就是《人物志》所讨论的英和雄的关系问题。吕子指吕安，嵇康的朋友。他认为明可以生胆，只要有了明，自然就有胆。嵇康不同意这种看法，他认为明和胆有不同的作用，应该各自从不同的天赋本质产生出来，不能从明生出胆，也不能从胆生出明。他写道：

元气陶铄，众生禀焉。赋受有多少，故才性有昏明。唯圣人特钟纯美，兼周外内，无不毕备。降此以往，盖阙如也。或明于见物，或勇于决断。人情贪廉，各有所止。譬诸草木，区以别矣。兼之者博于物，偏受者守其分。故吾谓明胆异气，不能相生。明以见物，胆以决断。专明无胆，则虽见不断；专胆无明，达理失机。

嵇康从明胆产生于不同的禀赋元气探讨二者的关系，比刘邵仅空泛地阐述"英"、"雄"材分的分布，显然更进了一步。

八观第九

群材异品，志各异归，观其通否，所格者八[1]。

【题解】

八观，八种观察鉴别人材的方法。本篇系统地讨论了这八种方法。

【原文】

八观者：一曰观其夺救[2]，以明间杂[3]。或慈欲济恤，而吝夺其仁[4]；或救济广厚，而乞醯为惠[5]。二曰观其感变[6]，以审常度[7]。观其慍怍[8]，则常度可审。三曰观其志质[9]，以知其名。征质相应[10]，睹色知名。四曰观其所由[11]，以辨依似[12]。依讦似直，仓卒难明。察其所安，昭然可辨。五曰观其爱敬，以知通塞[13]。纯爱则物亲而情通，纯敬则理疏而情塞。六曰观其情机[14]，以辨恕惑。得其所欲则恕，违其所欲则惑[15]。七曰观其所短，以知所长。讦刺虽短，而长于为直。八曰观其聪明，以知所达。虽体众材，而材不聪明，事事蔽塞，其何能达。

【注释】

〔1〕格：研究。所格：研究的途径、方法。

〔2〕夺：侵害，扰乱。救：补救。自身品质中恶劣的一面战胜了良好的一面，即"恶情夺正"。自身品质中良好的一面补救了恶劣的一面，即"善情救恶"。下文所云"爱财伤于慈，惧怵损于仁，利欲害于刚"，就是"夺"。下文又云"善情救恶"、"爱惠分笃"、"助善著明"、"救济过厚"，就是"救"。

〔3〕间杂：混杂，似是而非。

〔4〕济恤：救济。恤：吝啬。

〔5〕乞醯为惠：据《论语·公冶长》载，鲁人微生高从邻居家讨乞醋送给别人，以获取救济广厚的美名。《说文》："醯，酸也。"就是现在的醋。

〔6〕感变：指人的内心感受了外界的事物而反映在形貌神情上的变化。

〔7〕常度：指人的性情带有规律性的特征，亦即恒定的心理状态。

〔8〕愠怍：指心中的各种变化。愠，愤怒；怍，惭愧。

〔9〕志质，当依下文"观其至质"、"至质相发""观其所至之多少"，作"至质"。至质：具有的素质。根据下文所述，刘邵笔下的"至质"有时指生理素质，如骨、气、筋等，有时则指由生理素质所产生的品格特征，如"骨直"所产生的正直品格，"筋劲"所产生的强健品格，两者是一致的表里关系。

〔10〕征质相应：质性表现于形貌叫征，征是质的外在表现，故云"征质相应"。

〔11〕由：经过，做为。

〔12〕依似：似是而非、阳奉阴违。

〔13〕通塞：顺利与阻滞，显达与困扰。

〔14〕情机：性情变化的根由和关键。机，事物变化的关键根源。

〔15〕恕：宽容。惑：迷乱。恕惑，指宽容与猜忌。

【译文】

八种观察人的方法：一是观察一个人性情中反面侵夺正面和正面补救反面的情况，就能明晓性情的似是而非和错综复杂的情况。二是观察一个人在遇到各种突发事件后言辞和应对能力的变化，就能知晓他性情最基本的特征。三是观察一个人身上所具有的各种质性特征，从而了解他具有的名声。四是观察一个人性情表现的方式方法，就能通过似是而非的表象辨明真相。五是观察一个人慈爱和礼敬的真诚程度，以推知他和别人能否沟通。六是观察一个人性情微妙的变化及其原由，以辨明他对人是宽容还是猜忌。七是观察一个人的短处，以推知他材能的长处。八是观察一个人的聪明智慧，以了解他所达到的人材档次。

【原文】

何谓观其夺救，以明间杂。夫质有至有违[1]，_{刚质无欲[2]，所以为至；贪情或胜，所以为违。}若至胜违，则恶情夺正[3]。若然而不然。_{以欲胜刚，以此似刚而不刚。}故仁出于慈，有慈而不仁者[4]；仁必有恤[5]，有仁而不恤者；厉必有刚[6]，有厉而不刚者。若夫见可怜则流涕[7]，_{慈心发于中。}将分与则吝啬，是慈而不仁者。_{为仁者必济恤。}睹危急则恻隐[8]，_{仁情动于内。}将赴救则畏患，是仁而不恤者。_{为恤者必赴危。}处虚义则色厉[9]，_{精厉见于貌。}顾利欲则内荏[10]，是厉而不刚者。_{为刚者必无欲。}

然则慈而不仁者，则吝夺之也。_{爱财伤于慈。}仁而不恤者，则惧夺之也。_{恇怯损于仁[11]。}厉而不刚者，则欲夺之也。_{利欲害于刚。}故曰慈不能胜吝，无必其能仁也。_{爱则不施，何于仁之为能[12]。}仁不能胜惧，无必其能恤也。_{畏懦不果，何恤之能行。}厉不能胜欲，无必其能刚也。_{情存利欲，何刚之能成。}是故不仁之质胜，则伎力为害器[13]。_{仁质既弱而有伎力，此害己之器也。}贪悖之性胜[14]，则强猛为祸梯[15]。_{廉质既负而性强猛，此祸己之梯也。}

亦有善情救恶，不至为害。_{恶物宜翦而除，纯善之人怜而救之，此稠厚之人[16]，非大害也。}爱惠分笃，虽傲狎不离[17]。_{平生结交情厚分深[18]，虽原壤夷俟而不相弃[19]，无大过}

也。**助善著明，虽疾恶无害也。**如杀无道以就有道[20]，疾恶虽甚，无大非也。**救济过厚，虽取人不贪也。**取人之物以有救济，虽讥在乞醯，非大贪也。**是故观其夺救，而明间杂之情可得知也。**或畏咨夺慈仁，或救过济其分[21]，而平淡之主顺而恕[22]。

【注释】

〔1〕质：质性。《九征篇》有五质，即仁、义、礼、信、智。徒仁而无义，徒义而无仁，未能兼济，各守其一，谓之"一至"。违：乖戾，即下文所谓"仁出于慈，有慈而不仁者"之类。"至"和"违"是人的质性中正反两个方面。

〔2〕刚质无欲：《论语·公冶长》记孔子说："申枨这个人欲望太多，怎么能刚呢？"贪欲既多，对权贵佞媚，就不能刚直了，所以说"刚质无欲"。

〔3〕"若至"两句："至"为纯粹之性，"违"为贪欲之情，"至"胜"违"，不当谓"恶情夺正"，疑作"至胜于违"，夺一"于"字。下文："故曰，慈不能胜吝，无必其能仁也；仁不能胜惧，无必其能恤也；厉不能胜欲，无必其能刚也。"可证。

〔4〕仁：指行为；慈：指心理。

〔5〕恤：怜悯、周济。

〔6〕厉：严肃、严厉。厉指表情，刚是意志，故《体别篇》有"厉直刚毅"之说。

〔7〕可怜：值得哀悯。

〔8〕恻隐：同情。《孟子·公孙丑上》："恻隐之心，仁之端也。"

〔9〕"处虚义"句：论述抽象的伦理原则时慷慨激昂。

〔10〕内荏：内心软弱。

〔11〕恇怯：胆怯。

〔12〕何于仁之为能，《四库全书》本作"何仁之能为"。按：依下注"何恤之能行"、"何刚之能成"句例，"于"字为衍文，"为能"误倒。

〔13〕伎力：技能。伎通"技"。

〔14〕贪悖：贪财悖理。

〔15〕祸梯：通向灾祸之路。

〔16〕稠厚：敦厚。

〔17〕傲狎：倨傲狎侮。

〔18〕分：情谊。

〔19〕"虽原壤"句：据《论语·宪问》记载，孔子的老友原壤蹲在地上等待孔子，孔子一见，骂他说："幼而不孙弟，长而无述焉，老而不死，是为贼。"并以杖叩其胫。夷：蹲着。俟：等待。

〔20〕就：成就。

〔21〕或救过济其分：义不可通，疑"过""济"二字误倒，当作"或救济过其分"，即上文"救济过厚，虽取人不贪"之意。

〔22〕顺而恕：顺其性而恕其情。

【译文】

什么叫"观其夺救，以明间杂"？人的质性有正面和反面之分，如果反面胜过了正面，那就是邪恶扰乱了正义。有时候，情况表面是这样，其实并非如此。仁义的行为产生于慈爱的内心，但有些人有慈爱的心肠并没有仁义的行为。仁爱之心必须体现在救助他人方面，但有些人只有仁爱之心却不肯救助他人。神情严肃的人往往有坚强的意志，但有些人只有严厉的表情并没有坚强的意志。见到可怜的人同情流泪，但准备给他们分送一些财物时却吝啬舍不得，这就是只有慈爱的心肠而没有仁义的行为。看见危难急迫的事情产生同情之心，但将要奔赴救助时却患得患失，这就是只有仁爱之心而没有救助的行为。论说抽象的道义时情绪激昂、表情严厉，但当发现所论同自己利益相关时却内心胆怯，这就是只有严肃的外表并没有坚强的意志。

这样说来，只有慈爱之心而没有仁义的行为，是贪财吝啬侵夺的结果。只有仁爱之心而没有救助的行动，是内心胆怯侵夺的结果。只有严肃的表情而没有坚强的意志，是利欲私心侵夺的结果。所以，如果慈爱之心不能战胜吝啬之情，就一定不能成就仁义之行；如果仁爱之心不能战胜恐惧心理，就一定不能够赴危救难；如果严厉不能战胜私欲，就一定没有坚强的意志。因此，一旦邪恶的质性占据上风，那么技术和力量只能成为害己的器具；贪婪悖理的情性占据了上风，那么坚强和猛毅只能成为取祸的阶梯。

当然，也有善良的性情救助了邪恶的人事，虽然不具备仁质但却不为大害。相互友爱，情分深厚，即使一方傲慢甚至狎侮也不能导致对方的相离；特别崇尚善良正义，即使疾恶如仇做出过分之事也没有大的危害；救济过于笃厚，即使取他人之物做救济之用，也不应当算作贪欲。所以，观察了人性中反面侵夺正面和正面补救反面的情况，人性中错综复杂，似是而非的情况就可以知晓了。

【原文】

何谓观其感变，以审常度？夫人厚貌深情，将欲求之，必观其辞旨，察其应赞[1]。视发言之旨趣，观应和之当否。夫观其辞旨，犹听音之善丑。音唱而善丑别。察其应赞，犹视智之能否也。声和而能否别。故观辞察应，足以互相别识。彼唱此和，是非相举。

然则论显扬正[2]，白也。辞显唱正，是曰明白。不善言应，玄也[3]。默而识之，是曰玄也。经纬玄白，通也。明辨是非，可谓通理。移易无正[4]，杂也。理不一据，言意浑杂。先识未然，圣也。追思玄事，睿也。见事过人，明也。以明为晦[5]，智也。心虽明之，常若不足。微忽必识[6]，妙也[7]。理虽至微，而能察之。美妙不昧，疏也[8]。心致昭然，是曰疏朗。测之益深，实也。心有实智，探之愈精，犹泉滋中出，测之益深也。假合炫耀，虚也。道听途说，久而无实。犹池水无源，泄而虚竭。自见其美，不足也。智不赡足，恐人不知以自伐。不伐其能，有余也。不畏不知[9]。

故曰，凡事不度[10]，必有其故。色貌失实，必有忧喜之故。忧患之色，乏而且荒[11]。忧患在心，故形色荒。疾疢之色[12]，乱而垢杂[13]。黄黑色杂，理多尘垢。喜色愉然以怿，愠色厉然以扬，妒惑之色冒昧无常[14]。粗白粗赤[15]，愤愤在面[16]。及其动作[17]，盖并言辞[18]。色既发扬[19]，言亦从之。是故其言甚怿，而精色不从者[20]，中有违也[21]。心恨而言强和，色貌终不相从。其言有违，而精色可信者，辞不敏也。言不自尽，故辞虽违而色貌可信。言未发而怒色先见者，意愤溢也。愤怒填胸者，未言而色貌已作。言将发而怒气送之者[22]，强所不然也。欲强行不然之事，故怒气助言。凡此之类，征见于外，不可奄违[23]。心欢而怒容，意恨而和貌。虽欲违之，精色不从。心动貌从。

感愕以明[24]，虽变可知。情虽在内，感愕发外，千形万貌，粗可知矣。是故观其感变，而常度之情可知。观人辞色，而知其心，物有常度，然后审矣。

【注释】

〔1〕应赞：应对。

〔2〕论显扬正：指发言旗帜鲜明地弘扬正义。

〔3〕玄：思想内向微妙。

〔4〕移易无正：变化多端，没有标准。

〔5〕以明为晦：将自己的聪明深藏于内心而不外露。

〔6〕微忽：微小。

〔7〕妙：幽妙。

〔8〕疏：爽朗，超逸。

〔9〕不畏不知：《论语·学而》："人不知而不愠，不亦君子乎！"又："子曰：不患人之不己知，患不知人也。"

〔10〕不度：不合常度。

〔11〕乏：困倦。荒：迷乱、困惑。这里指神色失落、恍惚。

〔12〕疾疢之色：久病之色。

〔13〕垢杂：《长短经·知人篇》引作"垢理"。垢理：污垢嵌入皮

肤纹理。理，脸部腠理。刘昞注作"理多尘垢"，则原本似作"理"。

〔14〕冒昧：轻率、鲁莽。

〔15〕粗：大。

〔16〕愤愤：愤恨不平的样子。

〔17〕动作：举动。

〔18〕盖并言辞：是说举动和言辞应当是一致的。

〔19〕发扬：变化、焕发。

〔20〕精：眼睛发出的精气，即眼神。色：脸色。

〔21〕中有违：内心真情与言语不一致。

〔22〕言将发：《长短经·知人篇》引作"言已发"。按：作"言已发"是，前文云"言未发而怒气先见者"，此处当云"言已发"，话已说出怒气才能随之。

〔23〕奄违：掩盖、违背。

〔24〕感愕以明：明白了性情的各种变化。感愕，感触惊愕，指内心的各种变化。以，通"已"，已经。

【译文】

　　什么叫"观其感变，以审常度"？一般人都是外貌忠厚老实而真情深藏不露，如果要探求他们的性情，一定要观察他们言辞的旨趣和应对的能力。观察言辞的旨趣，就好像辨识音乐的美丑；观察应对的能力，就等于考求智慧的高下。所以观辞察应，就完全可以相互识别本性。

　　因此，发表议论显露直率，是因为清楚。不善言辞，默而识之，是因为深思。明辨是非，黑白分明，是因为通理。阐述事理没有一定的根据和标准，变化不定，是因为混杂。在事情未发生之前已经了然于心，是因为圣哲。能够推求深奥的事理，是因为睿智。对事理的观察判断超过常人，是因为聪明。心里已经明白，但表面上好像暗昧无知，是因为大智。非常微小的事理都能辨识，是因为玄妙。不隐瞒美好的事理，是因为疏朗。经过检验越显得所讲事理的深奥，是因为充实笃诚。道听途说，自我炫耀，是因为心智空虚。只看到自己的长处，是因为智能不足。不夸耀自己的能力，是因为心胸宽阔，见识丰富。

　　所以说，凡是辞旨应对失去常规，一定有其原因。心中有忧患之事，形色上显得疲倦而且困惑。身体长久得病，形色上则显得紊乱污浊。心中欢喜，形色就快乐和平。心中充满愤怒，形色上就闪现着严厉之气。心中充满嫉妒，形色显得粗鲁失礼，反复无常。人的一动一举，都和他们的言辞相一致。至于言辞和悦而神色不欢喜者，那是因为心中充满了矛盾，他在违心而论。言语虽然乖张，而神色诚实可信者，那是辞不能达意的缘故。话还没有讲，怒色已经表现了出来，那是愤怒填胸的缘故。讲话之前已怒气冲冲，那是想硬做不该做的事情的缘故。凡是这些，都是内心的感情表现在外部，根本无法掩饰。即使内心想遮掩一下，神色的变化是遮掩不住的。

明白了内心的活动和表情变化的关系，就可以从形貌的千差万别推知性情的变化。所以观察了一个人在遇到各种突发事情后言辞和应对能力的变化，就能知晓他性情最基本的特征。

【原文】

何谓观其至质，以知其名。凡偏材之性，二至以上[1]，则至质相发[2]，而令名生矣[3]。二至，质气之谓也。质直气清，则善名生矣。是故骨直气清，则休名生焉[4]。骨气相应，名是以美。气清力劲，则烈名生焉[5]。气既清矣，力劲则烈。劲智精理，则能名生焉[6]。智既劲矣，精理则能称。智直强悫，则任名生焉[7]。直而又美，是以见任。集于端质[8]，则令德济焉。质征端和，善德乃成。加之学，则文理灼焉[9]。圭玉有质，莹则成文。是故观其所至之多少，而异名之所生可知也。寻其质气，览其清浊，虽有多少之异，异状之名，断可知之。

【注释】

〔1〕二至：《九征篇》分析人的质性为仁、义、礼、智、信五质，"二至"指具备五质中的两质。刘邵还认为人"含元一以为质"，元一即

元气，质气表现出来，就是容貌的动作变化，所以刘昞对"二至"的解释只笼统地说"质气之谓也"。

〔2〕发：发扬，显现。

〔3〕令名：善名。

〔4〕"骨直"二句：是说具有仁之质、礼之本，所以产生了美名。休，美。

〔5〕"气清"二句：是说具有礼和义之素质，刚烈之名就产生了。

〔6〕"劲智"二句：是说具有义和智的素质，能名就产生了。

〔7〕"智直"二句：具有智、仁、勇、信的素质，就会被重用。仁之质"温直扰毅"，故以"直"概括；勇之质"刚塞弘毅"，故以"强"概括；信之质"端实贞固"，故以"悫"概括。

〔8〕集于端质：具备了各种好的人材素质。

〔9〕"加之学"二句：通过学习，礼义道德的光芒就会闪烁。文理，礼文仪节。

【译文】

什么叫"观其至质，以知其名"？凡是偏材之人性情中具有两种以上优秀素质，这些素质互相促进生发，美好的名目也就产生了。比如说，骨骼直正，气色清朗，就具有仁和礼的质性，那么恭敬爱人的美名就产生了。气色清朗，筋力强劲，就具有义和礼的质性，那么刚烈的美名就产生了。强劲而精粹，明智且达理，就具有义和智的质性，那么智能的美名就产生了。明智、正直、刚强、谨慎，就具有智、仁、勇、信的质性，那么能担当重任的美名就产生了。仁义礼智信聚为一体，集为一身，就会成就美好的品德。再加上不断地学习充实，礼仪道德的光芒就会闪烁。所以说，观察了一个人身上所具有的各种质性，那么人们对他不同赞美的原因也就可以知晓了。

【原文】

何谓观其所由，以辨依似？夫纯讦性违，不能公正。质气俱讦，何正之有！依讦似直〔1〕，以讦讦善。以直之讦〔2〕，讦及良善〔3〕。纯宕似流〔4〕，不能通道。质气俱宕，何道能通。**依宕似通**[5]，**行傲过节**[6]。似通之宕，容傲无节。
故曰：直者亦讦，讦者亦讦，其讦则同，其所以为讦则异。直人之讦，讦恶惮非[7]，纯讦为讦，讦善刺是。**通者亦宕，宕者亦宕，其宕则同，其所以为宕则异。**通人之宕，简而达道。纯宕傲僻以自恣[8]。

　　然则何以别之？直而能温者德也。温和为直[9]，所以为德。**直而好讦者偏也。**性直过讦，所以为偏。**讦而不直者依也。**纯讦似直，所以为依。**道而能节者通也**[10]。以道自节，所以为通。**通而时过者偏也。**性通时过，所以为偏。**宕而不节者依也。**纯宕自通[11]，所以为依。**偏之与依，志同质违**[12]，所谓似是而非也。质同通直，或偏或依[13]。**是故轻诺似烈而寡信**，不量己力，轻许死人，临难畏怯，不能殉命。**多易似能而无效**[14]，不顾材能，日谓能办[15]，受事猖獗[16]，作无效验。**进锐似精而去速**[17]，精躁之人[18]，不能久任。**诃者似察而事烦**[19]，谴诃之人，每多烦乱。**讦施似惠而无成**[20]，当时似给，终无所成。**面从似忠而退违**[21]，阿顺目前，却则自是。**此似是而非者也。**紫色乱朱，圣人恶之[22]。

　　亦有似非而是者：事同于非，其功实则是。**大权似奸而有功**，伊去太甲[23]，以成其功。**大智似愚而内明**，终日不违，内实分别[24]。**博爱似虚而实厚**，泛爱无私，似虚而实。**正言似讦而情忠。**譬帝桀纣，至诚忠爱[25]。**夫察似明非，御情之反**[26]，欲察似类，审则是非[27]，御取人情，反覆明之。**有似理讼，其实难别也。故圣人参讯广访**[28]，与众共之。**非天下之至精，其孰能得其实。**若其实可得，何忧乎驩兜[29]！何迁乎有苗[30]！**是以昧旦晨兴**[31]，**扬明仄陋**[32]，**语之三槐**[33]，询之九棘^[34]。故听言信貌，或失其真。言讷貌恶，仲尼失之子羽^[35]。诡情御反^[36]，或失其贤。疑非人情，公孙失之卜式^[37]。贤否之察，实在所依^[38]。虽其难知，即当寻其所依而察之。是故观其所依，而似类之质可知也^[39]。虽其不尽得其实，然察其所依似，身其体气粗可几矣^[40]。

【注释】

〔1〕依讦：打着某种旗号居心不良地攻击揭发他人的阴私。

〔2〕以直，当依正文作"似直"。

〔3〕计及：《四库全书》本作"讦及"。按：作"讦及"是，"计"为形误字。

〔4〕宕：通"荡"，放荡不检。

〔5〕依宕：表面上通悟事理、无所挂怀的放荡不检。

〔6〕过节：超过节度。

〔7〕惮：憎恶。

〔8〕傲僻：傲慢、邪僻。

〔9〕温和为直：此句不通，"温和"不能"为直"，疑"为"字涉下文"为德"而讹，当作"正"字，"温和正直"文从字顺。

〔10〕通：通达不羁之意，与"自节"相对。

〔11〕自通：《四库全书》本作"似通"。按：作"似通"是。

〔12〕志同质违：此句与上文意思不贴，疑"志"为"表"字之讹。

〔13〕"质同"两句：此两句疑有误字，不然同正文意思不合。

〔14〕易：容易。

〔15〕日谓：当依《四库全书》本作"自谓"。

〔16〕受事猖獗：遇事失败。

〔17〕精：强。

〔18〕精躁：当依《四库全书》本作"情躁"。

〔19〕诃：斥责。

〔20〕讦施：直言不讳地陈述别人的短处。施，铺陈。指出他人的错误，本来是有恩惠于他人，但如果方法不妥，当面揭短，对方不以为惠，当然不会成功。

〔21〕面从：当面阿谀奉承。

〔22〕"紫色"两句：《论语·阳货》："恶紫之夺朱也，恶郑声之乱雅乐也，恶利口之覆邦家者。"《集解》引孔曰："朱，正色；紫，间色之好者。恶其邪好而夺正色。"

〔23〕伊：指伊尹。太甲：商代第五代国君。他当国君后，暴虐不遵汤法，被伊尹放逐到桐宫。三年后悔过自责，伊尹乃迎太甲而授之政。帝太甲修德，诸侯咸归殷，百姓以宁。

〔24〕分别，《墨海金壶》本、《龙溪精舍》本作"分明"，是。《论语·为政》："子曰：吾与回言终日，不违，如愚。退而省其私，亦足以发，回也不愚。"

〔25〕"譬帝"两句：指周昌把刘邦比成桀纣的事情。据《汉书·周昌传》记载，昌为人强力，敢直言，萧何、曹参都对他怵三分。有一天，他入宫奏事，见刘邦正抱着戚姬，周昌回头跑，刘邦追上他，并骑在他的脖子上，问曰："我何如主也?"周昌仰头回答："陛下即桀纣之主也。"

〔26〕御情之反：研究掌握事情的反面。御，掌握、研究。上文讲到似是而非和似非而是的情况，都是从反面去把握的，故曰"御情之反"。

〔27〕则，疑是"明"字形误。

〔28〕参讯：三讯，多方面问讯。

〔29〕驩兜：传说中的部族。唐尧时，驩兜与共工一同为非作恶，被舜放逐到崇山。

〔30〕有苗：也是传说中的部族。因在江淮间作乱，被舜放逐到三危。

〔31〕昧旦晨兴：天未亮即起床。昧旦，天未全明之时。《孔子家语·颜回》："孔子在卫，昧旦晨兴。"

〔32〕扬明：推举贤明之人和岩穴隐居高士。仄：潜伏。陋：隐藏。

〔33〕三槐：三公的代称。

〔34〕九棘：九卿的代称。

〔35〕"言讷"两句：据《史记·仲尼弟子列传》记载：澹台灭明，字子羽。状貌很丑，想师从孔子，孔子以为材能低下。既已受业，他学习刻苦，行为严谨。南游至江楚，跟随的弟子达三百人，合乎礼仪，名声影响及于诸侯。孔子闻之，曰："吾以言取人，失之宰予；以貌取人，失之子羽。"

〔36〕诡情：违背实情。御反：抓住事情的反面，即从相反方面推知真情。

〔37〕公孙：汉武帝丞相公孙弘。卜式：与公孙弘同时，屡以家财捐

助朝廷，武帝任为中郎，后封关内侯，官御使大夫。他捐助家产而对朝廷无所求的事情，丞相公孙弘认为不合人情，卜式也不可重用。

〔38〕所依：所由、所经。依，凭依。

〔39〕似类：相类、相似。

〔40〕身，《四库全书》本作"则"。按：作"则"是。体气：性情，气质。《三国志·王蕃传》："蕃体气高亮，不能承颜顺指。"《世说新语·品藻》刘孝标注引三国吴姚信《士讳》："陈仲举体气高烈，有王臣之节。"几：考察。

【译文】

什么叫"观其所由，以辨依似"？纯粹揭发他人的阴私是性情乖违，本质恶劣，不能做到公平正直；打着某种旗号攻击他人的阴私好像是公平正直，其实是借直言揭发的手法攻击他人善良的品质。纯粹放荡是不受束缚、恣纵不检，自然不能通达正道；打着某种旗号的放荡好像通达自然，其实是行为骄傲，不受节制。所以说，正直的人善于指出他人的过失，纯粹揭发别人阴私的人也善于指出他人的过失，在指出他人过失这一点上是相同的，但是指出他人过失的原因和目的则各不相同。通晓大道的人常常行为随便，放纵不检的人也行为随便，在行为随便这一点上是相同的，但行为随便的表现方式及原因却大不相同。

那么，用什么分辨它们之间的不同呢？正直而温和，这是一种美德；用心正直，但善于揭发他人的过失，这就有些偏激；怀着邪恶之心攻击他人的阴私，那就是"依似"了。懂得大道，并以之节制自己的行为，这是通理之人；虽懂得大道，但不能以大道时时节制自己的行为，这是偏激之人；完全放纵自己的行为而毫无节制，这就是"依似"之人。"偏激"和"依似"，表面相同本质则大不一样，所以"依似"貌似正确实则错误。因此，轻易许诺他人，好像是刚烈，实则很少能守信用；把什么事都看得容易，好像很有能力，其实很难做出成效；性情躁进的人，好像很精悍，其实他退缩得也迅速；动辄斥责他人者，好像明察是非，其实则烦乱无章；直言不讳地陈述别人的短处，好像给别人以恩惠，其实对方不乐意接受，也就没有成效；当面阿谀顺从，好像是忠心耿耿，其实背后常常固执己见。以上这些，都是似是而非的人。

也有似非而是的人：战略性的权变好像是奸诈，其实能够成就功业；伟大的智慧之人好像愚钝，其实内心最为明察；广博的仁爱之人似乎空虚，其实最为深厚；正直的言谈者好像是攻击别人，其实他表现的情感最为忠诚。要仔细观察那些似是而非的假象，研究掌握它们的反面。就好像审理案件一样，真情是很难辨明的。如果不是天下最精明的人，谁能够掌握实情呢？只凭言语相貌观察人，往往失去真才；违背实情，从反面推求人的材质，往往失去贤才。对贤能与否的观察，关键在于明了那些似是而非的假象。所以，辨明了性情所依附的假象，那么这些似是而非的情况就可以知晓了。

【原文】

何谓观其爱敬，以知通塞？盖人道之极，莫过爱敬。爱生于父子，敬立于君臣。是故《孝经》以爱为至德，起父子之亲，故为至德。以敬为要道[1]。终君臣之义，故为道之要。《易》以感为德，气通生物，人得之以利养。以谦为道[2]。尊卑殊别，道之次序。《老子》以无为德，施化无方，德之则也。以虚为道[3]。寂寞无为，道之伦也[4]。《礼》以敬为本[5]，礼由阴作，肃然清净。《乐》以爱为主。乐由阳来[6]，欢然亲爱。然则人情之质，有爱敬之诚，方在哺乳，爱敬生矣。则与道德同体，动获人心，而道无不通也。体道修德，故物顺理通。

然爱不可少于敬，少于敬，则廉节者归之，廉人好敬，是以归之。而众人不与。众人乐爱，爱少，是以不与。爱多于敬，则虽廉节者不悦，而爱接者死之[7]。廉人寡，常人众，众人乐爱，致其死，则事成业济。是故爱之为道，不可少矣。何则？敬之为道也，严而相离，其势难久。动必肃容，过之不久[8]。逆旅之人[9]，不及温和而归也。爱之为道也，情亲意厚，深而感物。煦渝笃密[10]，感物深感[11]，是以翳桑之人，倒戈报德[12]。是故观其爱敬之诚，而通塞之理可得而知也。笃于慈爱，则温和，而上下之情通。务在礼敬，则严肃，而外内之情塞。然必爱敬相须[13]，不可一时而无。然行其二义者，常当务令爱多敬少，然后肃穆之风可得希矣[14]。

【注释】

〔1〕"是故《孝经》"两句：《孝经·开宗明义章》说："先王有至德要道，以顺天下，民用和睦，上下无怨。"即事父母以爱，事君以敬。

〔2〕"《易》以感"两句：《周易》咸卦的上卦是兑，下卦是艮。兑为阴卦，艮为阳卦。《象辞》说："咸，感也；柔上而刚下，二气感应以相与。天地感而万物化生，圣人感人心而天下和平：观其所感，而天地万物之情可见矣。"谦卦的上卦是坤，下卦是艮，坤为地，艮为山，卦象地中有山，就是内高而外卑，表示谦虚。男女交感而爱生，为人谦虚则敬生，故云："以感为德，以谦为道。"

〔3〕"《老子》"两句：老子认为，以"无虚"为道德，则可以听任万物自生自灭，这就是最大的"爱"和"敬"了。

〔4〕伦：理也。

〔5〕《礼》以敬为本：《荀子·礼论》说："上事天，下事地，尊先祖而隆君师，是礼之三本也。"三本都以"敬"为核心。

〔6〕礼由阴作，乐由阳来：《礼记·郊特牲》："乐由阳来者也，礼由阴作者也，阴阳和而万物得。"孔颖达《正义》："乐由阳来者也者，此明乐也。阳，天也，天气化，故作乐象之。乐以气为化，是乐由阳来者也。阳化谓五声八音也。礼由阴作者也者，阴，地也，地以形生，故制礼象之。礼以形为教，是礼由阴作也。形教谓尊卑大小拜伏之事也。"

〔7〕爱接者：热爱交友的义士。

〔8〕久，《四库全书》本作"及"。按："过之不及"犹云"过犹不及"，谓过分的肃静是置人于外。

〔9〕逆旅：客舍。

〔10〕煦渝：也作"煦妪"，抚养培育的意思。《礼记·乐记》："天

地诉合，阴阳相得，煦姁覆育万物。"笃密：深厚亲敬。

〔11〕感物深感，《四库全书》本作"感物甚深"。按：两"感"字重复，作"甚深"是。

〔12〕"是以翳桑"两句：翳桑，犹言桑阴，桑树茂密处。翳桑之人，指春秋时晋人灵辄。据《左传·宣公二年》记载，晋灵公设宴招待赵盾，想借机杀死他，双方激战时，灵公的卫士灵辄反戈一击，使赵盾免于难。问其故，说当初在桑间饥饿时曾得到赵盾赠送的食物。

〔13〕相须：互相配合，相依。

〔14〕希：求取。

【译文】

什么叫"观其爱敬，以知通塞"？为人之道的根本，莫过于慈爱和礼敬。所以，《孝经》认为慈爱是最崇高的品德，礼敬是最重要的大道；《易经》以刚柔相感、阴阳相爱为品德，以谦虚自己、礼敬他人为要道；《礼经》以恭敬为根本，《乐经》以慈爱为主导。由此可见，人情的根本特质，是发自内心的慈爱和礼敬，它们和做人的品德要道同为一体，一举一动能够获取人心，因而万物顺适，道理畅通。

然而，慈爱不能少于礼敬，如果爱少于敬，那么清廉有节操者会归顺他，而一般的人则不会顺从；爱多于敬，虽然清廉有节操的人不乐意，而热爱交友的义士则愿意为他效死力。这是什么原因呢？"礼敬"作为一种为人之道，因其严厉而使彼此之间产生距离，这种情况决定了双方难以长久相处。"慈爱"作为一种为人之道，情深意厚，因而能感动人心。所以，观察一个人慈爱和礼敬是否诚挚，其为人处世成功还是失败，也就可以知晓了。

【原文】

何谓观其情机，以辨恕惑？夫人之情有六机：杼其所欲则喜〔1〕，为有力者誉乌获〔2〕，其心莫不忻焉。不杼其所能则怨；为辨给者称三缄〔3〕，其心莫不忿然。以自伐历之则恶〔4〕，抗己所能以历众人，众人所恶。以谦损下之则悦〔5〕；卑损下人，人皆喜悦。犯其所乏则媢[6]，人皆悦己所长，恶己所短，故称其所短，则媢戾忿肆。以恶犯媢则妒。自伐其能，人所恶也，称人之短，人所媢也。今伐其所能，犯人所媢，则妒害生也。此人性之六机也[7]。

夫人情莫不欲遂其志，志之所欲，欲遂己成。故烈士乐奋力之功[8]，遭难而力士奋。善士乐督政之训[9]，政修而善士用。能士乐治乱之事[10]，治乱而求贤能。术士乐计策之谋[11]，广算而求其策[12]。辨士乐陵讯之辞[13]，宾赞而求辨给[14]。贪者乐货财之积，货财积，则贪者容其求。幸者乐权势之尤[15]。权势之尤，则幸者窃其柄。苟赞其志，则莫不欣然。是所谓杼其所欲则喜也。所欲之心杼尽，复何怨乎！

若不杼其所能，则不获其志[16]，不获其志，则戚。忧己才之不展。是故功力不建，则烈士奋。奋，愤不能尽其材也。德行不训[17]，则正人哀[18]。哀，哀不得行其化。政乱不治，则能者叹。叹，叹不得用其能。敌未能弭，则术人思。思，思不得运其奇。货财不积，则贪者忧。忧，忧无所收其利。权势不尤，则幸者悲。悲，悲不得弄其权。是所谓不杼其能则怨也。所怨不杼[19]，其能悦也？

人情莫不欲处前，故恶人之自伐。皆欲居物先，故恶人之自伐也。自伐，皆欲胜之类也。是故自伐其善，则莫不恶也。恶其有胜己之心。是所谓自伐历之则恶也。是以达者终不自伐。

人情皆欲求胜，故悦人之谦。谦，所以下之。下有推与之意[20]，是故人无贤愚，接之以谦，则无不色怿。不问能否，皆欲胜人。是所谓以谦下之则悦也。是以君子终日谦谦。

人情皆欲掩其所短，见其所长。称其所长则悦，称其所短则愠。是故人駮其所短^[21]，似若物冒之。情之愤闷，有若覆冒。是所谓駮其所乏则姻也。覆冒纯塞^[22]，其心姻戾。

人情陵上者也，见人胜己，皆欲陵之。陵犯其所恶，虽见憎，未害也。虽恶我自伐，未甚疾害也。若以长駮短，是所谓以恶犯姻则妒恶生矣^[23]。以己之长，駮人之短，而取其害，是以达者不为之也。

凡此六机，其归皆欲处上。物之自大，人人皆尔。是以君子接物，犯而不校^[24]。知物情好胜，虽或以小犯己，终不校拒也。不校，则无不敬下，所以避其害也。务行谦敬，谁害之哉。小人则不然，既不见机，不达妒害之机。而欲人之顺己，谓欲人无违己。以佯爱敬为见异^[25]，孔光逡巡，董贤欣喜^[26]。以偶邀会为轻^[27]，谓非本心，忿其轻己。苟犯其机，则深以为怨。小人易悦而难事^[28]。是故观其情机，而贤鄙之志可得而知也。贤明志在退下，鄙劣志在陵上。是以平淡之主，御之以正，训贪者之所忧，戒幸者之所悲，然后物不自伐，下不陵上，贤否当位，治道有序。

【注释】

〔1〕杼：通"抒"，抒发、申述。
〔2〕乌获：秦武王时大力士。见《史记·秦本纪》。
〔3〕三缄：封口三重，言语谨慎的意思。
〔4〕历：超越。
〔5〕谦损：谦虚。损，谦抑之意。下之：居人之下。
〔6〕姻：忌恨。
〔7〕性，疑"情"字之误。上文云"夫人之情有六机"，下文云"人之情莫不欲遂其志"，皆作"情"字。

〔8〕烈士：刚强不屈、建功立业之人。《庄子·秋水》："白刃交于前，视死若生者，烈士之勇也。"奋：愤激。

〔9〕善士：品行高尚的人。

〔10〕能士：有材能的人。

〔11〕术士：策谋奇妙之人。

〔12〕广算：疑当作"庙算"，谋划于庙堂之上。

〔13〕陵讯：指言辞迅速敏捷。陵，疾。

〔14〕宾：通"摈"，舍弃。这句是说，舍去赞颂而求言辞敏捷。

〔15〕幸者：侥幸得到好处的人。尤：突出。

〔16〕获志：得志，得以遂愿。

〔17〕德行不训：德行不能顺行，谓教化不得施行。训，顺从。

〔18〕"哀"字原重叠。今据他本移第二字于注文。下文"叹"、"思"、"忧"三字同。

〔19〕怨，《四库全书》本作"能"。按：正文云"不杼其能"，则作"能"是。

〔20〕推与：推让。

〔21〕駮："驳"之借字。辩论是非，否定他人意见。

〔22〕覆冒：蒙盖掩蔽，引申有诬陷之义。

〔23〕恶生，疑是衍文。

〔24〕犯而不校：受到冒犯而不计较、不报复。

〔25〕见异：特殊看待，优遇。

〔26〕孔光（前65—5）：字子夏，汉成帝时为尚书令，掌管枢机十多年。后任御史大夫、丞相等职。董贤（前23—前1）：字圣卿，汉哀帝的宠臣，二十二岁官至大司马，操纵朝政。董贤的父亲本为孔光的属官，到了董贤为大司马，拜访孔光。孔光看见董贤的车辆，警戒衣冠，逡巡退却，送迎甚谨。董贤因此非常得意。

〔27〕"轻"下当有"己"字，注文可证。偶：同辈，平等。

〔28〕"小人"句：《论语·子路》："子曰：君子易事而难说也，说之不以道，不说也。及其使人也，器之。小人难事而易说也，说之虽不以道，说也。及其使人，求备焉。"

【译文】

什么叫"观其情机，以辨恕惑"？人的性情变化有六个关键方面：称赞他能做到的事则高兴，称述他做不到的事则怨恨；

自吹自擂地讲述事情则招致厌恶，态度谦虚甘居人下则讨人喜欢；冒犯了他人的短处就会被忌恨，用夸耀自己能力的方式揭露他人的短处就会受到仇怨。这就是人的性情变化的六个关键方面。

实现自己的理想，这是人之常情。所以刚强不屈的壮烈之士乐于振奋力量、建功立业，品行高尚的善士长于督察政治、使之顺理开明，能士善于拨乱反正，术士乐于施展妙计，雄辩之士倾心于敏捷而锐利的言辞，贪婪之人热衷于集积财货，宠幸之人则希望有权有势。如果称赞他们各自的志向，就没有不内心欢欣的。这就是所说的"称赞他能做到的事则高兴"。

如果不称赞他能够做到的事，就是不能满足他的志向；不能满足他的志向，他就会因为怀才不遇而忧虑。所以，不能建功立业，则壮烈之士愤慨；德行教化不能施行，则善士悲哀；政治上的混乱不能治理，则能士慨叹；对手未能制服，则术士忧虑；财物不能积聚，则贪婪者伤感；权势不能显赫，则宠幸者悲凉。这就是所说的"称述他做不到的事则怨恨"。

做任何事情都想超过别人，这是人之常情。因此，人们总是厌恶自我吹嘘的人。自我吹嘘，说到底是想胜过别人。因而，就招致他人的厌恶。这就是所说的"自我吹嘘地讲述事情则招致厌恶"。

想胜过别人，这是人之常情。因而，人们往往喜欢别人的谦逊。谦逊，这就是使自己处于他人之下；处于他人之下，就包含有推让听从对方的意思。所以，人无论贤能与否，只要用谦逊的态度和他打交道，就没有不面色欢喜的。这就是所说的"态度谦逊甘居人下则讨人喜悦"。

遮掩自己的短处，表现自己的长处，这是人之常情。因此，揭露并驳斥他的短处，他就好像受到诬陷一样。这就是所说的"冒犯了他人的短处就会被怨恨"。

嫉贤妒能，打击想胜过自己的人，这是人之常情。所以，当某人指出对方缺点时，尽管对方很生气，但未必实际报复加害。如果某人以自己突出的优点为反衬去攻击他人的缺点，对方必然产生仇恨之心。这就是所说的"用夸耀自己能力的方式揭露他人的短处会产生仇恨"。

　　以上所讲的性情变化的六个关键，归根到底，都是想处于他人之上。由此看来，君子待人接物，应当是自己受到冒犯也不计较。不计较，就会对任何人都谦逊。这是用来避免祸害的方式。小人不是这样，既不能发现对方情绪变化的苗头和关键，又想让别人顺从自己。别人虚情假意地吹捧一下，他就自以为受到特别礼遇。别人以同辈平等的身份邀请会面，则以为看轻自己。如果触犯到他的要害，就会在内心深深怨恨。所以，观察了人的性情变化的苗头和关键，那么志向的贤明和鄙劣也就可以知晓了。

【原文】

　　何谓观其所短，以知所长？夫偏材之人，皆有所短。智不能周也。故直之失也讦，刺评伤于义，故其父攘羊，其子证之[1]。刚之失也厉，刚切伤于理，故谏君不从，承之以剑[2]。和之失也懦，懦弱不及道，故宫之奇为人懦，不能强谏[3]。介之失也拘。拘愚不达事，尾生守信，死于桥下[4]。

　　夫直者不讦，无以成其直。既悦其直，不可非其讦。用人之直，恕其讦也。讦也者，直之征也。非讦不能为直。刚者不厉，无以济其刚。既悦其刚，不可非其厉。用人之刚，恕其厉也。厉也者，刚之征也。非厉不能为刚。和者不懦，无以保其和。既悦其和，不可非其懦。用人之和，恕其懦也。懦也者，和之征也。非懦不能为和。介者不拘，无以守其介。既悦其介，不可非其拘。用人之介，恕其拘也。拘也者，介之征也。非拘不能为介。

　　然有短者，未必能长也。纯讦之人，未能正直。有长者，必以短为征。纯和之人，征必懦弱。是故观其征之所短，而其材之所长可知也。欲用其刚，必采之于厉。

【注释】

〔1〕"故其父"两句：《论语·子路》记叶公给孔子说："我们那里有一个正直的人，父亲偷了羊，他便告发。"孔子则说："我们那里正直的人和你说的不同，父亲替儿子隐瞒，儿子替父亲隐瞒，正直就在其中。"攘，偷。证，告发。

〔2〕"谏君"两句：此句用伍子胥谏吴王夫差伐齐，不听，而赐子胥属镂之剑以死的事情，见《史记·吴太伯世家》。

〔3〕宫之奇：春秋时虞国大夫。据《左传·僖公二年》记载，晋国欲假道于虞以伐虢，晋献公说："有宫之奇在，可能不答应。"晋臣荀息说："宫之奇之为人也，懦而不能强谏；且少长于君，君昵之，虽谏，将不听。"

〔4〕尾生守信句：事屡见于秦汉典籍。《史记·苏秦列传》："信如尾生，与女子期于梁下，女子不来，水至不去，抱柱而死。"

【译文】

什么叫"观其所短，以知所长"？偏材之人，都有他的短处。正直的人，其短处是毫不留情地揭露他人的阴私。刚强的人，其短处是过分的严厉。温和柔顺的人，其短处是过于懦弱。耿介廉洁的人，其短处是过于拘束。

正直的人，如果不能直言不讳，就不能成就正直之名。既然喜欢他的正直，就不能责难他的直言不讳。直言不讳是正直的表现。刚强的人，如果不严厉，就不能构成他的刚强之名。既然喜欢他的刚强，就不能责难他的严厉。严厉是刚强的表现。温和柔顺的人，如果不懦弱，就无法保证他的温和。既然喜欢他的温和，就不能责难他的懦弱。懦弱是温和的表现。耿介廉洁的人不拘束，就无法保持他的耿介。既然喜欢他的耿介，就不能责难他的拘束。拘束是耿介的表现。

这样说来，有短处，就未必有长处；但是有长处，一定要以短处作为其相对的表现特征。所以观察了一个人表现的短处，他的长处也就可以知晓了。

【原文】

何谓观其聪明，以知所达？夫仁者，德之基也。载德而行。义者，德之节也。制德之所宜也。礼者，德之文也。礼，德之文理也。信者，德之固也。固，德之所执也。智者，德之帅也。非智不成德。

夫智出于明。明达乃成智。明之于人，犹昼之待白日，夜之待烛火。火日所以照昼夜，智达所以明物理。其明益盛者，所见及远。火日愈明，所照愈远。智达弥明，理通弥深。及远之明难。圣人犹有不及。

是故守业勤学，未必及材。生知者上，学能者次[1]。材艺精巧，未必及理。因习成巧，浅于至理。理义辨给，未必及智。理成事业，昧于玄智。智能经事，未必及道。役智经务[2]，去道远矣。道思玄远，然后乃周[3]。道无不载，故无不周。是谓学不及材，材不及理，理不及智，智不及道。道智玄微，故四变而后及。道也者，回复变通。理不系一，故变通之。

是故别而论之[4]，各自独行，则仁为胜[5]。仁者济物之资，明者见理而已。合而俱用，则明为将。仁者待明，其功乃成。故以明将仁，则无不怀[6]。威以使之，仁以恤之。以明将义，则无不胜。示以断割之宜[7]。以明将理，则无不通。理若明练[8]，万事乃达。然则苟无聪明，无以能遂[9]。暗者昧时，何能成务成遂。

故好声而实不克则恢[10]。恢迂远于实。好辩而理不至则烦。辞烦而无正理。好法而思不深则刻。刻过于理。好术而计不足则伪。伪，诬诈也。是故钧材而好学[11]，明者为师。比力而争〔12〕，智者为雄。等德而齐〔13〕，达者称圣。圣之为称，明智之极明也〔14〕。是以动而为天下法，言而为万世范，居上位而不亢，在下位而不闷。是以观其聪明，而所达之材可知也。

【注释】

〔1〕"生知"两句：《论语·季氏》："孔子曰：'生而知之者上也；学而知之者次也；困而学之，又其次也；困而不学，民斯为下矣。'"

〔2〕经务：即正文之"经事"，从事某种事务。

〔3〕周：周严、周密。

〔4〕别而论之：指把前文的仁、义、礼、智、信分别论述。

〔5〕仁为胜：仁最重要。

〔6〕怀：归顺、钦服。

〔7〕断割：决断。

〔8〕明练：明白练达。

〔9〕遂：成功，完成。

〔10〕"故好声"句：美好的名誉没有充实的内容则虚廓。

〔11〕钧：通"均"，平均、同等。

〔12〕比力：力量相等。

〔13〕齐：排列。

〔14〕极明，《四库全书》本作"极名"。按：此句谓"圣人"乃极端明智者的称谓，故作"名"是，"明"乃涉前"明"字而讹。

【译文】

什么叫"观其聪明，以知所达"？仁爱，是承载品德的基础。正义，是节制品德的关键。礼仪，是表现品德的文理。诚信，是坚定品德的标志。智慧，是统领品德的将帅。

智慧是从明达事理中产生的。人的明达事理，就好像白昼的太阳，夜晚的火炬；越是明达事理，人的眼光便越是远大。当然，要具备洞察未来的敏锐眼光是很难的。

因此，坚守自己的学业，勤奋学习，不一定能造就材能。天赋优良，技艺精湛，未必能够通达事理。言辞敏捷，通达事理，未必有精深的智慧。富有智慧，能处理各种事情，未必懂得深奥的大道。一旦掌握了深奥的"大道"，才能够无所不及。所以说，勤学不如天赋好，天赋好不如明辨事理，明辨事理不如有卓越的智慧，有卓越的智慧不如懂得深奥的大道。深奥的大道，变化回环，放之四海而皆准。

如果要分别论说的话，仁义礼智信各自可以独立施行，而仁爱最重要。把它们综合起来研究的话，则明达智慧是其统帅。因为以明智统帅仁爱，则他人无不归服；以明智统帅正义，则能够战无不胜；以明智探求事理，则万事无不通达。这样说来，如果没有聪明智慧，则任何事情也办不成。

所以，美好的名声如果没有充实的内容，就会显得宏大而空虚；雄巧的辩论如果没有充分的道理，就会只显得言辞繁杂；完美的法律如果实施时不进行深入的思考，往往显得刻薄难通；巧妙的谋略如果没有具体的计策，就会显得诬妄欺诈。因此，天赋相当，一样好学，聪明的人总占上风；力量相等，公平竞争，智慧的人总是取胜；同样具有高尚道德品质的人在一起，而被称为圣哲的总是那些明达事理的人。圣哲作为一种名称，是对极端明智者的称谓。所以，观察一个人的聪明智慧，可以鉴定所达到的人材层次。

【评析】

本篇是刘邵全面系统表述其人材鉴识方法的篇章，他提出了"八观"的理论：

第一，"观其夺救，以明间杂"，是为了识别"间杂"之人而设立的方法。间杂之人性情中具有善恶两种因素，因而会出现"恶情夺正"和"善情救恶"两种情况。所谓"恶情夺正"，是说性情"恶"的一面战胜了"正"的一面，好的品德、好的行为就无法表现出来。比如说，仁出于慈，但有慈而不仁者：见可怜则流涕，将施舍则吝啬，这就是慈而不仁者；慈而不仁，是由于"吝啬"战胜了"仁爱"。再如厉必有刚，但有厉而不刚者：面对着和自己无关的正义之事常常情绪激昂、表情严厉，然而一旦同自己的私利相关则内心胆怯，这就是厉而不刚者；厉而不刚，是由于"利欲"战胜了坚强的意志。"善情救恶",是指善良的性情救助了邪恶的人事。刘邵认为,这种情况虽然可能产生不良行为,但不会产生恶果。比如相互友爱,情分深厚,即使一方骄傲狎侮也不能相离。特别崇尚善良正义,即使疾恶如仇做出过分之事也没有大的危害。救济过于笃厚,即使取他人之物做救济之用,也不应当算作贪欲。

刘邵的"恶情夺正"、"善情救恶"之说具有更广泛的普通意义。因为人本身就是"恶"与"正"交错的矛盾体。法国著名文学家巴尔扎克曾评价自己的性格说:"我观察自己,如同观察别人一样。我这五尺二寸的身躯,包含着一切可能有的分歧和矛盾。有些人认为我高傲、浪漫、顽固、思考散漫、狂妄、疏忽、懒惰、懈怠、冒失、毫无恒心、爱说话、不周到、欠礼教、无礼貌、乖戾、好使性子,另一些人却说我节俭、谦虚、勇敢、顽强、刚毅、不修边幅、用功、有恒、不爱说话、心细、有礼貌、经常快乐,其实都有道理。说我胆小如鼠的人,不见得就比说我勇敢过人的人更没有道理,再如说我博学或者无知,能干或者愚蠢,也是如此。"(《西方古典作家谈文艺创作》第340页)巴尔扎克自我陈述的性情元素,如高傲与谦虚、懒惰与用功、疏忽与心细等,都是一组一组的对立统一体,从而形成复杂的性情系统。由于性情元素具有无数种组合的可能性,因而"恶"与"正"在外观上又表现为性情的多种组合。钱钟书先生分析《项羽本纪》中项羽的性格时说:

> 《项羽本纪》仅曰"长八尺余,力能扛鼎,才气过人",至其性情气质,都未直叙,当从范增等语中得之。"言语呕呕"与"喑噁叱咤","恭敬慈爱"与"僄悍猾贼","爱人礼士"与"妒贤嫉能","妇人之仁"与"屠坑残灭","分食推饮"与"玩印不予",皆若相反相连;而既具在羽一人之身,有似两手分书、一喉异曲,则又莫不同条共贯,科以心学性理,犁然有当。(《管锥编》第一册第275页)

在这个意义上来说,刘邵的"恶情夺正"和"善情救恶"之说,其实质就是打开人的内在世界，揭示性情运动的内在机制，使人们更深刻地认识人之性情的内在丰富性和复杂性。

第二，"观其感变，以审常变"，是说观察了一个人遇到各种突发事件后谈吐神色的种种变化，就能知晓他性情最基本的特征。刘邵是从"观其辞旨"和"察其应赞"两个方面进行说明的。"观其辞旨"是指通过观察、倾听被考察者的议论，从而得知其性情和能力的情况。"察其应赞"，主要是考察对方的反应，从神色对答之中窥知其真实思想。"夫观其辞旨，犹听音之善丑；察其应赞，犹视智之能否也。故观辞察应，足以互相别识。"他列举了十四种不同的发言所反应的不同的性情特点：发表议论显露正直，这是直率之人；不善言辞，默而识之，这是玄虑之人；明辨是非，黑白分明，是通理之人；阐述事理没有一定的根据和标准，是混杂之人；先识未然，是圣哲之人；能够推求深远的事理，是睿智之人；见事过人，是明白之人；心里已经明白，表面上好像暗昧无知，是大智之人；非常微小的事理都能辨识，是幽妙之人；不隐瞒美好的事理，是疏朗之人；经过检验越显得所讲事理的深奥，是有实在智慧的人；道听途说，自我炫耀，是心智空虚的人；只看到自己的长处，是智能不足的人；不夸耀自己的能力，是心胸开阔的人。

同时，刘邵还论述了神色和内心的关系："忧患之色，乏而且荒。疾疢之色，乱而垢杂。喜色愉然以怿，愠色厉然以扬，妒惑之色，冒昧无常。"他特别强调要从语言和神色的矛盾关系中，窥知其真实思想。一个人言辞和悦而神色不喜欢，那是因为心中充满了矛盾；言语乖张，而神色诚实可信，那是辞不达意的结果；言未发而怒色先见者，那是义愤填膺的缘故；言辞同怒气同时表现出来，那是强迫做某些不应该做的事情的缘故。

第三，"观其至质，以知其名"。这里的"至质"，是指人材素质。根据下文所陈述，刘邵笔下的人材素质，包括生理素质（如骨、气、筋）及其所产生的品格特征（如"骨直"所产生的正直品格，"筋劲"所产生的强健品格等）。观察了一个人所具备的这种人材素质，就可以得知其人材名称产生的原因及其是否得当。比如说，骨骼直正、气色清朗就具有仁和礼的品格，那么恭敬爱人的美名就产生了。气色清朗、筋力强劲就具有义和礼的品格,那么刚烈的美名就产生了。强劲而精粹、明智且达理,就具有义和智的品格,那么智能的美名就产生了。

第四,"观其所由,以辨依似"。"依似"之人是一种介于坏人与偏材之间的伪人材,其特点是酷似偏材,似是而非。那么,如何区别它们呢?刘邵指出的方法是"观其所由"。"观其所由"见于《论语·为政》,云:"视其所以,观其所由,察其所安,人焉廋哉!人焉廋哉!"何晏《集解》引孔曰:"由,经也,言观其所经从。"观其所由,就是外在的言行举止的来源、表现的方式方法等。"直者亦讦,讦者亦讦,其讦则同,其所以为讦则异",这是"直讦"与"依讦"在理论上的区别。"通者亦宕,宕者亦宕,其宕则同,其所以为宕则异",这是"通宕"与"依宕"在理论上的区别。"直而好讦"与"讦而不直","通而时过"与"宕而不节"就是所谓"所由"的不同。刘邵进而列举了依似之人的似是而非和偏材之人的似非而是:

> 是故轻诺似烈而寡信,多易似能而无效,进锐似精而去速,诃者似察而事烦,讦施似惠而无成,面从似忠而退违,此似是而非者也。
> 亦有似非而是者:大权似奸而有功,大智似愚而内明,博爱似虚而实厚,正言似讦而情忠。

这些都说明了辨别"依似"的困难性。刘邵指出,这项观察就像审理棘手的诉讼案件一样,很难鉴别其中的真实情况,如果不具备精明的洞察力,很难给人材最后定性。

第五,"观其爱敬,以知通塞"。人的性情在慈爱和礼敬方面表现得最为显著。这种爱和敬和做人的品德同为一体。所以,如果某人有爱敬他人的行为品质,也就顺应了他人的基本感情,一举一动能获取人心。刘邵强调,慈爱不能少于礼敬,如果爱少于敬,那么清廉有节操者会归顺他,而一般的人则不会归顺;爱多于敬,虽然清廉有节操的人不乐意,而热爱交友的义士则愿意为他效死力。为什么会出现这种情况呢?刘邵解释说:"敬之为道也，严而相离，其势难久。爱之为道也，情亲意厚，深而感物。"所以，通过观察爱和敬两种情感的多寡，其为人处世成功还是失败，也就可以知晓了。

第六，"观其情机，以辨恕惑"。"情机"指性情变化的根由和关键，通过对"情机"的观察可以判断一个人是君子还是小人。刘邵列举了六种"情机"，并作了说明。

1. 投其所好则欢喜。人们都想实现自己的志向，因此如果你称赞他们的志向，他们就高兴。比如在"烈士"面前称赞"奋力之功"，在"善士"面前称赞"督政之训"，在"能士"面前称赞"治乱之事"，在"术士"面前称赞"计策之谋"，他们一定会兴高采烈。

2. 不投其所好则愤怒。如果不赞美人们的材能，就等于说其志向不能实现，因而会引起他们的愤怒。比如给辩者讲"无多言，多言必败"的缄口之术，他一定会愤怒。

3. 自我夸耀则遭人厌恶。人们都想比别人高明，因而都讨厌对方自我夸耀，因为自夸本身就是表示企图证明自己高明。

4. 谦逊退让则对方愉悦。"人情皆欲求胜，故悦人之谦。谦，所以下之。下有推与之意，是故人无贤愚，接之以谦，则无不色怿。"

5. 触及缺点则愠怒。人们都想掩盖自身的短处，如果短处被人揭发，就会生气。

6. 以长攻短则仇恨。想胜过别人，这是人之常情。所以，当指出对方的缺点时，尽管对方很生气，但未必实际报复加害。如果以自己突出的长处为反衬攻击他人的缺点，对方必然产生仇恨报复之心。

以上所说的"六机"，归根到底，都是想处于别人之上。因此，君子待人接物，应当是自己受到冒犯也不计较；不计较，就会对任何人都谦逊。小人则不然，既不能发现对方情绪变化的原因和关键，又想让别人顺从自己。君子小人的区分，可以由情之六机看出。

第七，"观其所短，以知所长"。这种方法是用来鉴定偏材之人的。"凡偏材之人，皆有所短，故直之失也讦，刚之失也厉，和之失也懦，介之失也拘。夫直者不讦，无以成其直。既悦其直，不可非其讦。讦也者，直之征也。刚者不厉，无以济其刚。既悦其刚，不可非其厉，厉也者，刚之征也……"可见，偏材总是具有同其优点相对应的缺点，正是有了这些缺点，才使偏材保持了自己的特色。因此，人们称赞偏材的优点，就不能过分非难其缺点，因为二者是不可分割的。人们可以通过掌握偏材的缺点，推知其相应的优点，以达到鉴识偏材的目的。"有短者，未必能长也。有长者，必以短为征。是故观其征之所短，而其材之所长可知也。"

　　第八，"观其聪明，以知所达"。"聪明"这一概念，在《人物志》中占有十分重要的地位。本书《自序》即开门见山地写道："夫圣贤之所美，莫美乎聪明。聪明之所贵，莫贵乎知人。"把"聪明"看作知人的最重要的条件。因此，《八观》中专列一条，认为通过对一个人聪明程度的观察，可以认识整个人材水平的高低。刘邵认为，仁、义、礼、信、智"五德"在人的"品德"系统中各有不同的作用，"夫仁者，德之基也。义者，德之节也。礼者，德之文也。信者，德之固也。智者，德之帅也。"而德帅之"智"又以天资聪明为基础。聪明对人材的重要性，"犹昼之待白日，夜之待烛火，其明益盛者，所见及远"。他进一步指出，仁义与聪明相比较，如果各自独立而论，当然是仁义重要；但作为统一于人材之中的一个完整系统，则聪明更显得重要。"是故别而论之，各自独行，则仁为胜，合而俱用，则明为将。故以明将仁则无不怀，以明将义则无不胜，以明将理则无不通。"刘邵认为，正是由于聪明的统帅作用，仁义才发挥了自身的最大效益，达到了无不怀、无不胜的境地。如果没有聪明，各种人材的品质都会产生相应流弊而不能完成自身的"德"。"故好声而实不克则恢，好辩而理不至则烦，好法而思不深则刻，好术而计不足则伪"。因此，他得出了以下结论："是故钧材而好学，明者为师；比力而争，智者为雄；等德而齐，达者为圣。圣之为称，明智之极名也。是以观其聪明，而所达之材可知也。"

　　刘邵的"八观"方法，力图从言谈、行为和体质等方面综合鉴识人材。其中有些方法具有现代学术的意义，例如在同对方的谈话中，通过其言谈与神情的对应关系，来测试其性情的真实，就具有现代实验心理学的意义。再如他指出抓住对方情感变化的关键环节（"六机"），以判断他是否是一个真正的人材，就是对人的情感变化的全方位综合分析。他提出"观其所短以知所长"的方法，是我国古代"相反相成"思想的具体运用和发展，包含着深刻的辩证法思想。

七 缪 第 十

人物之理，妙而难明，以情鉴察，缪犹有七。

【题解】

七缪，七种错误。缪，通"谬"，谬误。本篇论述人材鉴识中容易出现的七种谬误。

【原文】

七缪：一曰察誉有偏颇之缪，征质不明，故听有偏颇也。二曰接物有爱恶之惑，或情同忘其恶，或意异违其善也。三曰度心有小大之误[1]，或小知而大无成，或小暗而大无明[2]。四曰品质有早晚之疑[3]，有早智而速成者，有晚智而晚成者。五曰变类有同体之嫌[4]，材同势均则相竞，材同势倾则相敬。六曰论材有申压之诡[5]，藉富贵，则惠施而名申；处贫贱，则乞求而名压。七曰观奇有二尤之失[6]。妙尤含藏，直尤虚瑰[7]，故察难中也。

【注释】

〔1〕度心：衡量心志。
〔2〕暗：当作"谙"。
〔3〕品质：品鉴质性。
〔4〕变类：辨别体类。变，通"辨"。类，即《体别篇》所分析的

十二种。同体：同一类型的人。

〔5〕申压：提拔和压制。诡：变化无常。

〔6〕二尤：指尤妙和尤虚二种人，详下。

〔7〕虚瑰：虚美，虚华。

【译文】

　　鉴别人物时会发生七种谬误：一是观察称赞人物时由于听信耳闻忽略目验而出现的偏差，二是待人接物时由于爱恶之情的影响而发生困扰，三是衡量心志有大小情况不分导致的谬误，四是鉴别质性时因看不到早智与晚成的区别而出现的错误，五是辨别各类人材时有对同一类型的人材之间的复杂关系不易认清所产生的疑惑，六是评论人材时有不分富贵贫贱不同情形而出现的偏差，七是观察奇材时有忽略对尤妙与尤虚之人的辨别而产生的失误。

【原文】

　　夫采访之要〔1〕，不在多少。事无巨细，要在得正。然征质不明者〔2〕，信耳而不敢信目。目不能察，而信于耳。故人以为是，则心随而明之。人以为非，则意转而化之。信人毁誉，故向之所是，化而为非。虽无所嫌，意若不疑〔3〕。信毁誉者心虽无嫌，意固疑矣。且人察物，亦自有误。爱憎兼之，其情万原〔4〕。明既不察，加之爱恶是非，是疑岂可胜计。不畅其本，胡可必信〔5〕。去爱憎之情，则实理得矣。是故知人者，以目正耳。虽听人言，常正之以目。不知人者，以耳败目。亲见其诚，犹信毁而弃之。

　　故州闾之士〔6〕，皆誉皆毁，未可为正也〔7〕。或众附阿党〔8〕，或独立不群。交游之人〔9〕，誉不三周〔10〕，未必信是也。交结致誉，不三周，色貌取人，而行违之。夫实厚之士〔11〕，交游之间，必每所在肩称〔12〕。言忠信，行笃敬，虽蛮貊之邦行矣[13]。上等援之，下等推之，蛮貊推之，况州里乎! 苟不能周，必有咎毁[14]。行不笃敬者，或诣谀得上而失于下，或阿党得下而失于上。故偏上失下，则其终有毁。非之者多，故不能终。偏下失上，则其进不杰。众虽推之，上不信异。故诚能三周，则为国所利。此正直之交也。由其正直，故名有利。

　　故皆合而是[15]，亦有违比[16]。或违正阿党，故合而是之。皆合而非，或在其中。或特立不群，故合而非之。若有奇异之材，则非众所见。奇逸绝众，众何由识。而耳所听采，以多为信。不能审查其材，但信众人言也。是缪于察誉者也。信言察物，必多缪失。是以圣人如有所誉，必有所试[17]。

【注释】

〔1〕采访：搜求寻访。本篇指调查了解社会舆论对某人的评价。汉末选官为察举征辟，多参考民间清议评语。曹魏实行九品中正制，亦重视对舆论的了解，中正下属"访问"一职，负责对人材的调查研究工作。

〔2〕征质不明：对人的言行仪容与本质认识不清。

〔3〕"虽无"二句：对别人的传闻十分相信，心中也就没有怀疑。刘昞注有误。虽：唯独（见《经传释词》卷三）。嫌：疑。若：乃。

〔4〕万原：犹言万端。

〔5〕"不畅"二句：观察认识人的根本渠道不畅通，就不能正确认识人。所谓"畅其本"，就是注文说"去爱憎之情"，因为"爱憎兼之，其情万原"，自然不能客观公正地认识人。

〔6〕州闾之士：乡里之人。州闾为古代地方基层行政单位州和闾的连称，二十五家为闾，四闾为族，五族为党，五党为州。引申为乡里。

〔7〕"皆誉"二句：《论语·卫灵公》："子曰：'众恶之，必察焉；众好之，必察焉。'"

〔8〕阿党：偏袒一方，徇私扰法。

〔9〕交游：结交朋友。

〔10〕三周：三匝，三方面。本篇指上、中、下三方面的人。"中正"代表中央政府，故为上，州闾之士为中，社会舆论为下。

〔11〕实厚之士：忠诚厚道之人。

〔12〕每所在：犹言任何地方。肩称：承担称誉，即经得起赞誉的意思。

〔13〕"言忠信"三句：《论语·卫灵公》："言忠信，行笃敬，虽蛮貊之邦行矣。言不忠信，行不笃敬，虽州里行乎哉！"蛮貊之邦：泛指荒蛮落后的地区。

〔14〕咎毁：指责，诋毁。

〔15〕皆合而是：勾结起来，共同吹捧某人。

〔16〕违比：违正比周，违反正道，结党营私。

〔17〕"圣人"二句：《论语·卫灵公》："子曰：'吾之于人也，谁毁谁誉。如有所誉者，其有所试矣。'"是说有所称赞，必然是曾经考验过的。

【译文】

搜求寻访人材的关键，不在于人们对其人赞扬、批评的多少。然而那些搞不清人的本质与外界评论关系的人，就往往相信耳闻而不相信目验。所以，听到别人称赞某人，就附和其说，以为自己已经认清了其人；听到别人指责某人，则改变初衷，以为某人不贤。唯独对传闻十分相信，心中也就没有怀疑。而且人们观人察物，自身总会发生错误。再加上受爱憎情感的影响，情况就变得更为复杂多端。观察人的根本渠道不畅通，怎么能够正确认识人呢？所以，善于鉴别人材者，总是用亲自观察纠正道听途说的错误；不善于鉴别人材者，则用道听途说代替实际观察。

因此，乡里之士全部赞誉某人或全部诋毁某人，其结论未必正确。朋友之间的称誉，如果不能遍及上中下各阶层，也未必可靠。忠实厚道之士，与朋友交往之时处处会受到称赞，上层朋友援引提拔他，下层朋友推举称誉他。如果上层和下层有一方不称誉他，就一定有应该指责的毛病。只走上级路线而脱离群众，这类人最终会受到诋毁；只和下等人一团和气而失去了上层朋友，这类人也不是杰出人材。因此，一个人确实能够得到上、中、下三等朋友的称赞，那就对国家有利，说明他是一个交往正直的人。

为私利而互相勾结以便操纵舆论的恶劣风气，也十分常见。因此，大家都共同称赞某人，这人也可能是违反正道，结党营私之徒；大家都一致指责某人，也许其人正直不阿，是个真正的人材。至于那些奇异的人材，更不是一般人所能识别的。而人们对于传闻，听到的越多越加相信，这就是观察赞誉人材时发生谬误的原因之一。

【原文】

夫爱善疾恶，人情所常。不问贤愚，情皆同之也。苟不明质，或疏善善非[1]。非者见善，善者见疏[2]，岂故然哉，由意不明。何以论之？夫善非者，虽非犹有所是。既有百非，必有一是。以其所是，顺己所长，恶人一是，与己所长同也。则不自觉情通意亲，忽忘其恶。以与己同，忘其百非，谓矫驾为至孝，残桃为至忠[3]。善人虽善，犹有所乏。虽有百善，或有一短。以其所乏，不明己长[4]。善人一短，与己所长异也。以其所长，轻己所短，则不自知志乖气违[5]，忽忘其善。以与己异，百善皆弃，谓曲杖为匕首，葬楯为反具耶[6]。是惑于爱恶者也。征质暗昧者，其于接物常以爱恶惑异其正。

【注释】

〔1〕疏善善非：疏远善美，以非为善。

〔2〕疏：疏远。

〔3〕"谓矫驾"句：《韩非子·说难》："昔者弥子瑕有宠于卫君。卫国之法，窃驾君车者罪刖。弥子瑕母病，人间往夜告弥，弥子矫驾君车而出。君闻而贤之曰：'孝哉！为母之故，忘其刖罪。'异日，与君游于果园，食桃而甘，不尽，以其半啖君。君曰：'爱我哉！亡其口味，以啖寡人。'及弥子色衰爱弛，得罪于君，君曰：'是固尝矫驾吾车，又尝啖我以馀桃。'故弥子之行未变于初也，而以前之所以见贤，而后获罪者，爱憎之变也。"

〔4〕不明己长：不能证明自己的长处。

〔5〕志乖气违：志趣不相投。

〔6〕"谓曲杖"句：当为用典，前句不详出处。"葬楯为反具"，事见《史记·绛侯周勃世家》所附周亚夫事。周亚夫子为父亲买五百具葬楯，搬运很辛苦，但亚夫子不付钱。搬运工头目一怒之下上告，法官审问亚夫："你想谋反吗？"亚夫说："我买的是葬器，怎么谋反？"法吏曰："你纵不谋反地上，也想在地下谋反。"于是亚夫绝食而死。葬楯，丧葬所用的盾牌。"楯"同"盾"。

【译文】

喜欢善美，厌恶丑恶，这是人之常情。如果不能明辨本质，可能会疏远善美，以非为是。为什么这样说呢？把坏人说成好人，虽然错了，但坏人身上仍有好因素；如果这些好因素正好同自己的优点相似，就会不由自主地沟通了情感，拉近了距离，糊里糊涂地忘记了他的坏处。好人虽然从整体上说是好的，但仍然有其缺点。因为对方的缺点不能衬托显示自己的优点，而对方的优点似乎是针对自己的缺点，这样也就不知不觉地意气相违，糊里糊涂地忘记了对方的优点。这是观察人材时受个人爱恶感情干扰所产生的困惑。

【原文】

夫精欲深微，质欲懿重[1]，志欲弘大，心欲嗛小[2]。精微，所以入神妙也。麤则失神。懿重，所以崇德宇也[3]。躁则失身。志大，所以戡物任也[4]。小则不胜。心小，所以慎咎悔也[5]。大则骄陵。故《诗》咏文王，小心翼翼，不大声以色[6]，心小也。言不贪求大名，声见于颜色。王赫斯怒，以对于天下[7]，志大也。故能诛纣，定天下，以致太平。由此论之，心小志大者，圣贤之伦也。心小，故以服事殷；志大，故三分天下有其二[8]。心大志大者，豪杰之隽也[9]。志大而心又大，故名豪隽。心大志小者，傲荡之类也⁽¹⁰⁾。志小而心阔远，故为傲荡之流也。心小志小者，拘懦之人也⁽¹¹⁾。心近志短，岂能弘大。众人之察，或陋其心小，见沛公烧绝栈道，谓其不能定天下⁽¹²⁾。或壮其志大，见项羽号称强楚，便谓足以匡诸侯。是误于小大者也。由智不能察其度，心常误于小大。

【注释】
〔1〕懿重：和善厚重。
〔2〕嗛小：谦虚谨慎。嗛，同"谦"。
〔3〕德宇：道德、气度。
〔4〕戡：通"堪"，胜任。物任：选用，擢用。
〔5〕咎悔：过错、灾祸。
〔6〕"小心翼翼"二句：《诗经·大雅·大明》："维此文王，小心翼翼。"翼翼，恭敬谨慎的样子。《皇矣》："帝谓文王，予怀明德，不大声以色。"大声以色，疾言厉色。
〔7〕"王赫斯怒"二句：《诗经·大雅·皇矣》："王赫斯怒，爰整其旅，以按徂旅，以笃于周祜，以对于天下。"是说文王勃然大怒，整顿军队，追击敌人，保卫周朝幸福，安宁天下。赫，大怒的样子。旅，军队。按，阻遏，打击。笃，巩固。祜，福。对，报答。
〔8〕三分天下有其二：是说周文王有了天下三分之二的人民拥护，还在服事殷商。《论语·泰伯》："三分天下有其二，以服事殷，周之德，其可谓至德也已矣。"
〔9〕隽：德才卓越的人。
〔10〕傲荡：性格傲慢，行为放荡。
〔11〕拘懦：拘谨软弱。
〔12〕"见沛公"二句：据《史记》记载，刘邦被封为汉王，听从了张良的建议，烧毁了汉中通向关中的栈道。张良游说项羽："汉王烧毁栈道，没有东进的心了。"于是项羽无西忧汉心，发兵北击齐。

【译文】
精神要深刻细微，性情要和善厚重，志向要弘远广大，心胸要谦虚谨慎。只有深刻细微，才能深入到神妙的境界。只有和善厚重，才能使道德品质更加高尚。只有志向远大，才能承担重任。只有谦虚谨慎，才能避免灾祸。所以，《诗经》歌咏文王，说他小心翼翼，从不声厉色严，就是赞扬他的谦虚谨慎；说他义正辞严，发愤除暴，以报答天下人民对他的厚望，就是赞扬他的志向远大。由此说来，心地谦小而志向远大的人，属于圣贤一类。心地高傲而志向远大的人，属于豪杰一类。心地高傲而胸无大志的人，属于傲慢放荡一类。心地谦谨而胸无大志的人，属于拘谨软弱一类。一般人观察人，或者仅仅因其心地谦和而认为他鄙陋无成，或者仅仅因其志向弘远而认为他大有可为，这都是不明了心地和志向的大小关系所造成的误解。

【原文】

　　夫人材不同，成有早晚。有早智而速成者，质清气朗，生则秀异，故童乌苍舒[1]，总角曜奇也[2]。有晚智而晚成者，质重气迟，则久乃成器，故公孙含道，老而后章[3]。有少无智而终无所成者，质浊气暗，终老无成，故原壤年老，圣人叩胫而不能化[4]。有少有令材遂为隽器者[5]。幼而通理，长则愈明，故常材发奇于应宾，效德于公相[6]。四者之理，不可不察。当察其早晚，随时而用之。

　　夫幼智之人，材智精达，然其在童髦[7]，皆有端绪[8]。仲尼戏言俎豆[9]，邓艾指图军旅[10]。故文本辞繁，初辞繁者[11]，长必文丽。辩始给口[12]。幼给口者，长必辩论也[13]。仁出慈恤[14]，幼慈恤者，长必矜人。施发过与[15]，幼过与者，长必好施。慎生畏惧，幼多畏者，长必谨慎。廉起不取[16]。幼不妄取，长必清廉。早智者浅惠而见速[17]，见小事则达其形容。晚成者奇识而舒迟，智虽舒缓，能识其妙。终暗者并困于不足[18]，事务难易[19]，意皆昧然。遂务者周达而有余[20]。事无大小，皆能极之。**而众人之察，不虑其变，**常以一概，责于终始。**是疑于早晚者也。**或以早成而疑晚智，或以晚智而疑早成，故于品质，常有妙失也[21]。

【注释】

〔1〕童乌：西汉扬雄的儿子，年九岁而能与其父说玄论道。见《法言·问神》。苍舒：曹操之子曹冲，字仓舒，五六岁时智力超过成人。《三国志·武文世王公传》就载有曹冲称象的事。

〔2〕总角：把头发扎成两个羊角辫，指年幼之时。曜奇：耀眼奇策，指才智卓异。

〔3〕公孙句：西汉时公孙弘（前200—前121），字季。少时为薛狱吏。年四十余，乃学《春秋》杂说。年六十，征以贤良为博士，后擢升为御史大夫、丞相，封平津侯。

〔4〕"原壤"两句：《论语·宪问》："原壤夷俟。子曰：'幼而不孙弟，长而无述焉，老而不死，是谓贼。'以杖叩其胫。"夷俟，蹲在地上等待。

〔5〕隽器：杰出的人材。

〔6〕"常材"两句："常材"当为"常林"之讹。据《三国志·魏书·常林传》记载，常林字伯槐，他的父亲字伯先。"年七岁，有父党造门，问林：'伯先在否？汝何不拜！'林曰：'虽当下客，临字父，何拜之有？'于是咸共嘉之。"此即"发奇于应宾"。后官至大司农，爵封高阳乡侯，以光禄大夫终，时人谓之"节操清竣"。此即"效德于公相"。

〔7〕童髦：指儿童时期。髦，下垂至眉的长发，古代男子未成年的装束。

〔8〕端绪：头绪，苗头。

〔9〕"仲尼"句：《史记·孔子世家》："孔子为儿嬉戏，常陈俎豆，设礼容。"俎豆，木制礼器。

〔10〕邓艾（197—264）：三国魏棘阳（今河南新野）人，字士载。仕魏至城阳太守，镇西将军，都督陇右诸军事，进封邓侯。《三国志·魏书·邓艾传》："年十二，随母至颍川，读故太丘长陈寔碑文，言'文为世范，行为士则'，艾遂自名范，字士则。后宗族有与同者，故改焉。……同郡吏父怜其家贫，资给甚厚，艾初不称谢。每见高山大泽，辄规度指画军营处所，时人多笑焉。"

〔11〕初，《四库备要》本作"幼"。按："幼"是。下文注"幼给口者"、"幼慈恤者"、"幼过与者"、"幼多畏者"、"幼不妄取"，皆作"幼"。

〔12〕给口：口才敏捷。

〔13〕辩论：叙事说理明白清楚。

〔14〕慈恤：仁慈顾惜。

〔15〕过与：多多地给予。

〔16〕起：起始，开始。

〔17〕浅惠：见识肤浅。惠，通"慧"。

〔18〕终暗者：终生无才智者。并困于不足：自幼年到老年都不能成功。

〔19〕事务：要做的或所做的事情。

〔20〕遂务：犹言"遂事"，成就事业。周达：周密、通达。

〔21〕妙失，一本作"缪失"。按："妙失"不辞，作"缪失"是。

【译文】

　　人的材质不同，事业的成功有早有晚。有早慧而少年得志的人，有晚智而大器晚成的人，有年少时没有智慧而终身不能成就事业的人，有年少时就有良好的材能而长大后成为杰出人材的人。这四种道理不能不搞清楚。

　　年幼时就聪明智慧的人，其材能智力就精微明达，这些人在幼年儿童之时，已经表现出一些苗头。比如年幼时言辞繁富，长大后一定文彩华丽；年幼时口才敏捷，长大后一定叙事说理清楚明白；年幼时仁慈顾惜，长大后一定同情他人；年幼时常把东西给予别人，长大一定慷慨好施；年幼时胆小怕事，长大后一定为人谨慎；年幼时不妄索取，长大后一定廉洁不贪。早智的人往往反应敏捷，但见解肤浅；晚成的人虽反应迟缓，但见识奇特；终身愚暗的人各方面都表现出才智不足；成就事业的人，则考虑问题周密精达，游刃有余。一般人观人察物，往往不考虑人的材质的早晚不同。这是不明白人材有早智或晚智的不同所造成的误解。

【原文】

　　夫人情莫不趣名利，避损害〔1〕。名利之路，在于是得。是得在己，名利与之。损害之源，在于非失。非失在己，损害攻之。故人无贤愚，皆欲使是得在己。贤者尚然，况愚者乎。能明己是，莫过同体[2]。体同于我，则能明己。是以偏材之人，交游进趋之类[3]，皆亲爱同体而誉之，同体能明己，是以亲而誉之。憎恶对反而毁之[4]。与己体反，是以恶而疏之。序异杂而不尚也[5]。不与己同，不与己异，则虽不憎，亦不尚之。推而论之，无他故焉。夫誉同体，毁对反，所以证彼非而著己是也。由与己同体，故证彼非，而著己是也。至于异杂之人，于彼无益，于己无害，则序而不尚。不以彼为是，不以己为非，都无损益，何所尚之。

是故同体之人，常患于过誉，譬俱为力人，则力小者慕大，力大者提小，故其相誉，常失其实也。及其名敌[6]，则斠能相下[7]。若俱能负鼎，则争胜之心生，故不能相下。是故直者性奋，好人行直于人，见人正直，则心好之。而不能受人之讦。刺己之非，则讦而不受。尽者情露[8]，好人行尽于人，见人颖露[9]，则心好之。而不能纳人之径[10]。说己径尽，则违之不纳。务名者乐人之进趋过人[11]，见人乘人[12]，则悦其进趋。而不能出陵己之后[13]。人陵于己，则忿而不服。是故性同而材倾[14]，则相援而相赖也。并有旅力，则大能奖小。性同而势均，则相竞而相害也。恐彼胜己，则妒善之心生。此又同体之变也。故或助直而毁直。人直过于己直，则非毁之心生。或与明而毁明[15]。人明过于己明，则妒害之心动。而众人之察不辨其律理[16]，是嫌于体同也[17]。体同尚然，况异体乎。

【注释】

〔1〕损害：伤害，使蒙受损失。

〔2〕同体：同类型的人。

〔3〕进趋：指仕途进取。

〔4〕对反：相反类型的人。

〔5〕序：叙说。异杂：不同类型的人。

〔6〕名敌：名声实力相等。

〔7〕尟：少。相下：处于对方之下。

〔8〕尽者：指性格外向，一泄无余的人。

〔9〕颖露：才华显露。

〔10〕纳人之径：采纳别人的直言。

〔11〕务名者：指追逐名利的人。

〔12〕乘人：胜过他人。乘，超过。

〔13〕陵己：超过自己。

〔14〕材倾：材能有大小之异。

〔15〕与明：赞赏明达。与，助。

〔16〕律理：规律，道理。

〔17〕嫌：疑惑。

【译文】

追求名利，回避伤害，这是人之常情。求得名利的途径，在于凡是自己的优点都被人加以肯定；受到灾祸伤害的根源，在于由于自己的过失而遭到非难。因此，不论是贤明还是愚钝的人，都想让他人把自己的优点加以肯定。而能理解并肯定自己优点的，莫过于与自己同类型的人。所以，偏材之人，在交往游历及仕途进取等方面，都喜欢亲近与自己同类型的人，并加以赞誉；讨厌与自己相反类型的人，并加以诋毁；对于和自己不同类型，但不是相反类型的人，则只是加以陈说并不推崇。对此进行推论，没有其他原因：赞誉与自己同类型的人，是为了表明自己的正确；诋毁与自己相反类型的人，是为证明对方的错误。至于和自己不同但不相反的人，对自己无害，对他人无益，所以只加以评说而不推崇。

因此，同类型的人之间，最怕就是互相过分的赞誉；而他们

中名望相当者，则很少能互相让步，甘居对方之下。因此，耿直
的人慷慨激昂，喜欢别人也为人耿直，但不能接受他对自己短处
的慷慨揭露。性格外向的人，喜欢对别人直率真诚，一泄无余，
但却不能接受对自己的直言不讳。热衷功名的人，喜欢别人追求
仕进，超越他人，但却不能甘心让他人超越自己。所以，本性相
同而材质有大小差异的人，则会相互提携，相互帮助；本性相同
而势均力敌的人，则会互相竞争、互相陷害。这又是相同类型的
人之间的变化。因此，有的人拥护正直而又诋毁正直，有的人赞
赏明达而又诋毁明达。一般人观察人物，搞不清其中的道理，这
是不仔细观察研究同类型的人之间的复杂关系而产生的疑惑。

【原文】

夫人所处异势[1]，势有申压[2]。富贵遂达[3]，势
之申也。身处富贵，物不能屈[4]，是以佩六国之印，父母迎于百里
之外。贫贱穷匮[5]，势之压也。身在贫贱，志何申展，是以黑
貂之裘弊，妻嫂堕于闺门之内[6]。上材之人，能行人所不能
行。凡云为动静，固非众人之所及。是故达有劳谦之称[7]，穷
有著明之节[8]。材出于众，其进则哀多益寡[9]，劳谦济世，退则
履道坦坦，幽人贞吉[10]。中材之人，则随世损益。守常之智，
申压在时，故势来则益，势去则损。是故藉富贵则货财充于
内，施惠周於外。货财有余，恣意周济。见赡者[11]，求可
称而誉之。感其恩纪[12]，匡救其恶[13]，是以朱建受金，而为食其
画计[14]。见援者，阐小美而大之。感其引援，将顺其美，是
以曹丘见接，为季布扬名[15]。虽无异材，犹行成而名立。夫
富与贵可不欣哉，乃至无善而行成，无智而名立。是以富贵妻嫂
恭[16]，况他人乎。处贫贱，则欲施而无财，欲援而无势。
有慈心而无以拯，识奇材而不能援。亲戚不能恤，朋友不见

济。内无疏食之馈〔17〕，外无缊袍之赠〔18〕。分义不复立〔19〕，恩爱浸以离。意气皆空薄，分意何由立〔20〕。怨望者并至〔21〕，归非者日多。非徒薄己，遂生怨谤之言。虽无罪尤〔22〕，犹无故而废也〔23〕。夫贫与贱可不慑哉，乃至无由而生谤，无罪而见废，是故贫贱妻子慢，况他人乎。

故世有侈俭，名由进退〔24〕，行虽在我，而名称在世，是以良农能稼〔25〕，未必能穑〔26〕。天下皆富，则清贫者虽苦，必无委顿之忧〔27〕，家给人足，路人皆馈之。且有辞施之高〔28〕，以获荣名之利。得辞施之高名，受馀光之善利〔29〕。皆贫，则求假无所告〔30〕，家贫户乏，粟成珠玉。而有穷乏之患，且生鄙吝之讼〔31〕。乞假无遗与〔32〕，嫂叔争糟糠〔33〕。是故钧材而进有与之者〔34〕，则体益而茂遂〔35〕。己既自足，复须给赐，则名美行成，所为遂达。私理卑抑有累之者〔36〕，己既不足，亲戚并困。则微降而稍退〔37〕。上等不援，下等不推。而众人之观，不理其本，各指其所在，谓申达者为材能，压屈者为愚短。是疑于申压者也。材智虽钧，贵贱殊途，申压之变，在乎贫富。

【注释】
〔1〕势：情势，指权力、财产等。
〔2〕申压：提拔和压制，这里不仅指人为的申压，由于各种主客观原因，富贵遂达，或贫贱穷乏，都谓之申压。
〔3〕遂达：事业成功，仕途通达。
〔4〕物：指人。
〔5〕穷匮：仕途不遂，财产匮乏。
〔6〕"佩六国之印"两句和"黑貂之裘弊"两句：用苏秦故事。据《战国策》记载，苏秦游说秦惠王不被采纳，"黑貂之裘弊，黄金百斤尽，资用乏绝"，狼狈不堪地回到家里，"妻不下纴，嫂不为炊，父母不

为言"。后游说赵王成功,"封为武安君,受相印,革车百乘,锦绣千纯,白璧百双,黄金万溢以随其后","将说楚王,路过洛阳,父母闻之,清宫除道,张乐设饮,郊迎三十里。妻侧目而视,倾耳而听。嫂蛇行匍伏,四拜自跪而谢。"弊:破。堕:同"惰",懈怠、傲慢。

〔7〕劳谦:有功劳而谦逊。

〔8〕著明:显明,光明磊落。

〔9〕哀多益寡:取其财多者以益其财寡与无财者,所谓"取有余以补不足"。哀,取。

〔10〕坦坦:平易的样子。幽人:隐居不在官位之人。《易·履》爻辞:"九二,履道坦坦,幽人贞吉。"孔颖达疏:"九二以阳处阴,履于谦退。已能谦退,故履道坦坦,易无险难也。幽人贞吉者,既无险难,故在幽隐之人守正得吉。"

〔11〕见赡者:被救济过的人。

〔12〕恩纪:恩情。

〔13〕匡救:纠正,补救。

〔14〕"朱建"二句:朱建,汉初辩士。审食其,吕太后宠臣。审食其想结交朱建,建拒绝。后朱建母死,审食其送去了重金作为葬礼。后因审食其与吕后丑行暴露,惠帝欲诛食其。朱建见惠帝宠臣闳籍孺,劝其说惠帝释放食其。惠帝果然放了食其,吕后大欢。《汉书·朱建传》说:"吕太后崩,大臣诛诸吕,辟阳侯(审食其)与诸吕至深。卒不诛。计画所以全者,皆陆生、平原君(朱建)之力也。"画计,出谋划策。

〔15〕"曹丘"二句:季布,汉初名士,为气任侠,有名于时。曹丘生,当时辩士,唯利是图之人。曹丘生想结交季布,遭到拒绝。后来曹丘生见到季布,把他游说各地为季布扬名的事讲了,季布乃大悦,引入府中,留数月,为上客,厚送之。

〔16〕富贵妻嫂恭:指苏秦妻嫂前倨而后恭之事。

〔17〕疏食:粗粝的饭食。

〔18〕缊袍:以乱麻为絮的袍子,古为贫者所服。

〔19〕分义:情分,情义。

〔20〕分意:当作"分义"。

〔21〕怨望:怨恨,心怀不满。

〔22〕罪尤:罪过。

〔23〕废:指行弃而名毁。

〔24〕名由进退:是说声名由于世风之奢侈俭贫而成功隐毁。

〔25〕稼:种植。

〔26〕稼：收获。

〔27〕委顿：衰弱，病困。

〔28〕辞施：拒绝接受施舍。

〔29〕馀光：本指多余之光，后遂用来称美他人给予的恩惠福泽。

〔30〕求假：求借。

〔31〕鄙吝：过分爱惜钱财。

〔32〕遗与：给予。

〔33〕嫂叔争糟糠：汉初陈平少时与兄嫂同住，读书而不劳动，他的嫂子说："都是吃糟糠的，有这样的小叔，还不如没有！"他哥哥因此休弃了嫂子。见《史记·陈丞相世家》。

〔34〕"钧材"句：材能相同，仕途上有帮助提拔的人。与，帮助。

〔35〕体益：指官位高。茂：指声名。体益茂遂，是说官高而名立。

〔36〕"私理"句：受到世俗私心偏见轻视压抑，并有种种拖累。私理，私自认定的理法。累，即前文所云"怨望者并至，归罪者日多"。

〔37〕微降稍退：指声名低，官位也低。

【译文】

　　每个人生活的环境不同，环境对人有推扬也有压抑。有钱有势，仕道成功，声名通达，这是好环境对人的推扬。无钱无势，仕途不遂，修名不立，这是不利的环境对人的压抑。上等材能的人，能做一般人不能做的事情。所以，他们仕途通达时，获得劳苦功高谦虚谨慎的美称；仕途阻塞时则有穷且益坚、光明磊落的气节。中等材能的人，则随时浮沉，与世荣辱。因此，凭借富贵得势，就财宝货物充实于内，恩惠施舍遍布于外。被他救济过的人，寻求可以称道之处而极力赞美他；被他提拔过的人，尽力夸大他的优点。这种人虽然没有特殊的材能，仍然做到了事业成功，声名建立。身处贫穷低贱之中，想施舍而无资财，想提拔而无权势，不能体恤父母亲属，不能救助同学朋友。这样，情分难以建立，恩爱也渐渐疏远。而且，怨恨的言论纷至沓来，归罪的诽谤日益增多。虽然没有罪过，仍然无缘无故地遭到废弃，声名沦落。

　　所以，世道有奢侈和俭约的变化，声名也因此而有显有隐。天下皆富，那么清贫者即使穷苦，一定没有衰弱病困的忧虑，并且可以成就辞让不受的高名，并由此带来种种利益。天下皆贫，那么清贫者想借贷都不可能，而且有穷困匮乏的忧患，由此产生斤斤计较得失的争执。所以，同样的材能，在仕途进取中有人提拔，就会官高名显。受到世俗的私心偏见轻视压抑，并有种种拖累，那么官位声名都会稍欠逊色。而一般人的观察，不推究其根本原因，只抓住各人现在的情况，这是不明白富贵贫贱等不同情形对人有推扬也有压抑作用而造成的误解。

【原文】

　　夫清雅之美[1]，著乎形质，察之寡失。形色外著，故可得而察之。失缪之由，恒在二尤[2]。二尤之生，与物异列[3]。是故非常人之所见。故尤妙之人[4]，含精于内，外无饰姿[5]。譬金冰内明而不外朗[6]，故冯唐白首屈于郎署[7]。尤虚之人[8]，硕言瑰姿[9]，内实乖反[10]。犹烛火外照，灰烬内暗，故主父偃辞丽，一岁四迁[11]。而人之求奇，不可以精微测其玄机[12]，明其异希[13]。其尤奇异，非精不察。或以貌少为不足[14]，睹儡蕤貌恶，便疑其浅陋[15]，或以瑰姿为巨伟。见江充貌丽，便谓其巨伟[16]。或以直露为虚华，以其款尽[17]，疑无厚实。或以巧饬为真实[18]。巧言如流[19]，悦而睹之。是以早拔多误[20]，不如顺次。或以甘罗为早成[21]，而用之于早岁，或误复欲顺次也。夫顺次，常度也。苟不察其实，亦焉往而不失。征质不明，不能识奇，故使顺次，亦不能得。

　　故遗贤而贤有济[22]，则恨在不早拔。故郑伯谢之于烛武[23]。拔奇而奇有败，则患在不素别[24]。故光武悔之于朱浮[25]。任意而独缪[26]，则悔在不广问。秦穆不从蹇叔，虽追誓而无及[27]。广问而误己，则怨己不自信。隗嚣心存于汉，而为王元所误[28]。是以骥子发足，众士乃误[29]。韩信立功，淮阴乃震^[30]。夫岂恶奇而好疑哉，乃尤物不世见^[31]，而奇逸美异也^[32]。故非常人之所识也。是以张良体弱而精强，为众智之隽也^[33]。不以质弱而伤于智。荆叔色平而神勇，为众勇之杰也^[34]。不以色和而伤于勇。

　　然则隽杰者，众人之尤也。奇逸过于众人，故众人不能及。圣人者，众尤之尤也。通达过于众奇^[35]，故众奇不能逮。其尤弥出者，其道弥远。非天下之至精，其孰能与于此。故一国之隽，于州为辈^[36]，未得为第也^[37]。郡国之所隽异，比于州郡，未及其第目。一州之第，于天下为根^[38]。州郡之所第目，以比天下之隽根而不可及。根，一回反，枢也。天下之根，世有优劣^[39]。英人不世继，是以伊、召、管、齐^[40]，应运乃出。是故众人之所贵，各贵其出己之尤，智材胜己，则以为贵。而不贵尤之所尤。尤之尤者，非众人之所识。是故众人之明，能知辈士之数，众人明者，粗知郡国出辈之士而已^[41]。而不能知第目之度^[42]。乃未识郡国品第之隽。辈士之明，能知第目之度，出辈明者，粗知郡国第目之良。不能识出尤之良也。未识出尤奇异之理。出尤之人，能知圣人之教，瞻之在前，忽焉在后。不能究之入室之奥也^[43]。如有所立卓尔，虽欲从之，末由也已^[44]。由是论之，人物之理，妙不可得而穷已。为当拟诸形容^[45]，象其物宜^[46]，观其会通^[47]，举其一隅而已^[48]。

【注释】

　〔1〕清雅：清高拔俗。《三国志·魏书·徐宣传》："尚书徐宣，体忠厚之行，秉直亮之性，清雅特立，不拘世俗。"

　〔2〕二尤：指下文讲到的尤妙之人和尤虚之人。尤，特别的人或事。

　〔3〕与物异列：与一般人材相比属于特殊种类。物，指人。汉魏之

际，将人材划分为常士与奇异两种。如王充《论衡》、蒋济《万机论》以及《三国志·卢毓传》均有类似论述。

〔4〕尤妙之人：异常聪明而内秀的人。尤妙，精微难测。

〔5〕饰姿：指言行仪容。饰，表现。

〔6〕冰：当是"水"字之误。

〔7〕冯唐：西汉文帝时做过很长时间的中郎署长，以致文帝见了他觉得怪异。后来文人作为有才不用的典故。左思《咏史》："冯公岂不伟，白首不见招。"陈子昂《酬李参军崇嗣旅馆见赠》："未及冯公老，何惊孺子贫。"

〔8〕尤虚之人：异常空虚不实，而外表精明的人。

〔9〕硕言瑰姿：虚夸的言辞，美好的姿容。

〔10〕乖反：相反。

〔11〕"主父偃"二句：据《史记·主父偃列传》记载，主父偃，西汉临淄(今山东淄博)人，学长短纵横之术。武帝元光年间，游长安，上书天子，天子以为相见恨晚，拜为郎中。不久又拜偃为谒者，迁为中大夫。一岁中四次升迁。

〔12〕不可以，《长短经》卷一《知人篇》引作"不以"。按：作"不以"是。精微：精深细微的洞察力。玄机：玄妙深微的哲理。

〔13〕明其异希：明确其稀奇特异之处。

〔14〕以貌少为不足：认为面貌有欠缺的人能力也不足。少，不足，欠缺。

〔15〕"睹叜蔑"二句：叜(zōng 宗)蔑，字然明，亦称叜明，春秋时郑国人。晋大夫叔向到郑国，叜明因其貌丑，只得混杂在服务人员中。因其偶然一句话，引起叔向关注，并向王室推荐。

〔16〕"见江充"二句：江充，西汉邯郸(今属河北)人，为人魁岸，容貌甚壮，因而得到汉武帝的重用。曾为使者治巫蛊，动辄收捕验治，严刑酷法，导致民转相诬以巫蛊，吏辄劾以大逆亡道，坐而死者前后数万人，连皇后、太子也未能免，造成西汉历史上著名的大冤案。后武帝知充有诈，夷充三族。巨伟，特别奇异。

〔17〕款尽：诚信。

〔18〕巧饬：诈为粉饰。"饬"通"饰"。

〔19〕巧言如流：巧言从俗，如水流转。

〔20〕是以：依上下文例及注，当作"或以"。

〔21〕甘罗：战国末年人，据《史记·甘茂列传》记载，事秦相吕不韦，年十三曾出使赵国，游说赵王与秦联合攻燕，拔燕三十城。用甘

罗之计而拱手得三十城，不得谓之早拔之误。

〔22〕"遗贤"句：遗漏了贤才，而该贤才恰巧是最有用的人。

〔23〕烛武：即烛之武，春秋时郑国大夫。据《左传·鲁僖公三十年》记载，秦国和晋国的军队在前630年包围了郑国，国家危亡之际，郑伯面见烛之武，因早年未能重用他而致歉，并请他面见秦君游说救郑。烛之武许之，见秦君，晓之以利害，于是秦军撤退。谢：致歉。

〔24〕素别：预先识别。

〔25〕"光武"句：朱浮，字叔元，东汉初年沛国萧（今安徽萧县）人。据《后汉书·朱浮传》记载，初从光武为大司马主簿，迁偏将军，从破邯郸。后以军功拜为大将军幽州牧，封舞阳侯。多次上疏光武帝，皆被采纳。后代窦融为大司空，徙封新息侯。永平中，因罪被赐死。有人告诉明帝，朱浮的事情虽然清楚明白，但社会上尚不明了，应当交给廷尉审判，章著其事。明帝听了有些后悔。据此，则以"光武悔之于朱浮"释"拔奇而奇有败，则患在不素别"似乎不准确。

〔26〕独缪：很荒谬。

〔27〕"秦穆"二句：据《左传·僖公三十二年》记载，秦穆公想偷袭郑国，秦国元老蹇叔不同意，认为"劳师袭远，远主备之"，一定没有好结果。但穆公不听劝告，一意孤行。又据《三十三年》记载，郑商人弦高将消息转告郑国，郑巧妙地收拾了杞子等内应，严阵以待，秦果无功而还，并在崤地受到晋军伏击，三位将帅皆被俘。晋文公夫人帮助孟明等逃脱归秦。秦穆公素服郊次，迎接逃脱而来的秦军，说："我不听蹇叔的话，让你们受辱了，都是我的罪呀！"

〔28〕"隗嚣"二句：据《后汉书·隗嚣传》记载，隗嚣，字季孟，东汉初年甘肃天水人。起兵之初，与诸将割牲盟誓，要同心协力，兴辅刘宗。后屡战立功，有功于汉，光武帝刘秀报以殊礼，恩礼愈笃。而隗嚣的部将王元以为天下成败未可知，劝说隗嚣不要专心于光武。要畜养士马，据隘自守，旷日持久，以待四方之变，图王不成，其弊犹足以霸。于是与汉为敌。后汉军攻急，隗嚣的部将全部投降，把隗嚣包围在孤城中，嚣病且饿，出城觅粮，恚愤而死。

〔29〕"骥子"二句：据傅玄《乘舆马赋序》记载，马超攻破苏氏坞，坞中有骏马百馀匹，大家都争着挑选膘肥体大的，只有将军庞德独自选取了一匹又瘦又小的马。以后刘备奔于荆州，马超战于渭南，这匹马腾空驰骋，其他马根本追赶不上，大家才佩服庞德的伯乐慧眼。骥子，骏马。发足，开始起跑。

〔30〕"韩信"二句：据《史记·淮阴侯列传》记载，淮阴侯韩信，淮

阳人。早年在家时，贫无行，不得推择为吏，又不能治生商贾，常从人寄
食饮，乡亲都看不起他。曾从淮阴屠中少年的胯下匍匐而过，一市人皆笑
话他，以为胆怯。后数为汉立功，"攻无不克，战无不胜"，声震朝野。

〔31〕尤物：卓异的人材。

〔32〕奇逸美异：看重超俗，赞美特异。奇，看重、赏识。

〔33〕"张良"二句：据《史记·留侯世家》记载，张良状貌如女
人，且体弱多病。但在刘邦的开国战争中，他运筹策帷帐之中，决胜千
里之外，是刘邦最重要的谋臣。

〔34〕"荆叔"二句：荆叔，指荆轲。据《史记·刺客列传》记载，
荆轲尝游过榆次，与盖聂论剑，盖聂怒而目之，荆轲遂逃出。荆轲游于
邯郸，鲁勾践与荆轲争道，鲁勾践怒而叱之，荆轲默而逃去。好像胆怯
而色平。然而面对着秦始皇规模恢宏的九宾之宴，连十三岁即杀人不眨
眼的秦舞阳也"色变振恐"，而荆轲却谈笑风生，图穷而匕首见。刺杀
未成，倚柱而笑，箕踞而死。诚如《燕丹子》上所说的"荆轲，神勇之
人，怒而色不变"。

〔35〕通达：通晓，洞达。

〔36〕"故一国"二句：国，指诸侯国。隽，俊才。辈，同类，指一
般人材。曹魏时的侯国，国小人寡。所以侯国的杰出俊士，在州郡只能
作为一般人材。

〔37〕第：第目，等级。魏文帝时，设立九品中正制，分人材为
九等。

〔38〕棍：承托门轴的臼，指重要人材。

〔39〕"天下"二句：有两层意思，第一层是说天下的重要人材，不
同时代有优劣不同的际遇。第二层是说，天下杰出的人材，并不是每个
时代都有的，即刘昞注所说的"英人不世继"。

〔40〕伊召管齐：当作"伊吕管晏"，指伊尹、吕尚、管仲、晏婴。

〔41〕出辈之士：超出自己的人材，所谓"出己之尤。"

〔42〕第目之度：评论人物、论其等次的标准。

〔43〕入室之奥：指学问的成就达到最精深的程度。室之西南隅谓之
奥，奥是室中最尊之处，也是设卧席之处。

〔44〕"瞻之在前"到"末由也已"：《论语·子罕》："颜渊喟然叹
曰：仰之弥高，钻之弥坚，瞻之在前，忽焉在后！夫子循循然善诱人。
博我以文，约我以礼。欲罢不能，既竭吾才，如有所立卓尔。虽欲从之，
末由也已。"卓尔，超群出众。末由，无由。

〔45〕拟：比拟。

〔46〕象其物宜：模仿万物各自的特点。万物之性各有其宜，故曰"物宜"。

〔47〕会通：会合变通。

〔48〕举其一隅：举一反三的意思。隅，边角，引申为事物的一个侧面、一个方面。《论语·述而》："不愤不启，不悱不发。举一隅不以三隅反，则不复也。"

【译文】

清俊雅正的优良素质，表现在形貌气质上，观察起来很少有失误。而造成失误的原因，常常表现在对两种奇异特殊现象的观察鉴别方面。这两种特殊现象，与一般人的表现情况不同。微妙难测的人，含蓄深沉，外在言行仪容没有特别的粉饰。特别虚假的人，则高谈阔论，风度翩翩，内心其实与此相反。人们寻求奇才，不是以精细入微的眼光探测其中深奥玄妙的道理，明确其奇妙特异之处。或者因为面貌有欠缺而认为他能力不足，或者因为姿容美丽而认为他奇异超俗，或者以为直率袒露是华而不实，或者以为诈伪粉饰是真诚实在。因此，认为提拔年轻人材往往失误，不如顺其正常次序。诚然，顺从次序就是按常规办事。但是如果不认真考察人的实质，怎么保证这样推举的人就没有失误呢？

所以，推举时遗漏了日后能干大事的贤才，那就会因为没有早些提拔而遗憾。选拔的人材中出现了败类，就会遗憾何不预先有所识别。主观武断而导致了特别的谬误，就会后悔何不事先广泛征询意见。广泛征询意见却因此影响了自己的判断，就会埋怨何不坚持己见，独立决定。所以，当年庞德为马超挑选了瘦丑的马，这匹马一旦奋蹄驰骋，人们才知道一般人不看重这匹千里马是何等的错误。韩信立功受封，淮阴的乡亲才大为震惊。难道是人们厌恶奇才而喜欢怀疑吗？那是由于杰出的人材世间罕见，人们总是看重并赞美外在的超俗特异的缘故。因此，张良其人，体质文弱，但精明强智，为众多智者中最卓越者。荆轲其人，面色平静，但精神勇敢，为众多勇士中最杰出者。

可以说，俊杰之才，是一般人中特立不凡的人，圣人又是不凡人中最杰出的。他们的才能越突出，他们的学识和境界就越深远。侯国中才智出众者，在州郡只能作为一般人材，还不能列入高档次人材的标准。州郡中才智出众者，当然是国家的栋梁之材。国家的栋梁之材，不同时代又有优劣不同的区分。一般人所看重的，是胜过自己的人材，而不看重杰出人材之所以杰出的原因。所以，一般人的聪明，只能懂得同辈中的突出者，而无法理解品第人物的标准。一般人中优秀者的聪明，能懂得品第人物的标准，却不能认识更杰出人材卓异的原因。更杰出的人材，能知道圣人的教化，却不能领会深奥微妙的道理。由此说来，品第鉴赏提拔选用人物的道理，确实微妙而难于掌握，更是难于穷尽呀！

【评析】

　　"知人难"的认识，尧舜时期就有了。春秋以下，许多杰出的思想家都对此论题进行过阐述。人难知导致的结果是选人材的失误，而对失误原因的探讨，在刘邵之前，涉及者很少。《七缪篇》则对此问题进行了系统的探讨："一曰察誉有偏颇之缪，二曰接物有爱恶之惑，三曰度心有大小之误，四曰品质有早晚之疑，五曰变类有同体之嫌，六曰论材有申压之诡，七曰观奇有二尤之失。"

　　所谓"察誉有偏颇之缪"，是从鉴识者的角度说的。有些人了解别人，信耳而不信目，所以听到别人称赞某人，就附和其说，以为自己已认清了某人。听到别人指责某人，则改变自己的看法，以为某人不贤；虽然对其人不感到厌恶，但已经从心里有所怀疑。这就导致观人识人的错误。因此，刘邵指出，一定要用亲身观察纠正道听途说的错误。对于社会舆论，要正确对待。乡里之士全部赞誉或全部诋毁某人，其结论未必正确。朋友之间的称誉，也要慎重对待。比如只和上等朋友交好而脱离群众，最终会受到诋毁；只和下等朋友一团和气而失去了上等朋友，这类人也不是杰出人材。大家共同称赞某人，这人可能是违背正道、结党营私之徒。大家一致指责某人，也许其人正直不阿。至于那些奇异的人材，更不是一般人所能识别的。

　　"接物有爱恶之惑"，是指由于爱憎情感的影响而导致鉴识人材的错误。刘邵认为，没有绝对的好人，也没有绝对的坏人。坏人身上总是有好因素，如果这些好因素正是自己所喜欢的，这样就会爱其一点，不及其余，不由自主地沟通了情感，拉近了距离，糊里糊涂地忘记了他的坏处。同样的道理，人们也可能厌恶好人身上的某些"缺点"而连及他的优点，于是从整体上否定其人。

"度心有小大之误"，这里的"心"，是指处事心态。刘邵认为一个杰出人材应当是"精欲深微，质欲懿重，志欲弘大，心欲嗛小"，也就是说，思想活动要深刻细致，人格品质要美好充实，理想抱负要宏伟远大，处事心态要谦虚谨慎。从"心"与"志"关系的角度，刘邵把人分为四类："心小志大者，圣贤之伦也；心大志大者，豪杰之隽也；心大志小者，傲荡之类也；心小志小者，拘懦之人也。"而一般人观察人材时，往往不作具体分析，常常鄙视小心谨慎，而欣赏志向宏大，于是，在志大和心小的问题上步入了误区。

"品质有早晚之疑"，人的材质有早智、晚智的区别，识别人材要是忽略了这一环节，也会导致失误。刘邵把人的材质的成就早晚分为四类："有早智而速成者，有晚智而晚成者，有少无智而终无所成者，有少有令材遂为隽器者。"早智的人往往反应敏捷，但见解肤浅；晚成的人虽反应迟缓，但见识奇特；终身愚暗的人各方面都表现出才智不足；"少有令材遂为隽器者"则在人生各时期都可能功成名就。刘邵着重分析了早熟型人材的特征：童年时词汇丰富，将来会文采风流；童年时口齿伶俐，将来会能言善辩；童年时善良怜悯，将来会仁爱厚道；童年时助人为乐，将来会乐善好施；童年时胆小怕事，将来会小心谨慎；童年时安分守己，将来会清正廉洁。只有善于认识这些不同的类别及其特点，才能正确识别人材。

"变类有同体之嫌"，是说辨别各类人材时对与自己同类型的人常常不易认清。刘邵认为，求名避害是人之常情。求名之途，在于肯定自身具备的东西；避害之法，在于否定自身不具备的东西。而能肯定自己者，莫过于与自己同类型的人。所以，偏材之人，都喜欢亲近、赞誉与自己同类型的人，以表明自己的正确；讨厌、诋毁与自己相反类型的人，以证明对方的错误。所以，同类型人之间，最怕的就是互相过分赞誉。但这只是问题的一方面，另一方面，"性同而材倾，则相援而相赖也。性同而势均，则相竞而相害也"，体性相同而材能有大小差异的人，则会互相提携、互相荐举；体性相同而势均力敌的人，则会互相竞争、互相陷害。同时，还必须明白第三层道理："直者性奋，好人行直于人，而不能受人之讦。尽者情露，好人行尽于人，而不能纳人之径。务名者乐人之进趋过人，而不能出陵己之后。"耿直的人慷慨激昂，喜欢别人也为人正直，但不能接受他对自己阴私的慷慨揭露。性格外向的人，喜欢别人的直率真诚，一泄无余，但却不能接受对自己的直言不讳。热衷功名的人，喜欢别人追求仕进，超越他人，但却不能甘居于他人之后。因此，同一体性的人之间关系也错综复杂，搞不清楚，易踏入误区。

"论材有申压之诡"，"申"指富贵遂达，"压"指贫贱穷匮。这一条主要是针对中等人材的。因为上等人材"能行人所不能行，是故达有劳谦之称，穷有著名之节"，不会受申压之势的影响。中等人材则随时浮沉，与世荣辱。如果有钱有势，就能施舍恩惠。被他救济过的人，会千方百计赞美他；被他提拔过的人，也尽力夸大他的小小恩德。虽然材能不高，仍然做到事业成功，声名建立。身处贫穷低贱之中，想施舍而无资财，想提拔而无权势，不能体恤父母亲属，不能救助同学朋友。这样，情分难以建立，恩爱也渐渐疏远，怨恨、诽谤随之而来，无缘无故地遭到废弃，声名沦落。这是就人材本身的穷富来说的。就整个社会而言，也有贫与富的差别。天下皆富，贫穷的人一般也不会衰弱病困至于潦倒，并且可以成就辞让不受的高名。天下皆贫，贫穷者借贷无门，且容易人穷志短，由此产生斤斤计较得失的争执。所以，鉴别一个人材，一定要既考虑他生活的大环境的经济状况、社会关系，也要考虑他自身的经济状况，否则，容易出现失误。

"观奇有二尤之失"，"二尤"指尤妙之人和尤虚之人，即特别优异的人材和特别虚假的伪人材。圣人，是"尤妙之人"中的优异人材。这两种人生来就与常人不同，属于人材考察中的特殊研究对象。对这种特殊人材的识别，与一般人材的识别是不同的。而人们寻求奇才，往往不具备深刻入微的洞察力，难以度测对方的奥秘，且易为表面现象所蒙蔽——"或以貌少为不足，或以瑰

姿为巨伟，或以直露为虚华，或以巧饰为真实"——于是他们便
消极地认为：破格选拔奇材容易失误，不如按顺序进行。然而，
所谓按顺序进行，不过是按照选举的常规程序进行，并不存在一
个天生的顺序，仍需要洞察人材的能力。否则，也容易出现失误。
于是人们往往步入这样一个矛盾的境地："故遗贤而贤有济，则恨
在不早拔。拔奇而奇有败，则患在不素别。任意而独缪，则悔在
不广问。广问而误己，则怨己不自信。"这种情况是说明了人们厌
恶奇材或生性多疑吗？否！是因为奇才不是随时随地可以遇到的，
而且即使遇到，常人也难以识别。人材越奇异，其内在规律就越
深奥难明，鉴别起来就越发困难。

　　以上"七缪"中，既阐述了鉴识者主观方面的原因，即主观
片面性，也分析了被鉴识者方面的原因；既看到了个人的经济条
件对人材的影响，也看到了整个社会经济状况对人材的影响。也
就是说，刘邵认为人材鉴识选拔的困难，一方面表现在人们的认
识水平方面，而且也表现在由社会经济条件所决定的普遍自私自
利的社会心理方面。应当承认，他的这种认识是十分深刻的。

效 难 第 十 一

人材精微，实自难知，知之难审，效荐之难。

【题解】

效难，指人材选拔成功的困难。本篇实际上是上篇论题的继续，也是探讨人材埋没的原因。认识人材并使人材得到合理使用，有两种困难，一是难以认识的困难，二是认识之后又无法荐举的困难。全篇主要阐述这"二难"。

【原文】

盖知人之效有二难[1]。有难知之难，尤奇游杂[2]，是以难知。有知之而无由得效之难。己虽知之，无由得荐。

何谓难知之难？人物精微[3]，智无形状，奇逸精妙。能神而明，欲入其神，而明其智。其道甚难，固难知之难也。知人则哲[4]，惟帝难之，况常人乎。是以众人之察不能尽备[5]。各守其一方而已。故各自立度[6]，以相观采[7]。以己所能，历观众才。或相其形容，以貌状取人。或候其动作，以进趋取人。或揆其终始[8]，以发正取人[9]。或揆其儗象[10]，以旨意取人。或推其细微，以情理取人。或恐其过误[11]，以简恕取人。或循其所言，以辞旨取人。或稽其行事。以功效取人。八者游杂，各以意之所可为准，是以杂而无纪。故其得者少，所失者多。但取其同于己，而失其异于己，己不必兼，故失者多。

是故必有草创信形之误[12]，或色貌取人而行违。又有居止变化之谬[13]。或身在江海，心存魏阙[14]。故其接遇观人也，随行信名，失其中情。是以圣人听言观行，如有所誉，必有所试。故浅美扬露[15]，则以为有异。智浅易见，状似异美。深明沉漠[16]，则以为空虚。智深内明，状似无实。分别妙理，则以为离娄[17]。研精至理，状似离娄。口传甲乙[18]，则以为义理。强指物类，状似有理。好说是非，则以为臧否。妄说是非，似明善否。讲目成名[19]，则以为人物。强议贤愚，似明人物。平道政事[20]，则以为国体[21]。妄论时事，似识国体。犹听有声之类，名随其音。七者不能明，物皆随行而为之名，犹听猫音而谓之猫，听雀音而谓之雀，不知二虫竟谓何名也。世之疑惑，皆此类也。是以鲁国儒服者，众人皆谓之儒，立而问之，一人而已[22]。

夫名非实，用之不效。南箕不可以簸扬，北斗不可挹酒浆[23]。故曰：名犹口进[24]，而实从事退[25]。众睹形而名之，故用而不验也。中情之人[26]，名不副实，用之有效。真智在中，众不能见，故无外名而有内实。故名由众退，而实从事章。效立则名章。此草创之常失也。浅智无终，深智无始，故众人之察物，常失之于初。

故必待居止，然后识之。视其所止，观其所居，而焉不知[27]。故居，视其所安。安其旧者，敦于仁。达，视其所举。举刚直者，厚于义。富，视其所与。与严壮者，明于礼。穷，视其所为。为经术者，勤于智。贫，视其所取。取其分者，存于信。然后乃能知贤否。行此者贤，反此者否。此又已试[28]，非始相也[29]。试而知之，岂相也哉。所以知质[30]，未足以知其略[31]。略在变通，不可常准。

且天下之人，不可得皆与游处。故视其外状，可以得一，未足尽知。或志趣变易，随物而化。是以世祖失之庞萌[32]，曹公失之董卓[33]。或未至而悬欲[34]，或已至而易顾[35]。李轶始专心于光武，终改顾于圣公[36]。或穷约而力行[37]，或得志而从欲。王莽初则布衣折节，卒则穷奢极侈[38]。此又居止之所失也。情变如此，谁能定之。由是论之，能两得其要，是难知之难。既知其情，又察其变，故非常人之所审。

【注释】

〔1〕效：成效，指人材得以选拔成功。

〔2〕尤奇：指各种奇异特别之人。尤，即《七缪篇》所说的"二尤"。游杂：混杂。

〔3〕人物：辨析人物，鉴别流品。

〔4〕哲：智慧。《尚书·皋陶谟》载大禹说："知人则哲，能官人。"

〔5〕尽备：全部掌握。

〔6〕立度：确立标准。

〔7〕观采：观察，择取。

〔8〕揆：测度。终始：从开头到结局，指事物发生演变的全过程。

〔9〕发正：《四库全书》本作"发止"，是。发止，犹言"始终"。发，开始；止，结束。

〔10〕儗：拟想。象：想象。

〔11〕或恐其过误：此句应是讲观察人的八种方法之一，然"恐其过误"则不是观察之方法，其与注文"以简恕取人"不合，疑句有误字。"恐"或为"怒"字形误。过误，过错。简恕，宽大仁恕。

〔12〕草创信形：一开始接触某人就相信他的仪表谈吐等外在形象。草创，开始兴办，此处指初次与某人见面接触。"草创信形之误"和"居止变化之谬"是本段论题"难知之难"的两个方面：一是不经过认

真观察便草率地相信对方的仪表谈吐；二是不能掌握人的品质随环境的变化而改变的复杂情况。下文即从这两方面展开论述。

〔13〕居止：指起居行为，为人处事。

〔14〕"身在"二句：是说身虽在江海之下，而心却在官府朝廷之上。魏阙，高大的楼阙。

〔15〕浅美扬露：材能浅薄却张扬外露。

〔16〕深明沉漠：思想深刻而沉默寡言。沉漠，沉静淡泊。

〔17〕离娄：刻镂的样子，引申为过分雕琢。《文选》何晏《景福殿赋》李善注："离娄，刻镂之貌。"

〔18〕甲乙：等次。

〔19〕讲目成名：讲评等第，确定名目。

〔20〕平道：犹言评议、评说。

〔21〕国体：国家的典章制度，治国之法。

〔22〕"鲁国儒服"四句：据《庄子·田子方》记载，庄子告诉鲁哀公说："鲁少儒。"哀公以为鲁国穿儒服的人众多，岂能少儒。庄子认为"为其服者，未必知其道"。于是哀公号令国中曰："无此道而为此服者，其罪死！"结果鲁国只有一个人儒服而立乎公门。

〔23〕"南箕"二句：《诗经·小雅·大东》："维南有箕，不可以簸扬；维北有斗，不可以挹酒浆。""箕"和"斗"都是二十八宿之一。

〔24〕名犹口进：是说名声是由于口传而显扬的。犹，当作"由"。

〔25〕实从事退：如果名实不副，则好名声会由于事实的验证而消退。事，用。退，衰减。

〔26〕中情：才智隐于内心。

〔27〕"视其所止"三句：《论语·为政》："子曰：视其所以，观其所由，察其所安，人焉廋哉！人焉廋哉！"

〔28〕已试：通过多种途径进行考察。

〔29〕始相：初次见面时的外貌观察。

〔30〕质：禀性。

〔31〕略：同"质"相对，指谋略，智慧。

〔32〕"世祖"句：庞萌，西汉末山阳人。光武帝刘秀即位，以庞萌为侍中。萌为人逊顺，甚为光武帝信爱。帝尝称曰："可以托六尺之孤，寄百里之命者，庞萌是也。"后谋反，帝闻之，大怒，乃自将讨萌。与诸将书曰："吾常以庞萌社稷之臣，将军得无笑其言乎！"事见《后汉书·庞萌传》。

〔33〕"曹公"句：据《三国志·武帝纪》记载，董卓到洛阳后，

"废帝为弘农王而立献帝，京都大乱。卓表太祖为骁骑校尉，欲与计事。太祖乃变易姓名，间行东归。"是曹公始即知卓必覆败，与光武失之庞萌绝不相类，此注有误。

〔34〕悬欲：犹言悬慕、思慕。

〔35〕易顾：改变方向。

〔36〕"李轶"二句：李轶，字季文，西汉末南阳宛人。王莽末年，天下大乱，轶归附刘秀。刘圣公立，封轶为舞阴王，遂与更始贵将朱鲔等相勾结，诳言更始杀光武兄伯升。后首鼠两端，刘秀用反间计杀之。事见《后汉书·李通传》、《冯异传》。

〔37〕穷约：处于困境。

〔38〕"王莽"二句：据《汉书·王莽传》记载，王莽幼年丧父，折节恭俭，事母及寡嫂，养孤兄子，宗族称孝，师友归仁。及篡汉为帝，"乃始恣睢，奋其威诈，滔天虐民，穷凶极恶，毒流诸夏，乱延蛮貉，犹未足逞其欲焉"。"遂令天下城邑为虚，丘垅发掘，害遍生民，辜及朽骨，自书传所载乱臣贼子无道之人，考其祸败，未有如莽之甚者也"。

【译文】

识别人材并使人材得到合理的使用，有两种困难：一是难以识别的困难，二是识别之后又无法荐举的困难。

什么叫难以识别的困难？鉴识人材精微深妙，要进入对方的精神领域，察明他的智慧，掌握这一方法是很困难的，这就是难以识别的困难。一般人观察人物，往往不能全面把握，按照自己随意的标准和角度。有人观察他的形容状貌，有人观察他的行为动作，有人观察他做某一事情的全过程，有人窥测他的意向动机，有人仅抓住细节进行推论，有人对其过错毫不计较，有人仅考察他的言论，有人仅考察他办事的效果。以上八种情况相互混杂，因此观察正确者少，失误者多。

这样就一定会产生两种失误：一是与某人刚一接触就相信他的仪表谈吐等外在印象，以貌取人；二是难于把握对方行为思想的变化无常。因此，交往人，观察人，如果根据人物的行为确认他的名声，往往不能了解他的真实材能。比如思想肤浅而张扬显露者，就以为他是与众不同的奇才。深沉睿智而沉静淡泊者，就以为空虚无物。能分辨精妙的理论，就以为和离娄一样有犀利的眼力。信口给事物分类划等级，就以为精通经义名理。喜欢评论是非，就以为能辨别善恶。评议是非，品题人物，就以为能识别人材。随意评说国家大事，就以为是德法术三才具备的人材。这些就如同判断会鸣叫的动物，根据它的声音给它起名一样。

名声不符合实际的人，一旦被任用则不能得到相应的效果。所以说，名声由于口传而显扬，但如果名实不符，好名声会由于事实的验证而消退。有真实材能的人，虽然没有相应的名号，一旦被任用则能显出效果。所以说，名声由于没有口传而微弱，但如果有真实材能，则会在实践中得到彰显。这些都是初次接触以貌取人容易出现的错误。

所以一定要通过观察一个人的为人处世，然后才能识别他。这就是：居处在家时，看他安于什么；仕途通达时，看他举荐何人；财富丰裕时，看他施与何人；官场挫折时，看他做什么；穷困贫贱时，看他如何对待财物。由此就可以知道他是否为贤人。这是经过实践检验得出的结果，不是凭初次的印象所下的结论。因而仅仅了解一个人的质性，还不足以了解人的谋略。

况且天下人材众多，不可能都同他们同时共处。有的人志向情趣变更移易，随着客观环境而不断变化。有的人未见面接触时，诚心向往羡慕，而一旦见面接触则很快改变初衷。有的人仕途困顿时，笃行勤俭，努力不懈，而一旦志得意满，便放纵任性。这又是仅凭观察他的起居行动而不能得到的。由此说来，要做到既知常情，又知变通，两得其要，才是难以识别的困难！

【原文】

何谓无由得效之难？上材己莫知，己难识知。或所识者在幼贱之中，未达而丧。未及进达，其人已丧。或所识者未拔而先没。未及拔举，已先没世。或曲高和寡，唱不见赞[1]。公叔座荐商鞅，而魏王不能用[2]。或身卑力微，言不见亮[3]。禽息举百里奚，首足皆碎[4]。或器非时好[5]，不见信贵[6]。窦后方好黄老，儒者何由见进[7]。或不在其位，无

由得拔。卞和非因匠，所以抱璞泣[8]。或在其位，以有所屈
迫。何武举公孙禄，而为王氏所推[9]。

是以良材识真[10]，万不一遇也。材能虽良，当遇知己。
知己虽遇，当值明王。三者之遭，万不一会。须识真在位[11]，
识百不一有也[12]。虽识己真，或不在位。以位势值可荐致
之宜[13]，十不一合也[14]。识己须在位，智达复须宜。或明足
识真，有所妨夺[15]，不欲贡荐[16]。虽识辨贤愚而屈于妨夺，
故有不欲。或好贡荐，而不能识真。在位之人，虽心好贤善，
而明不能识。是故知与不知，相与分乱于总猥之中[17]。或
好贤而不识，或知贤而心妒，故用与不用，同于众总，纷然淆乱。实
知者，患于不得达效[18]。身无位次，无由效达。不知者，
亦自以为未识。身虽在位，而不能识。所谓无由得效之难
也。故曰知人之效有二难。是以人主常当运其聪智，广其视听，
明扬侧陋[19]，旁求俊义[20]，举能不避仇雠[21]，拔贤不弃幽隐，然
后国家可得而治，功业可得而济也。

【注释】
〔1〕赞：赞扬。
〔2〕"公叔座"二句：公叔座，战国时魏惠王的大夫，曾向魏惠王
举荐公孙鞅（即商鞅），未被接受。公孙鞅乃西入秦。事见《战国策·魏
策一》，《史记·商君列传》。
〔3〕亮：通"谅"，相信、信任。
〔4〕"禽息"二句：禽息，春秋时秦国大夫，向秦穆公举荐百里奚，
穆公未纳，禽息以头碰柱而死，事见《韩诗外传》。
〔5〕器：材能、能力。
〔6〕信贵：信任、重视。
〔7〕"窦后"二句：西汉景帝时，窦太后好黄老之术，不重用儒者。
〔8〕"卞和"二句：据《韩非子·和氏篇》记载，楚人和氏得玉璞
楚山中，奉而献之厉王。厉王以为石，而刖其左足。及厉王薨，武王即

位，和又奉其璞献之武王。武王也以为石，而刖其右足。武王薨，文王即位，和乃抱其璞，而哭于楚山之下，三日三夜，泣尽而继之以血，并且说："吾非悲刖也，悲夫宝玉而题之以石，贞士而名之以诳，此吾所以悲也。"王乃使玉人理其璞，果然是一块价值连城的璧，因名"和氏璧"。

〔9〕"何武"二句：据《汉书·何武传》记载，汉哀帝崩，太后诏有司举可任用为大司马者，举朝皆荐王莽，而何武则举荐公孙禄。后王莽当权，立即免除了何武、公孙禄的官职。推，排除。

〔10〕良材识真：良才而被真正认识。

〔11〕识真：用作名词，犹言伯乐。

〔12〕识：当依《四库全书》本作"诚"。

〔13〕"以位势"句：权位势力可以把人材推荐得恰到合适。值，相当。荐致，推荐。

〔14〕合：遇合。

〔15〕有所妨夺：指私心战胜了正义，即《八观》所云"恶情夺正"。妨夺，妨害、扰乱。

〔16〕贡荐：举荐。

〔17〕总猥：聚合的样子。

〔18〕达效：推荐而得到预期的效果，指人材得以选拔。

〔19〕明扬侧陋：《尚书·尧典》："明明扬侧陋。"明明，荐举明人。侧陋，又作"仄陋"，指有才德而屈居于卑位者。

〔20〕旁求：多方寻求。俊义：材能出众的人。

〔21〕仇：仇敌。据《吕氏春秋·去私》，晋平公时的祁黄羊曾向平公举荐他的仇人解狐。

【译文】

什么叫无法荐举的困难？上等材能的人是无法识别的。或者这些人尚在年幼贫贱之中，他们的材能未及显露，已经丧命；或者已经显露出来了，但未及提拔，已经去世。或者推荐者本人的荐举之言高深微妙，难觅知音；或者身世卑微，力量菲薄，人微言轻，不被信任重用。或者被推荐者材能不合时尚，不被信任重视。或者推荐者本人不在其位，无从荐举；或者虽在其位，因为有所妨碍，欲荐无由。

所以，真正的人材能够被认识，万人当中难有一个。求得既能识别真情而又身处其位的伯乐,这样的人百人当中没有一个。权位势力可以把人材推荐到合适的位置,本人又能够竭诚推荐,这样的人,十人当中难遇一个。有的人智慧足以识别真才,但因为有所妨碍,不想举荐。有的人喜欢举荐人材,但却不能识别真才。因此,有意蔽贤者与不能识才者,相互混杂在一起,真假难辨。真正识别人材的人,忧虑的是不能达到举荐的目的;不能识别人材的人,自以为没有遇到真正的人材。这就是所说的无法荐举的困难。所以说,识别人材并且能够荐举到合适的位置,有两方面的困难。

【评析】

本篇认为了解人材并使人材得到合理使用有两种困难,一是难以了解的困难,二是了解之后又无法荐举的困难。

关于"难知之难",刘邵认为主要是"各自立度,以相观采"的原因,即根据各自片面的标准或角度进行观察采访。他还把这种片面的标准或角度归纳为八条:或观察形体容貌,或研究行为举止,或注意他做某件事情的全过程,或仅窥测意向动机,或仅抓住细节进行推论,或留心过失错误,或根据对方的言论,或考察他办事的效能。正因为如此,"故其得者少,所失者多"。这种失误主要表现在七个方面:"浅美扬露,则以为有异。深明沉漠,则以为空虚。分别妙理,则以为离娄。口传甲乙,则以为义理。好说是非,则以为臧否。讲目成名,则以为人物。平道政事,则以为国体。"针对这种情况,刘邵提出了"居,视其所安;达,视其所举;富,视其所与;穷,视其所为;贫,视其所取"的"五视"方法,即通过不同情境下的所作所为观察人材,以求全面正确地鉴识人材性情。

但是,"五视"的方法,只能了解一个人在常态下的基本性情,而难以掌握其变化状态。况且,人们不可能随时随地都与其共处,因而也就无法全面彻底地了解其人。刘邵特意提出了几种变化状态:"或志趣变易,随物而化。或未至而悬欲,或已至而易顾。或穷约而力行,或得志而纵欲。"由此说来,能够既知常情,又知变通,两得其要,是非常困难的,这就是"难知之难"。

　　"无由得效之难"即无法荐举的困难，表现在以下几个方面：其一，这些人尚在年幼贫贱之中，未能长大成人，却已经丧命。或者未及选拔入仕，已经去世。或者其性情材能不合时尚，不被重用。其二，推荐者本人的荐举之言高深微妙，难觅知音。或者身世卑微，力量菲薄，人微言轻，不被信用。其三，推荐者不在其位，无从荐举。或虽在其位，因为有所妨碍，欲荐无由。所以，"良材识真，万不一遇也"。在位的选材官员中，真正识材者不到百分之一。即使真正识材者在位，而能竭诚推荐者也不到十分之一。有的人智慧足以识别真才，但因为有所妨碍，不想举荐；有的人喜欢举荐人材，但却不能识别真材。真正识别人材的人，忧虑的是不能达到举荐的目的；不能识别人材的人，自以为没有遇到真正的人材。这就是推荐人材的困难。

释争第十二

贤善不伐，况小事乎！释忿去争，必荷荣福。

【题解】

本篇主要阐述在处理人际关系时必须遵循的基本原则——不伐、不争，也就是人材在竞争中应当遵循的原则——以屈求伸之道。

【原文】

盖善以不伐为大，为善而自伐其能，众人之所小。贤以自矜为损。行贤而去自贤之心，何往而不益哉。是故舜让于德[1]，而显义登闻[2]。汤降不迟，而圣敬日跻[3]。彼二帝虽天挺圣德[4]，生而上哲[5]，犹怀劳谦[6]，疾行退下。然后信义登闻，光宅天位[7]。郄至上人，而抑下滋甚[8]。王叔好争，而终于出奔[9]。此二大夫矜功陵物，或宗移族灭[10]，或逃祸出奔。由此观之，争让之道，岂不悬歒[11]。然则卑让降下者[12]，茂进之遂路也[13]。江海所以为百谷王，以其处下也。矜奋侵陵者[14]，毁塞之险途也。兕虎所以缨牢槛[15]，以其性犷噬也[16]。

是以君子举不敢越仪准[17]，志不敢陵轨等[18]。足不苟蹈，常怀退下。内勤己以自济，外谦让以敬惧。独处不敢为非，出门如见大宾[19]。是以怨难不在于身，而荣福通于长久也。外物不见伤，子孙赖以免。

彼小人则不然。矜功伐能，好以陵人，初无巨细，心发扬以陵物。是以在前者人害之，矜能奔纵[20]，人情所害。有功者人毁之，恃功骄盈[21]，人情所毁。毁败者人幸之。及其覆败，人情所幸。是故并辔争先，而不能相夺。小人竞进[22]，智不相过[23]，并驱争险，更相蹈籍[24]。两顿俱折[25]，而为后者所趋。中道而毙，后者乘之，譬兔殚犬疲，而田父收其功[26]。由是论之，争让之途，其别明矣。君子尚让，故涉万里而途清。小人好争，足未动而路塞。

【注释】

〔1〕舜让于德：《尚书·舜典》："舜让于德，弗嗣。"这是记载舜谦让帝尧"汝陟帝位"的禅辞，是说自己道德不足以继承帝位。让，辞让。

〔2〕显义：发扬正义。登闻：升闻于天，名扬天下。

〔3〕"汤降"二句：成汤谦逊下士，他的明智和恭敬与日俱增。《诗经·商颂·长发》："汤降不迟，圣敬日跻。"降，下士尊贤。不迟，迅速。日跻，与日俱进。

〔4〕天挺：谓天生卓越超拔。

〔5〕生而上哲：《论语·季氏》："生而知之者，上也。"

〔6〕劳谦：有功劳而谦虚。《易·系辞上》："子曰：劳而不伐，有功而不德，厚之至也。"

〔7〕光宅：广有。天位：帝位。《书·尧典序》："昔在帝尧，聪明文思，光宅天下。"曾运乾《正读》："光，犹广也。宅，宅而有之也。"

〔8〕"郤至"二句：郤至，又作郄至，春秋晋景公、厉公时大夫。上人，上于人，欲出于人上。抑下，被压抑。据《国语·周语中》记载，郤至好结交权贵，陵压同列，最终被杀。

〔9〕"王叔"二句：王叔，指王叔陈生，春秋时周灵王卿士，与周灵王另一卿士伯舆争政，经调解不能和好，终于逃奔晋国。事见《左

传·襄公十年》。

〔10〕宗移：祖庙被毁。移，通"陊"，毁坏。

〔11〕悬：危险。

〔12〕降下：犹言谦下。

〔13〕茂进：锐意进取。遂路：通达的道路。

〔14〕矜奋：骄傲自大。侵陵：侵犯欺凌。

〔15〕撄：结系。

〔16〕犷噬：凶猛残暴。

〔17〕仪准：法则。

〔18〕轨等：法度。

〔19〕"出门"句：是说交接宾友时以恭敬相待。《论语·颜渊》："仲弓问仁，子曰：'出门如见大宾，使民如承大祭。'"皇侃疏："言若行出门，恒起恭教，如见大宾。见大宾，必起敬也。"

〔20〕奔纵：放纵。

〔21〕骄盈：骄傲。

〔22〕竞进：竞争钻营。

〔23〕过：超越。

〔24〕蹈籍：践踏。

〔25〕两顿俱折：二者皆跌倒折伤。顿，顿仆、跌倒。

〔26〕"兔殛"二句：兔殛，当作"兔极"，极，疲困。《战国策·齐策三》："齐欲伐魏。淳于髡谓齐王曰：'韩子卢者，天下之疾犬也。东郭逡者，海内之狡兔也。韩子卢逐东郭逡，环山者三，腾山者五，兔极于前，犬废于后，犬兔俱罢，各死其处。田父见之，无劳倦之苦，而擅其功。'"

【译文】

善行以不自夸为高，贤名因自夸受损。舜自以为德行不高而辞让尧的禅位，因此他光明的品德上闻于天。商汤礼贤下士毫不迟疑，因此他圣明的品德日益发扬光大。与此相反，郤至老是想居于人上，结果受到打击而终于被杀。王叔陈生喜好争执，而最终被迫逃亡晋国。由此看来，谦虚礼让甘于处下，是宦海进取的通途；自负骄傲侵犯欺凌，是名声行为终将毁败的险道。

所以君子的言行举止不敢超越礼仪准则，思想情志不敢背离法规原则。对自己勤于反省勉励，以使自身受益。对他人谦虚礼让，以示敬畏戒惧。因而怨恨非难不至于牵涉己身，而荣华幸福会长久不衰。

小人却不是这样，他们好大喜功，自以为是，并以此凌犯他人。所以当他们处于人前时，易招致人们的陷害；一旦有功劳，也往往被人诋毁；最终失败毁灭，更使人们庆幸不已。因此，小人们一旦势均力敌，会争先恐后，毫不相让；又不能互相超越，结果两败俱伤，为后来者乘势超过，得渔人之利。由此论之，争夺和礼让两条道路，其分别是泾渭分明的。

【原文】

然好胜之人，犹谓不然。贪则好胜，虽闻德让之风，意犹昧然，乃云古人让以得，今人让以失，心之所是，起而争之。以在前为速锐，以处后为留滞，故行坐汲汲[1]，不暇脂车[2]，以下众为卑屈[3]，以蹑等为异杰[4]，苟矜起等[5]，不羞负乘[6]。以让敌为回辱[7]，以陵上为高厉[8]。故赵穿不顾元帅[9]，郄子以偏师陷[10]，是故抗奋遂往[11]，不能自反也[12]。譬虎狼食生物[13]，遂有杀人之怒。

夫以抗遇贤，必见逊下。相如为廉颇逡巡，两得其利[14]。以抗遇暴，必构敌难。灌夫不为田蚡持下，两得其尤[15]。敌难既构，则是非之理必溷而难明。俱自是而非彼，谁明之耶。溷而难明，则其与自毁何以异哉。两虎共斗，小者死，大者伤，焉得而两全。

且人之毁己，皆发怨憾而变生衅也[16]。若本无憾恨，遭事际会[17]，亦不致毁害。必依托于事，饰成端末[18]。凡相毁谤，必因事类而饰成之。其于听者虽不尽信，犹半以为然也。由言有端角[19]，故信之者半。己之校报[20]，亦又如之。复当报谤，为生翅尾[21]。终其所归，亦各有半信著于远近也[22]。俱有形状，不知其实，是以近远之听，皆半信于此，半信于彼。然则交气疾争者[23]，为易口而自毁也。己说人之瑕，人亦说己之秽，虽詈人，自取其詈也。并辞竞说者，为贷手以自殴。辞忿则力争，己既殴人，人亦殴己，此其为借手以自殴。为惑缪岂不甚哉！借手自殴，借口自詈，非惑如何。

然原其所由，岂有躬自厚责[24]，以致变讼者乎[25]。己能自责，人亦自责，两不言竞，变讼何由生哉。皆由内恕不足，外望不已[26]。所以争者，由内不能恕己自责，而外望于人不已也。或怨彼轻我，或疾彼胜己。是故心争终无休已。夫我薄而彼轻之，则由我曲而彼直也。曲而见轻，固其宜矣。我贤而彼不知，则见轻非我咎也。亲反伤也，固其宜矣[27]。若彼贤而处我前，则我德之未至也。德轻在彼[28]，固所宜也。若德钧而彼先我，则我德之近次也。德均年次，固其常矣。夫何怨哉！

且两贤未别，则能让者为隽矣。材钧而不争优劣，众人善其让。争隽未别，则用力者为愈矣[29]。隽等而名未别，众人恶其斗。是故蔺相如以回车决胜于廉颇，寇恂以不斗取贤于贾复[30]。此二贤者，知争途不可由，故回车退避，或酒炙迎送，故廉贾肉袒，争尚泯矣。物势之反[31]，乃君子所谓道也。龙蛇之蛰以存身[32]，尺蠖之屈以求伸[33]，虫微物耳，尚知蟠屈，况于人乎！

【注释】
〔1〕汲汲：急急忙忙。
〔2〕脂车：以油脂涂车轴，润滑利行。
〔3〕下众：居于众人之下。

〔4〕蹑等：逾越等级。

〔5〕起等，当为"越等"之误。

〔6〕负乘：负，背着东西；乘，坐着车。背东西是小人做的事，坐车是君子的事情。所以负乘比喻小人居于君子之位。《易·解》："六三：负且乘，直寇至，贞吝。"小人而居君子之位，则会招致强盗。筮遇此爻，其事难行。

〔7〕回辱：屈辱。

〔8〕高厉：崇高、高超。

〔9〕"赵穿"句：赵穿，春秋时晋国大将，秦军伐晋，晋人以郤缺为上将军，赵穿为中军抵御秦军。郤缺听从臾骈之谋，深垒固军以待之。赵穿不听郤缺部署，仓促出击，打乱了晋军的部署，致使秦军逃跑。事见《左传·文公十二年》。

〔10〕"彘子"句：彘子，春秋时晋国执政先轸之子先縠，食采邑于彘，故曰彘子。据《左传·宣公十二年》记载，这年春天，楚侵郑，晋人救之。半路上听说郑已投降楚国。晋军欲撤，彘子不听，以偏师陷入楚军包围之中，晋军只得与楚战，结果晋师大败。

〔11〕抗奋：亢进激奋。

〔12〕自反：自我反省，约束自己。

〔13〕生物：活的动物。

〔14〕"相如"二句：逡巡，退却的样子。蔺相如为廉颇逡巡事，见《史记·廉颇蔺相如列传》。蔺相如是赵宦者令缪贤的舍人，因出使秦国，完璧归赵，并在渑池秦赵盟会上智不辱赵，劳苦功大，拜为上卿，位在廉颇之上。廉颇为赵将，有攻城野战之大功，所以不愿居相如之下，欲寻机辱之。而相如宽宏大度，终于感动了廉颇，二人卒相与欢，为刎颈之交。

〔15〕"灌夫"二句：灌夫（？—前131），西汉颍阴人，字仲儒。吴楚七国之乱，与父俱从军，以功任中郎将，后升为太仆、燕相。夫为人刚直不阿，任侠，好使酒。田蚡（？—前131）是孝景皇后之弟，武帝时以贵戚封武安侯。建元六年（前135）为丞相。在一次宴会上，灌夫与田蚡赌气，使酒骂坐，为田蚡弹劾，以不敬罪被杀，不久田蚡也病死，传说因灌夫阴间告状而致。事见《史记·魏其武安侯列传》。持下，犹言居下。尤，罪，祸。

〔16〕怨憾：怨恨。变生：犹言产生。衅：仇隙、争端。

〔17〕际会：机遇，时机。

〔18〕端末：端绪，事情的开端。

〔19〕端角：犹言端末。

〔20〕校报：报复。

〔21〕翅尾：比喻事端。

〔22〕远近：指远近之人。

〔23〕交气：以气相争，斗气。

〔24〕躬自厚责：对自己严格，对他人宽容。《论语·卫灵公》："子曰：'躬自厚而薄责于人，则远怨矣。'"

〔25〕变讼：争辩。变、辩字通。

〔26〕外望：怨恨他人。望，怨恨。

〔27〕"亲反伤"二句：此二句注文与正文意思不切，疑有误字。

〔28〕德，诸本作"见"，是。

〔29〕悆：疲乏，困顿，引申为拙劣之义。

〔30〕"寇恂"句：寇恂，字子翼，上谷昌平人，助汉光武帝定天下，封雍奴侯，邑万户。贾复，字君文，南阳冠军人，光武名将。因功拜执金吾，迁左将军，后封胶东侯。贾复部将有杀人者，寇恂戮之于市。贾复伺机当面报复，寇恂忍让退却不与相见。后在光武帝调停下，双方和好。事见《后汉书·寇恂列传》。

〔31〕物势之反：事物发展的势态是向相反的方向转化。

〔32〕蛰：动物冬眠，藏伏起来不食不动。

〔33〕尺蠖：虫名。《易·系辞下》："尺蠖之屈，以求信（伸）也。"

【译文】

然而好胜之人，却以为不是这样。他们以争上居前为迅捷精锐，以居于人后为停滞不前，以礼贤下士为卑下屈抑，以超越同等为特异杰出，以忍让对手为屈辱，以凌犯上级为高强刚厉。于是高亢奋发一往直前，而不能回头反省。

以抗直傲慢的态度对待贤者，会得到贤者的恭顺谦逊。以抗直傲慢的态度对待残暴者，就必然造成敌对祸难。敌对祸难一旦造成，那么是非之理必然混淆不清。既然混淆了是非，那同自我毁灭又有什么区别呢。

他人之所以诋毁自己，是由于心中有怨恨并由此产生仇隙争端的结果，因此会假托借口，制造事端，捏造罪行。旁听者虽然不完全相信，但也半信半疑，而自己会采用同样的手段报复对方。

最终的结果是远近之人半信于此，半信于彼。这样说来，互相斗气，激烈争执，等于交换言辞自我诋毁；互相揭露，竞相诽谤，等于交换棒棍自我殴打。作为人生的迷惑和谬误岂不是很严重吗！

然而追究根本的原因，难道有经常责备反省自身而导致争辩的吗？都是由于内心不够宽容，对别人苛求不已。或者是怨恨对方轻视自己，或者是嫉恶对方胜过自己。如果我才薄而对方轻视我，那是由于我理亏而对方理直。我贤能而对方不知，那么我被轻视就不是我的过错。对方贤能而居我之上，那是由于我的德行还赶不上对方。如果彼此德行相等而对方居我之前，那应当是我的德才还略有欠缺。由此说来，还有什么可抱怨的呢！

两人德才优劣难分，则能谦让者为优秀。双方争夺得不相上下，那用力多的一方为劣。所以，蔺相如以引车回避决胜于廉颇，寇恂以忍让不斗取胜于贾复。事物发展的势态总是到极限后向相反的方向转化，这就是君子所说的"大道"。

【原文】

是故君子知屈之可以为伸，故含辱而不辞。韩信屈于胯下之辱[1]。知卑让之可以胜敌，故下之而不疑。展喜犒齐师之谓也[2]。及其终极，乃转祸而为福，晋文避楚三舍，而有城濮之勋[3]。屈仇而为友。相如下廉颇，而为刎颈之交。使怨雠不延于后嗣，而美名宣于无穷。子孙荷其荣荫，竹帛纪其高义。君子之道岂不裕乎[4]。若偏急好争，则身危当年，何后来之能福。

且君子能受纤微之小嫌[5]，故无变斗之大讼。大讼起于纤芥，故君子慎其小。小人不能忍小忿之故，终有赫赫之败辱。小人以小恶为无伤而不去，故罪大不可解，恶积不可救。怨在微而下之，犹可以为谦德也。怨在纤微，则谦德可以除之。变在萌而争之，则祸成而不救矣。涓涓不息[6]，遂成江河，水漏覆舟[7]，胡可救哉。是故陈馀以张耳之变，卒受离身之害[8]。思复须臾之忿，忘终身之恶，是以身灭而嗣绝也。彭宠以朱浮之郄，终有覆亡之祸[9]。恨督责之小故，违终始之大计，是以宗夷而族覆也[10]。祸福之机，可不慎哉！二女争桑，吴楚之难作[11]，季郈斗鸡，鲁国之衅作[12]。可不畏欤！可不畏欤！

是故君子之求胜也，以推让为利锐，推让所往，前无坚敌。以自修为棚橹[13]。修己以敬，物无害者。静则闭嘿泯之玄门[14]，动则由恭顺之通路。时可以静，则重闭而玄嘿。时可以动，则履正而后进。是以战胜而争不形[15]，动静得节，故胜无与争。争不以力，故胜功见耳。敌服而怨不构。干戈不用，何怨构之有。若然者悔悋不存于声色[16]，夫何显争之有哉。色貌犹不动，况力争乎。

彼显争者[17]，必自以为贤人，而人以为险诐者[18]。以己为贤，专固自是[19]，是己非人，人得不争乎！实无险德[20]，则无可毁之义。若信有险德[21]，又何可与讼乎？险而与之讼，是柙兕而撄虎[22]，其可乎？怒而害人，亦必矣。《易》曰："险而违者讼[23]。讼必有众起[24]。"言险而行违，必起众而成讼矣。《老子》曰："夫惟不争，故天下莫能与之争[25]。"以谦让为务者，所往而无争。是故君子以争途之不可由也。由于争途者，必覆轮而致祸。

【注释】

〔1〕"韩信"句：西汉韩信年少时曾为淮阴屠中少年所迫，从他的两腿间匍伏爬过去，一市人皆笑信，以为怯。见《史记·淮阴侯列传》。

〔2〕"展喜"句：展喜，春秋时鲁国大夫。公元前 634 年，齐孝公

伐鲁，鲁君派展喜犒齐师，以齐鲁自建国以来世世相好的历史游说齐君，齐师乃退。事见《左传·僖公二十六年》。

〔3〕"晋文"二句：公元前632年，晋军与楚军相遇于城濮，晋文公重耳为了报答当年流亡楚国时受到的礼遇，令晋军退避三舍。但楚军一意孤行，两军交战，楚军大败。事见《左传·僖公二十八年》。古时军行三十里为一舍，三舍为九十里。

〔4〕裕：宽裕。

〔5〕受：忍受。嫌：猜疑，怀疑。

〔6〕涓涓：细流。

〔7〕水漏覆舟：《战国策·韩策二》："乘舟，舟漏而弗塞，则舟沉矣。塞漏舟，而轻阳侯之波，则舟覆矣。"

〔8〕"陈馀"二句：陈馀、张耳俱为秦末大梁人，相与为刎颈之交。陈胜起义，两人相与参加。钜鹿之战中，二人结怨，后互相攻杀。汉三年（前204），韩信、张耳攻破赵井陉，陈馀被杀。见《史记·张耳陈馀列传》。

〔9〕"彭宠"二句：彭宠，字伯通，南阳宛人，归顺刘秀后，封为建忠侯，赐号大将军。与大将军幽州牧朱浮相互诋毁。建武二年（26）春，光武诏彭宠，宠以为朱浮卖己，遂发兵攻浮，拔蓟城，自立为燕王。后为其奴仆杀于卧室。见《后汉书·彭宠传》。

〔10〕覆，《四库全书》本作"灭"。按：作"覆"是，作"灭"与上句"身灭而嗣绝"犯复。

〔11〕"二女"二句：春秋时吴、楚两国边邑的女子因采桑之事发生争执，引起两国边地人的互相残杀，最后引发两国举兵相攻。事见《史记·吴太伯世家》、《楚世家》、《伍子胥列传》。

〔12〕"季郈"二句：季氏和郈氏都是鲁国权臣，二氏斗鸡，季氏不胜，因而赌气扩修宅地侵占郈氏之宫。郈氏谮于鲁昭公，昭公命其帅兵攻季氏，而鲁国另两权臣仲孙氏、叔孙氏助季氏，杀死郈昭伯，鲁昭公也仓皇逃往齐国。事见《左传·昭公二十五年》及《吕氏春秋·察微》。衅，仇隙，争端。

〔13〕棚橹：车栈与大盾，用来防护自己。

〔14〕嘿泯：寂然不语。嘿，同"默"。玄门：指高深的思想境界。《老子》："玄之又玄，众妙之门。"

〔15〕形：表现，显露。

〔16〕悔恡：同"悔吝"，悔恨。

〔17〕显争：力争。

〔18〕险诐：亦作"险陂"，阴险邪僻。

〔19〕专固：专断固执。

〔20〕险德：邪恶的德行。

〔21〕信：确实。

〔22〕柙兕撄虎：把犀牛关入笼中，把老虎捆绑住。

〔23〕险而违者讼："违"疑为"建"字形误，"建"通"健"。《易·讼象辞》云："讼，上刚下险，险而健，讼。"《讼》之上卦为乾，下卦为坎。乾，刚也，健也；坎，险也。然则《讼》之卦象是"上刚下险，险而健"。人阴险而又刚健固执，则争讼。《周易程氏传》云："若健而不险，不生讼也；险而不健，不能讼也；险而又健，是以讼也。"

〔24〕讼必有众起：《周易》"讼"卦的前面一卦是"需"卦，"讼"卦的后一卦是"师"卦。《易序卦》："需者饮食之道也，饮食必有讼，故受之以《讼》。讼必有众起，故受之以《师》。师者，众也。"

〔25〕"夫惟"二句：这句话见于《老子·二十章》和《老子·六十六章》。

【译文】

君子懂得只有弯曲才可以伸展，所以含忍屈辱而不躲避。懂得谦卑礼让可以胜敌，所以甘居人下而不犹豫。等到最终，就把灾祸转变成幸福，使对手心服而成为朋友，怨仇不延及后代，而美名传播到未来。由此说来，君子之道难道不宽裕吗？

而且君子能够容忍小的猜忌，所以不会有突变竞斗的大争讼。小人不能容忍小的怨恨，最终导致了极大的失败和侮辱。双方的怨恨在微小情况下，谦让可以化解它，这仍然不失为谦虚的美德。变斗在萌芽状态下，如果继续争强好胜，那么会形成祸灾而不可挽救。所以，陈馀因同张耳的私仇，最终遭受身首分离之祸；彭宠因同朱浮的矛盾，最终遭受身亡族灭之灾！祸福变化的关键，不可不谨慎啊！

因此，君子求取胜利，以谦虚推让作为一往无前的锐利武器，以自我修养作为进攻敌人、保护自己的法宝。静止时闭口不言、凝神静思，行动时遵循恭顺谦敬的通达道路。所以战胜敌人而未形成争斗，敌人降服而未构成仇怨。如此则悔恨不留存于声色外貌，哪里还有大的争端呢？

那些大的争端，一方必定自以为是贤德之人，而对方则以为是阴险邪僻。如果确实没有邪恶的德行，别人就没有可以诋毁的理由；如果确实德行邪恶，又怎么可以与对方争论呢。德行邪恶，而又与对方争论，这等于把犀牛关入笼中，把老虎捆绑住，这怎么行呢。一旦发怒而伤害众人，也是必然的。《易传》说："人阴险而又刚健固执，则争讼不已。一旦有争讼就一定有众人参与。"《老子》说："正因为他谦让不跟人争，所以天下没有人能争得赢他。"因此，君子认为争执之途是难以行走的。

【原文】

是以越俗乘高，独行于三等之上。何谓三等？大无功而自矜[1]，一等。空虚自矜，故为下等也。有功而伐之，二等。自伐其能，故为中等。功大而不伐，三等。推功于物，故为上等。愚而好胜，一等。不自量度，故为下等。贤而尚人[2]，二等。自美其能，故为中等。贤而能让，三等。归善于物，故为上等。缓己急人[3]，一等。性不恕人，故为下等。急己急人，二等。褊戾峭刻[4]，故为中等。急己宽人，三等。谨身恕物，故为上等。

凡此数者，皆道之奇，物之变也[5]。心不纯一，是为奇变。三变而后得之，故人莫能远也[6]。小人安其下等，何由能及哉。夫唯知道通变者[7]，然后能处之[8]。处上等而不失者也。是故孟之反以不伐，获圣人之誉[9]。不伐其功，美誉自生。管叔以辞赏，受嘉重之赐[10]。不贪其赏，嘉赐自致。夫岂诡遇以求之哉[11]，乃纯德自然之所合也[12]。岂故不伐、辞赏、诡情求名耶[13]？乃至直发于中，自与理会也。

彼君子知自损之为益，故功一而美二。自损而行成名立。小人不知自益之为损，故一伐而并失。自伐而行毁名丧。**由此论之，则不伐者，伐之也。不争者，争之也。不伐而名章，不争而理得。让敌者，胜之也。下众者，上之也。退让而敌服，谦尊而德光**[14]。**君子诚能睹争途之名险，独乘高于玄路**[15]，**则光晖焕而日新**[16]，**德声伦于古人矣**[17]。避忿肆之险途，独逍遥于上等，远燕雀于啁啾[18]，廷鸣凤于玄旷[19]，然后德辉耀于来今，清光侔于往代[20]。

【注释】

〔1〕大，《四库备要》本作"本"，是。

〔2〕尚人：自以为在他人之上，"尚"通"上"。

〔3〕急人：对别人要求严格。

〔4〕褊戾：器量狭窄而言行过激。褊，狭小。戾，劲疾。峭刻，苛刻。

〔5〕道之奇，物之变：指事物发展变化的种种情况。奇，奇正之"奇"。古代用兵，以对阵交锋为"正"，以设计袭击为"奇"。

〔6〕莫能远，当依《四库全书》本作"莫能及"。注文"小人安其下等，何由能及哉"，可证。

〔7〕知道：通晓天地之道，深明人世之理。

〔8〕处之：处于上等。上等，即上文所说"功大而不伐"、"贤而能让"、"急己宽人"。

〔9〕"孟之反"二句：孟之反，春秋时鲁国大夫。孟之反在抵御齐国的战役中，右翼的军队溃退了，他走在最后，掩护全军，他自己却说是马走得慢的缘故，这就是不伐其功。《左传·哀公十一年》载此事较详，《论语·雍也》记载了孔子对孟之反的称赞。

〔10〕"管叔"二句：管叔，齐大夫管仲。管仲受命平戎于王，王以上卿之礼享管仲，管仲婉言谢绝，受下卿之礼而还，受到君子好评。见《左传·僖公十二年》。

〔11〕诡遇：本指违背礼法，驱车横射禽兽，引申为用不正当的手段去追求、取得某种东西。

〔12〕纯德：纯粹的德行。

〔13〕诡情：矫情。

〔14〕谦尊而德光：《易·谦彖辞》："谦，尊而光，卑而不可逾，君

子之终也。"谓人能谦逊，处于尊位则光荣，处于卑位不可凌越，这就是君子的好结果。

〔15〕玄路：幽远之路，指上文所说的"不伐、不争、让敌、下众"之路，此路非常人所能领悟，故云玄路。

〔16〕光晖焕而日新：《易·大畜象辞》："刚健笃实辉光，日新其德。"孔颖达疏："以其刚健笃实之故，故能辉耀光荣，日日增新其德。"

〔17〕德声：仁德的声誉。

〔18〕燕雀之啁啾：喻小人之争执声。啁啾，小鸟鸣声。

〔19〕疋：通"匹"，配合。《诗·大雅·卷阿》："凤皇鸣矣，于彼高冈。梧桐生矣，于彼朝阳。"鸣凤：比喻贤者。玄旷：高远开阔。

〔20〕侔：齐等。

【译文】

所以君子超越凡俗，独立特行在三等人之中属于上等。什么叫三等？本来没有功劳而自恃有功，是下等；虽有功劳而骄傲自满，是中等；功勋卓著而不自夸，是上等。愚蠢而且好胜，是下等；贤明但却盛气凌人，是中等；贤明而能谦让，是上等。对自己松懈，要求别人苛刻，是下等；对自己对他人都要求苛刻，是中等；严以律己，宽以待人，是上等。

以上所说的这三等，都是事物发展变化的特殊规律。通过对这三种变化的分析认识然后才能达到独行于上等的境地，所以一般人是不能够做到的。只有那些通晓天地之道，深明变化之理的人，才能立于上等的境界。因此，孟之反因为不自夸有功，而获得圣人的赞誉；管仲、鲍叔因推让辞赏，受到嘉美厚重的表扬。这难道是可以用不正当的手段求得的吗？那是纯粹的德行与自然的本性撞击遇合的结果。

君子懂得自我谦损终会受到益处，所以一分的劳动获得二分的美誉。小人不懂得爱占便宜实际上是自我损伤，所以一经自夸，功劳名誉随之丧失。由此说来，不自夸，本身就是对自我名声的夸耀；不争夺，本身就是对名利的拥有；忍让敌手，那是为了战胜敌手；居于人下，那是为了居于人上。君子确实能够看清争夺之途的险恶，独自超越俗众达到玄远的境界，那么光辉焕发，日新月异，仁德的声誉可以媲美于古代圣贤。

【评析】

　　本篇论述人们对待名誉地位的态度："争"和"让"，作者主张要让而不争。

　　首先讨论了争让之途的分别，即"不伐"的好处，自矜的坏处。善行以不自夸为高，贤名因自夸受损。谦虚礼让甘于处下，是宦海进取的通途；自负骄傲侵犯欺凌，是名声行为终将毁败的险道。作为一种"为人之道"，它是君子与小人的区别标志。"君子举不敢越仪准，志不敢陵轨等。内勤己以自济，外谦让以敬惧。是以怨难不在于身，而荣福通于长久也"。小人则"矜功伐能，好以陵人"，"并辔争先，而不能相夺，两顿俱折，而为后者所趋"，"是以在前者人害之，有功者人毁之，毁败者人幸之"。

　　接着，作者分析了"好胜之人"的心理特征：他们以争上居前为迅捷精锐，以居于人后为停滞不前，以礼贤下士为卑下屈抑，以超越同等为特异杰出，以忍让对手为屈辱，以凌犯上级为高强刚厉。于是高亢奋发勇往直前，而不能回头反省。这种"争胜"心理导致的行为往往是假托借口，制造事端，捏造罪行，扰乱视听。这种行为如果遇到"贤人"，"必见逊下"；如果"以抗遇暴，必构敌难。敌难既构，则是非之理必溷而难明。溷而难明，则其与自毁何以异哉"？这样说来，互相斗气，激烈争执，等于交换言辞自我诋毁；互相揭露，竞相诽谤，等于交换棒棍自我殴打。那么，这种"争胜"的心理是如何产生的呢？刘邵认为是由于"内恕不足，外望不已。或怨彼轻我，或疾彼胜己"。他还着重阐述了"怨疾"心理调解的方法：如果我才薄而对方轻视我，那就是我理亏而对方理直。如果我贤能而对方不知，那么我被轻视就不是我的过错。如果对方贤能而居我之上，那是由于我的德才还赶不上对方。如果彼此德才相当而对方居我之上，那应当是我的德才还在某些方面略有欠缺。同时，还应当知道："两贤未别，则能让者为隽矣。争隽未别，则用力者为惫矣"。

　　第三，刘邵论述了"谦让"是一种"以屈求伸"、"必取先予"的为人进取之道。他列举了历史上因争夺而导致灭亡的教训后，认为君子求取胜利，以谦虚推让作为一往无前的锐利武器，以自我修养作为进攻敌人、保护自己的法宝，静止时闭口不言，行动时恭顺谦敬。这样，战胜了敌人而未能形成争斗，敌人降服而未能构成仇怨。所以，"君子知屈之可以为伸，故含辱而不辞。知卑让之可以胜敌，故下之而不疑。及其终极，乃转祸而为福，屈仇而为友"。他的结论是："不伐者，伐之也。不争者，争之也。让敌者，胜之也。下众者，上之也"，"夫惟不争，故天下莫能与之争"。

第四，刘邵根据"争让"的不同心理特征，把人分为三等："本无功而自矜，一等；有功而伐之，二等；功大而不伐，三等。愚而好胜，一等；贤而尚人，二等；贤而能让，三等。缓己急人，一等；急己急人，二等；急己宽人，三等。"只有具备了以上三种上等的处世方法，才能达到无为而无不为的得"道"境界。反过来说，只有那种能洞见"道"的规律并通晓事物变化奥妙的人，才能实施上等处世方法而立于不败之地。

附录一　《人物志》评论

1. 唐刘知幾(661—721)《史通·自序》：五常异禀，百行殊轨。能有兼偏，知有长短。苟随才而任使，则片善不遗；必求备而后用，则举世莫可。故刘邵《人物志》生焉。(《史通通释》，上海古籍出版社1978年版，第291页)

2. 唐李翱(774—836)《答朱载言书》：义不深不至于理，言不信不在于教劝，而词句怪丽者有之矣，《剧秦美新》、王褒《僮约》是也；其理往往有是者，而词章不能工者有之矣，刘氏《人物志》、王氏《中说》、俗传《太公家教》是也。(《李翱集》，甘肃人民出版社1992年版，第44页)

3. 唐李德裕(787—850)《人物志论》：余尝览《人物志》，观其索隐精微，研几玄妙，实天下奇才。然品其人物，往往不伦。以管仲、商鞅俱为法家，是不究其成败之术也。(原注：僧一行称，调盈虚，御轻重，惟太公；管仲虽霸者之佐，不及太公，亦不宜比商鞅，鞅可与吴起同类耳。)以子产、西门豹俱为器能，是不辨其精粗之迹也。子产多识博闻，叔向且犹不及，故仲尼敬事之，西门豹非其匹。其甚者曰："辨不入道，而应对资给，是为口辨，乐毅、曹邱生是也。"乐毅，中代之贤人，洁去就之分，明君臣之义，自得卷舒之道，深识存亡之机。曹邱生，招权倾金，毁誉在口，季布以为非长者，焉可以比君子哉！又曰："一人之身兼有英雄，高祖、项羽是也。"其下虽曰项羽英分少，有一范增不能用，陈平去之。然称羽能合变，斯言谬矣。项羽坑秦卒以结怨关中，弃咸阳而怀旧土，所谓倒持太阿，授人以柄，岂得谓之合变乎！又愿与汉王挑战，汉王笑曰："吾宁斗智，不能斗力。"及将败也，自为歌曰："力拔山兮气盖世。"其所恃者，气力而已矣。可谓雄于韩信，气又过之。所以能为汉王敌。聪明睿智，不足称也。（《四部丛刊》合订本《李文饶文集》，第 178 页）

4. 宋高似孙（？—1231）《子略·管子》：刘邵之志人物也，曰管仲，曰商鞅，皆以隶之法家。李德裕以邵之索隐精微，研几玄妙，实天下之奇才，至以管仲与商鞅俱人物之品，往往不伦。德裕顾未尝熟读其书耳。邵所谓皆出于法家，其至论欤！（《文渊阁四库全书》，台湾商务印书馆 1986 年景印本，第 674 册，第511 页）

5. 宋王三省《序人物志后》：余尝三复《人物志》，而窃有感焉。夫人德性，资之继成，初未始有异也，而终之相去悬绝者，醇驳较于材，隆污判诸习。曰三品，曰五仪，胥是焉，而贤不肖殊途矣。是以知人之哲，古人难之。言貌而取人者，圣人弗是也。兹刘邵氏之有以志人物也乎！修己者，得之以自观；用人者，持之以照物。乌可废诸？然用舍之际，人材之趋向由之，可弗慎乎？精于择而庸适其能，笃于任而弗贰以私，则真材获用，大猷允升矣。其或偏听眩志，而用不以道，动曰才难。吾恐萧艾弗择，鱼目混珍也。左冯翊王三省识。（《四部丛刊》合订本，第 41 页）

6. 明顾定芳《人物志跋》：夫人赋材之理妙，观采之法难，是故孔孟犹慎之。后世爱恶偏用，毁誉之习兴，是非淆杂，依似之伪作，而弊日滋矣。魏刘常侍邵有感而著《人物志》，凡十二篇。穷思极微，出入性情。原度量体形品目，隐显悉举，万世人物本真，若妍媸对鉴，毫发莫遁焉。宋阮逸嘉其书而序传之。今无善本矣。定芳获睹抄本于俨山伯氏，请录较镂，以广修身知人之意，如阮氏所冀望云。嘉靖己丑（1529 年）秋九月既望，上海后学顾定芳谨识。

7. 明郑旻《重刻人物志跋》：刘邵《人物志》凡十二篇，辨性质而准之中庸，甄材品以程其职任。事核词章，三代而下，善评人品者，莫或能逾之矣。邵生汉末，乃其著论，体裁缜然，有荀卿、韩非风致，而矗矗自成一家言。即《九征》、《八观》之论，质之孔孟观人之法，唐虞九德之旨，自有发所未发者。后世欲辨官论材，恶可以不知也！顾其书获见者少，又脱落难读。大中丞真定梁公，持节钺拊镇中州。熊车所莅，吏称民安。爰觅善本加订正，刻之宋郡，用以传之，人人授简。属吏旻缀一言于末简。旻得卒业，反复《流业篇》，国体、器能之说，深有味乎其言之也。隆庆六年壬申（1572）仲夏之吉，归德府知府揭阳郑旻谨书。（《四部丛刊》合订本，第42页）

8. 明李芮《人物志跋》：端木方人，宣尼少之，视以察安，独拳拳焉。圣人之心，何有二哉！顾所用者，何如心乎？为己，则观善恶以劝惩，别臧否以取舍，胥善道也。违是，矜己长，议人短，其为学者病。可朦言哉？噫！作《人物志》者，良有隐忧也。余自垂髫业举子事，先君授是卷，读之颇厌其词之深以刻也。茫茫焉，掩卷若不相值矣。宦游十五年来，困心衡虑，日求寡过，思自得师而未能。每于处人，窃以自照，若印证焉，乃知此卷之趣。假令叩洙泗门，□□□所与。古人云：以人为鉴，其斯之谓欤！顾海内乏善本，爰构一帙，订而绣诸梓，期与修德者共。以之取友，以之检身，皆心乎，为已尔。万历丁丑（1577）春王正月，海岱环洲居士李芮识于思益轩之白云行窝。

9. 明谢肇淛（万历时人）《文海披沙》：刘邵《人物志》，体别当矣，至于流业分类虽明，而援引未当。圣门高弟，岂徒臧否之科；汉廷循吏，难厕伎俩之列；昌国全才，猥云口辨；淮阴智略，属列武安。至欲以法家任司寇，将为屠伯矣；以术家任三孤，将为坐啸矣。又谓商君、吴起，为群枉之所雠，功大而不终，岂

知人者哉！（《四库全书总目提要补正》，上海书店出版社 1998 年版，第 922 页）

10. 清臧琳（1650—1713）《经义杂记》：《颜氏家训》、《人物志》，精义美言，时时间出，亦学者不可不读之书也。（《拜经堂丛书》卷十九）

刘勰《文心雕龙》之论文章，刘劭《人物志》之论人，刘知幾《史通》之论史，可称千古绝唱，余所深嗜而快读者。著书人皆刘姓，亦奇事也。（《拜经堂丛书》卷二五，日本昭和十年四月东方文化学院京都研究所景印本）

11. 纪昀（1724—1805）《四库全书总目》子部杂家类：《人物志》三卷，魏刘邵撰。邵字孔才，邯郸人。黄初中，官散骑常侍。正始中，赐爵关内侯。事迹具《三国志》本传。别本或作刘劭，或作刘邵。此书末有宋庠跋云：据今官书，《魏书》作勉劭之劭，从力。他本或从邑者，晋邑之名。案字书，此二训外别无他释，然俱不协孔才之义。《说文》则为邵，音同上，但召旁从卩耳，训高也。李舟《切韵》训美也。高美又与孔才义符。扬子《法言》曰：周公之才之邵是也。所辨精核，今从之。其注为刘昞所作。昞字延明，敦煌人。旧本名上结衔题凉儒林祭酒，盖李暠时尝授是官。然《十六国春秋》称，沮渠蒙逊平酒泉，授昞秘书郎，专管注记。魏太武时又授乐平从事中郎。则昞历事三主，惟署凉官者误矣。邵书凡十二篇，首尾完具，晁公武《读书志》作十六篇，疑传写之误。其书主于论辨人才，以外见之符，验内藏之器，分别流品，研析疑似，故《隋志》以下皆著录于名家。然所言究悉物情，而精核近理，视尹文之说兼陈黄老申韩，公孙龙之说惟析坚白同异者，迥乎不同。盖其学虽近乎名家，其理则弗乖于儒者也。昞注不涉训诂，惟疏通大意，而文词简古，犹有魏晋之遗。《汉魏丛书》所载，惟每篇之首存其解题十六字，且以卷首阮逸之序，讹题晋人，殊为疏舛。（俊琏按：此乃据明万历二十年何允中刻《汉魏丛书》本，清乾隆五十六年王谟刻《汉魏丛书》，亦据何刊本。此本刘昞注只存每篇解题十六字，故王谟《后记》云："今丛书本犹题刘昞释篇，盖即指所释各卷篇名而言。或别有所本，未见。"万历二十年程荣校刻之《汉魏丛书》，昞注全存，修《四库全书》时，盖未见此本也。）此本为万历甲申河间刘用霖所刊。盖用隆庆壬申郑旻旧板而修之，犹古本云。（中华书局 1995 年整理本，第 1009 页）

12. 清王谟（1778 年进士）《人物志跋》：右《人物志》三卷，魏邯郸刘邵孔才撰，有传见《三国志》，云邵所撰述，《法论》、《人物志》之类百余篇。《法论》不传，《人物志》亦只十六篇，大意以人之材能、心尚不同，当以"九征""八观"审察而任使之耳。邵曾奉诏作《都官考课》七十二条，以综核名实，甄别人物，因本此意著书，故隋唐志均以此书入名家也。时有散骑侍郎夏侯惠疏荐邵云："深忠笃思，体周于数。凡所错综，源流宏远。故性实之士服其平和良正，清静之士慕其玄虚退让，文学之士嘉其推步详审，法理之士明其分数精比，意思之士知其沉深笃固，文章之士爱其著论属辞，制度之士贵其化略较要，策谋之士赞其明思通微。"裴松之虽以是为多溢美之辞，然观夏侯所以称荐劭者，不即得劭所以别人物之意欤？

13. 清周中孚（1768—1831）《郑堂读书记》子部杂家类：《人物志》三卷（墨海金壶本），魏刘邵撰，北魏刘昞注，《四库全书》著录。其书凡九征、体别、流业、材理、才能、利害、接识、英雄、八观、七缪、效难、释争十二篇。宋阮逸序之，称其述性品之上下，材质之兼偏，研幽摘微，一贯于道。若度之长短，权之轻重，无铢发蔽也。大抵考诸行事，而约人于中庸之域，诚一家之善志也。又称是书博而畅，辨而不肆，非众说之流也。王者得之，为知人之龟鉴，士君子得之，为治性修身之檃栝，其效不为小矣。盖其学虽出于名家，不悖于儒家之旨也。延明著书甚富，存者惟有是注。其注疏通大义，不沾沾于训诂，词致简括，尚有辅嗣注《老》，子元注《庄》遗意。且并孔才原序注之，则又得乎经学家法矣。（商务印书馆1959年版，第1037页）

14. 清李慈铭（1829—1894）《越缦堂读书记》：阅魏刘邵《人物志》。是书共十二篇，虽各为标目，而实一意相承。其旨主于别材器使，为名家之学，而推重术家之流，如范蠡、张良者，奇谋通变，能用能臧。又以道之平淡元远为极致，盖申韩而参以黄老。其中名言隽理，可味者多。文笔亦峻厉廉悍，在并时《申鉴》、《中论》之间，较为简古。武进臧玉林氏尝以此与《文心雕龙》及《史通》并称谓三刘之书，最堪玩味，是也。惟向无善本，所见丛书诸刻，类多讹夺，其中颇有僻涩之字，而又辗转鸟焉，几不可解。是刻有明人文宽夫跋，谓其叙五行曰"简旸而明砭，火之德也"，"明砭"字无义，当作"简畅而明启"，其不知妄改。宋明人之陋而可笑，往往如是。（由云龙辑《越缦堂读书记》，商务印书馆1959年版，第425页。由氏误将此条入"历史"类）

15. 民国章太炎（1868—1936）《国故论衡·论式篇》：晚周之论，内发膏肓，外见文采，其语不可增损。汉世之论，自贾谊已繁穰，其次渐与辞赋同流，千言之论，略其意不过百名。……后汉诸子渐兴，讫魏初几百种。然其深达理要者，辨事不过《论衡》，议政不过《昌言》，方人不过《人物志》。此三家差可以攀晚周，其余虽娴雅，悉腐谈也。自《新语》、《法言》、《申鉴》、《中论》，为辞不同，皆以庸言为故，岂夫可与酬酢，可与右神者乎！（《国故论衡》，上海古籍出版社2003年版，第82页）

《检论·学变》：名法之教，任贤考功，期于九列，皆得其人，人有其第，官有其位，故刘邵《人物志》、姚信《士纬》作焉。（《章太炎学术史论集》，中国社会科学出版社1997年版，第271页）

附录二　正史所载刘劭的生平材料

刘劭字孔才，广平邯郸人也。建安中，为计吏，诣许。太史上言："正旦当日蚀。"劭时在尚书令荀彧所，坐者数十人，或云当废朝，或云宜却会。劭曰："梓慎、裨灶，古之良史，犹占水火，错失天时。《礼记》曰诸侯旅见天子，及门不得终礼者四，日蚀在一。然则圣人垂制，不为变［异］豫废朝礼者，或灾消异伏，或推术谬误也。"或善其言。敕朝会如旧，日亦不蚀。裴松之注：晋永和中，廷尉王彪之与扬州刺史殷浩书曰："太史上元日合朔，谈者或有疑，应却会与不？昔建元元年，亦元日合朔，庾车骑写刘孔才所论以示八座。于时朝议有谓孔才所论为不得礼仪，荀令从之，是胜人之一失也。何者？《礼》云，诸侯旅见天子，入门不得终礼而废者四：太庙火，日蚀，后之丧，雨沾服失容。寻此四事之指，自谓诸侯虽已入门而卒暴有之，则不得终礼。非为先存其事，而徼幸史官推术错谬，故不豫废朝礼也。夫三辰有灾，莫大日蚀，史官告谴，而无惧容，不修豫防之礼，而废消救之术，方大飨华夷，君臣相庆，岂是将处天灾罪己之谓？且检之事实，合朔之仪，至尊静躬殿堂，不听政事，冕服御坐门闼之制，与元会礼异。自不得兼行，则当权其事宜。合朔之礼，不轻于元会。元会有可却之准，合朔无可废之义。谓应依建元故事，却元会。"浩从之，竟却会。

御史大夫郗虑辟劭，会虑免，拜太子舍人，迁秘书郎。黄初

中，为尚书郎、散骑侍郎。受诏集五经群书，以类相从，作《皇
览》。明帝即位，出为陈留太守，敦崇教化，百姓称之。征拜骑都
尉，与议郎庾嶷、荀诜等定科令，作《新律》十八篇，著《律略
论》。迁散骑常侍。时闻公孙渊受孙权燕王之号，议者欲留渊计
吏，遣兵讨之。邵以为："昔袁尚兄弟归渊父康，康斩送其首，是
渊先世之效忠也。又所闻虚实，未可审知。古者要荒未服，修德
而不征，重劳民也。宜加宽贷，使有以自新。"后渊果斩送权使张
弥等首。邵尝作《赵都赋》，明帝美之，诏邵作《许都》、《洛都
赋》。时外兴军旅，内营宫室，邵作二赋，皆讽谏焉。

青龙中，吴围合肥，时东方吏士皆分休，征东将军满宠表请
中军兵，并召休将士，须集击之。邵议以为"贼众新至，心专气
锐。宠以少人自战其地，若便进击，不必能制。宠求待兵，未有
所失也。以为可先遣步兵五千，精骑三千，军前发，扬声进道，
震曜形势。骑到合肥，疏其行队，多其旌鼓，曜兵城下，引出贼
后，拟其归路，要其粮道。贼闻大军来，骑断其后，必震怖遁走，
不战自破贼矣。"帝从之。兵比至合肥，贼果退还。

时诏书博求众贤，散骑侍郎夏侯惠荐邵曰："伏见常侍刘邵，
深忠笃思，体周于数，凡所错综，源流弘远，是以群才大小，咸
取所同而斟酌焉。故性实之士服其平和良正，清静之人慕其玄虚
退让，文学之士嘉其推步详密，法理之士明其分数精比，意思之
士知其沈深笃固，文章之士爱其著论属辞，制度之士贵其化略较
要，策谋之士赞其明思通微。凡此诸论，皆取适己所长而举其支
流者也。臣数听其清谈，览其笃论，渐渍历年，服膺弥久，实为
朝廷奇其器量。以为若此人者，宜辅翼机事，纳谋帏幄，当与国
道俱隆，非世俗所常有也。惟陛下垂优游之听，使邵承清闲之欢，
得自尽于前，则德音上通，辉耀日新矣。"裴松之注：臣松之以为
凡相称荐，率多溢美之辞，能不违中者或寡矣。惠之称邵云"玄
虚退让"及"明思通微"，近于过也。

景初中，受诏作《都官考课》。劭上疏曰："百官考课，王政之大较，然而历代弗务，是以治典阙而未补，能否混而相蒙。陛下以上圣之宏略，愍王纲之弛颓，神虑内鉴，明诏外发。臣奉恩旷然，得以启蒙，辄作《都官考课》七十二条，又作《说略》一篇。臣学寡识浅，诚不足以宣畅圣旨，著定典制。"又以为宜制礼作乐，以移风俗，著《乐论》十四篇，事成未上。会明帝崩，不施行。正始中，执经讲学，赐爵关内侯。凡所撰述，《法论》、《人物志》之类百余篇。卒，追赠光禄勋。子琳嗣。（《三国志·魏书》卷二一《刘劭传》，中华书局标点本，第617—620页）

刘劭该览学籍，文质周洽。（《三国志·魏书》卷二一《刘劭传评》，中华书局标点本，第629页）

时又大议考课之制，以考内外众官。恕以为用不尽其人，虽才且无益，所存非所务，所务非世要。上疏曰：

《书》称"明试以功，三考黜陟"，诚帝王之盛制。使有能者当其官，有功者受其禄，譬犹乌获之举千钧，良、乐之选骥足也。虽历六代而考绩之法不著，关七圣而课试之文不垂，臣诚以为其法可粗依，其详难备举故也。语曰："世有乱人而无乱法。"若使法可专任，则唐、虞可不须稷、契之佐，殷、周无贵伊、吕之辅矣。今奏考功者，陈周、汉之法为，缀京房之本旨，可谓明考课之要矣。于以崇揖让之风，兴济济之治，臣以为未尽善也。其欲使州郡考士，必由四科，皆有事效，然后察举，试辟公府，为亲民长吏，转以功次补郡守者，或就增秩赐爵，此最考课之急务也。臣以为便当显其身，用其言，使具为课州郡之法，法具施行，立必信之赏，施必行之罚。至于公卿及内职大臣，亦当俱以其职考课之也。

古之三公，坐而论道，内职大臣，纳言补阙，无善不纪，无过不举。且天下至大，万机至众，诚非一明所能遍照。故君为元首，臣作股肱，明其一体相须而成也。是以古人称廊庙之材，非一木之支；帝王之业，非一士之略。由是言之，焉有大臣守职辨课可以致雍熙者哉！且布衣之交，犹有务信誓而蹈水火，感知己而披肝胆，徇声名而立节义者；况于束带立朝，致位卿相，所务者非特匹夫之信，所感者非徒知己之惠，所徇者岂声名而已乎。

诸蒙宠禄受重任者，不徒欲举明主于唐、虞之上而已；身亦欲厕稷、契之列。是以古人不患于念治之心不尽，患于自任之意不足，此诚人主使之然也。唐、虞之君，委任稷、契、夔、龙而责成功，及其罪也，殛鲧而放四凶。今大臣奉明诏，给事目下，其有夙夜在公，恪勤特立，当官不挠贵势，执平不阿所私，危言危行以处朝廷者，自明主所察也。若尸禄以为高，拱默以为智，当官苟在于免负，立朝不忘于容身，洁行逊言以处朝廷者，亦明主所察也。诚使容身保位，无放退之辜，而尽节在公，抱见疑之势，公义不修而私议成俗，虽仲尼为谋，犹不能尽一才，又况于世俗之人乎！今之学者，师商、韩而上法术，竞以儒家为迂阔，不周世用，此最风俗之流弊，创业者之所致慎也。

后考课竟不行。裴松之注：《杜氏新书》曰："时李丰为常侍，黄门郎袁侃见转为吏部郎，荀俣出为东郡太守，三人皆恕之同班友善。"（《三国志·魏书》卷一六《杜恕传》，中华书局标点本，第500—502页）

时散骑常侍刘劭作考课法，事下三府。崔难劭论曰："盖闻帝制宏深，圣道奥远，苟非其才，则道不虚行，神而明之，存乎其人。暨乎王略亏颓而旷戴罔缀，微言既没，六籍泯玷。何则？道弘致远而众才莫晞也。案勰考课论，虽欲寻前代黜陟之文，然其制度略以阙亡。礼之存者，惟有周典，外建侯伯，藩屏九服，内立列司，管齐六职，土有恒贡，官有定制，百揆均任，四民殊业，故考绩可理而黜陟易通也。大魏继百王之末，承秦、汉之烈，制度之流，靡所修采。自建安以来，至于青龙，神武拨乱，肇基皇祚，扫除凶逆，芟夷遗寇，旌旗卷舒，日不暇给。及经邦治戎，权法骈用，百官群司，军国通任，随时之宜，以应政机。以古施今，事杂义殊，难得而通也。所以然者，制宜经远，或不切近，法应时务，不足垂后。夫建官均职，清理民物，所以立本也；循名考实，纠励成规，所以治末也。本纲末举而造制未呈，国略不崇而考课是先，惧不足以料贤愚之分，精幽明之理也。昔先王之择才，必本行于州闾，讲道于庠序，行具而谓之贤，道修则谓之能。乡老献贤能于王，王拜受之，举其贤者，出使长之，科其能者，入使治之，此先王收才之义也。方今九州之民，爰及京城，未有六乡之举，其选才之职，专任吏部。案品状则实才未必当，任薄伐则德行未为叙，如此则殿最之课，未尽人才。述综王度，敷赞国式，体深义广，难得而详也。"（《三国志·魏书》卷二一《傅嘏传》，中华书局标点本，第622—623页）

先是，散骑常侍刘劭受诏定律，未就，毓上论古今科律之意，以为法宜一正，不宜有两端，使奸吏得容情。（《三国志·魏书》卷二二《卢毓传》，中华书局标点本，第651页）

散骑常侍刘劭作《考课论》，制下百僚。林议曰："案《周官》考课，其文备矣，自康王以下，遂以陵迟，此即考课之法存乎其人也。及汉之季，其失岂在乎佐史之职不密哉？方今军旅，或猥或卒，备之以科条，申之以内外，增减无常，固难一矣。且万目不张举其纲，众毛不整振其领。皋陶仕虞，伊尹臣殷，不仁者远。五帝三王未必如一，而各以治乱。《易》曰：'易简，而天下之理得矣。'太祖随宜设辟，以遗来今，不患不法古也。以为今之制度，不为疏阔，惟在守一勿失而已。若朝臣能任仲山甫之重，式是百辟，则孰敢不肃。"（《三国志·魏书》卷二四《崔林传》，中华书局标点本，第 680—681 页）

至康帝建元元年，太史上元日合朔，后复疑应却会与否。庾冰辅政，写刘邵议以示八坐。于时有谓邵为不得礼意，荀或从之，是胜人一失。故蔡谟遂著议非之，曰："邵论灾消异伏，又以梓慎、裨灶犹有错失，太史上言，亦不必审，其理诚然也。而云圣人垂制，不为变异豫废朝礼，此则谬矣。灾祥之发，所以谴告人君，王者之所重诚，故素服废乐，退避正寝，百官降物，用币伐鼓，躬亲而救之。夫敬诚之事，与其疑而废之，宁慎而行之。故孔子、老聃助葬于巷党，以丧不见星而行，故日蚀而止柩，曰安知其不见星也。而邵废之，是弃圣贤之成规也。鲁桓公壬申有灾，而乙亥尝祭，《春秋》讥之。灾事既过，犹追惧未已，故废宗庙之祭，况闻天眚将至，行庆乐之会，于礼乖矣。《礼记》所云诸侯入门不得终礼者，谓日官不豫言，诸侯既入，见蚀乃知耳，非先闻当蚀而朝会不废也。引此，可谓失其义旨。刘邵所执者《礼记》也，夫子、老聃巷党之事，亦《礼记》所言，复违而反之，进退无据。然荀令所善，汉朝所从，遂使此言至今见称，莫知其误矣，后来君子将拟以为式，故正之云尔。"于是冰从众议，遂以却会。（《晋书》卷一九《礼志上》，中华书局标点本，第 595 页）

至景初二年，大议其神，朝士纷纭，各有所执。惟散骑常侍刘邵以为万物负阴而抱阳，冲气以为和。六宗者，太极冲和之气，为六气之宗者也。《虞书》谓之六宗，《周书》谓之天宗。是时考论异同，而从其议。（《晋书》卷一九《礼志上》，中华书局标点

本，第596页）

其后，天子又下诏改定刑制，命司空陈群、散骑常侍刘邵、给事黄门侍郎韩逊、议郎庾嶷、中郎黄休、荀诜等删约旧科，傍采汉律，定为《魏法》，制《新律》十八篇，《州郡令》四十五篇，《尚书官令》、《军中令》，合百八十余篇。(《晋书》卷三〇《刑法志》，中华书局标点本，第923页)

附录三　正史所载刘昞的生平材料

刘昞，字延明，敦煌人也。父宝，字子玉，以儒学称。昞年十四，就博士郭瑀学，时瑀弟子五百余人，通经业者八十余人。瑀有女始笄，妙选良偶，有心于昞。遂别设一席于坐前，谓诸弟子曰："吾有一女，年向成长，欲觅一快女婿，谁坐此席者，吾当婚焉。"昞遂奋衣来坐，神志肃然，曰："向闻先生欲求快女婿，昞其人也。"瑀遂以女妻之。

昞后隐居酒泉，不应州郡之命，弟子受业者五百余人。李暠私署，征为儒林祭酒、从事中郎。暠好尚文典，书史穿落者亲自补治，昞时侍侧，前请代暠。暠曰："躬自执者，欲人重此典籍。吾与卿相值，何异孔明之会玄德。"迁抚夷护军，虽有政务，手不释卷。暠曰："卿注记篇籍，以烛继昼。白日且然，夜可休息。"昞曰："朝闻道，夕死可矣，不知老之将至，孔圣称焉。昞何人斯，敢不如此。"昞以三史文繁，著《略记》百三十篇、八十四卷，《凉书》十卷，《敦煌实录》二十卷，《方言》三卷，《靖恭堂铭》一卷，注《周易》、《韩子》、《人物志》、《黄石公三略》，并行于世。

蒙逊平酒泉，拜秘书郎，专管注记。筑陆沉观于西苑，躬往礼焉，号"玄处先生"，学徒数百，月致羊酒。牧犍尊为国师，亲自致拜，命官属以下皆北面受业焉。时同郡索敞、阴兴为助教，并以文学见举，每巾衣而入。

世祖平凉州，士民东迁，夙闻其名，拜乐平王从事中郎。世祖诏诸年七十以上听留本乡，一子扶养。昞时老矣，在姑臧，岁余，思乡而返，至凉州西四百里韭谷窟，遇疾而卒。

昞六子。长子僧衍，早亡。次仲礼，留乡里。次字仲，次贰归，少归仁，并迁代京。后分属诸州，为城民。归仁有二子，长买奴，次显宗。

太和十四年，尚书李冲奏，昞河右硕儒，今子孙沉屈，未有禄润，贤者子孙宜蒙显异。于是除其一子为郢州云阳令。正光三年，太保崔光奏曰："臣闻太上立德，其次立功、立言。死而不朽，前哲所尚；思人爱树，自古称美。故乐平王从事中郎敦煌刘昞，著业凉城，遗文兹在，篇籍之美，颇足可观。如或愆衅，当蒙数世之宥，况乃维祖逮孙，相去未远，而令久沦皂隶，不获收异，儒学之士，所为窃叹。臣忝职史教，冒以闻奏，乞敕尚书，推检所属，甄免碎役，用广圣朝旌善继绝。敦化厉俗，于是乎在。"四年六月诏曰："昞德冠前世，蔚为儒宗，太保启陈，深合劝善。其孙等三家，特可听免。"河西人以为荣。（《魏书》卷五二《刘昞传》，中华书局标点本，第1160—1161页）

骏少孤贫，居丧以孝称。师事刘昞，性机敏好学，昼夜无倦。昞谓门人曰："举一隅而以三隅反者，此子亚之也。"骏谓昞曰："今世名教之儒，咸谓老庄其言虚诞，不切实要，弗可以经世，骏意以为不然，夫老子著抱一之言，庄生申性本之旨，若斯者，可谓至顺矣。人若乖一则烦伪生，若爽性则冲真丧。"昞曰："卿年尚稚，言若老成，美哉。"（《魏书》卷六〇《程骏传》，中华书局标点本，第1345页）

刘延明，敦煌人也。父宝，字子玉，以儒学称。延明年十四，就博士郭瑀。瑀弟子五百余人，通经业者八十余人。瑀有女始笄，妙选良偶，有心于延明。遂别设一席，谓弟子曰："吾有一女，欲觅一快女婿，谁坐此席者，吾当婚焉。"延明遂奋衣坐，神志湛然曰："延明其人也。"瑀遂以女妻之。延明后隐居酒泉，不应州郡命，弟子受业者五百余人。

凉武昭王征为儒林祭酒、从事中郎。昭王好尚文典，书史穿落者，亲自补葺。延明时侍侧，请代其事。王曰："躬自执者，欲人重此典籍。吾与卿相遇，何异孔明之会玄德。"迁抚夷护军，虽有政务，手不释卷。昭王曰："卿注记篇籍，以烛继昼，白日且然，夜可休息。"延明曰："朝闻道，夕死可矣，不知老之将至，孔圣称焉。延明何人斯，敢不如此。"延明以三史文繁，著《略记》百三十篇、八十四卷，《敦煌实录》二十卷，《方言》三卷，《靖恭堂铭》一卷，注《周易》、《韩子》、《人物志》、《黄石公三略》行于世。

蒙逊平酒泉，拜秘书郎，专管注记。筑陆沈观于西苑，躬往礼焉，号玄处先生。学徒数百，月致羊酒。牧犍尊为国师，亲自致拜，命官属以下，皆北面受业。时同郡索敞、阴兴为助教，并以文学见称，每巾衣而入。

太武平凉州，士庶东迁，凤闻其名，拜乐平王从事中郎。太武诏诸年七十已上，听留本乡，一子扶养。延明时老矣，在姑臧岁馀，思乡而返，至凉州西四百里韭谷窟，疾卒。

太和十四年，尚书李冲奏：延明河右硕儒，今子孙沈屈，未有禄润，贤者子孙，宜蒙显异。于是除其一子为郢州云阳令。正光三年，太保崔光奏曰："故乐平王从事中郎敦煌刘延明，著业凉城，遗文在兹。如或愆衅，当蒙数世之宥，况乃维祖逮孙，相去未远，而令久沦皂隶，不获收异，儒学之士，所为窃叹。乞敕尚书，推检所属，甄免碎役，敦化厉俗，于是乎在。"诏曰："太保启陈，深合劝善，其孙等三家，特可听免。"河西人以为荣。（《北史·刘延明传》，中华书局标点本，第1267—1269页）

中国古代名著全本译注丛书